DURCH STARTEN

DEUTSCH
RECHTSCHREIBUNG

COACHINGBUCH

VerfasserInnen: Ewald Cerwenka und Sandra Krenn

Diesem Buch ist ein Lösungsheft zu den Übungen beigelegt.

Entspricht der Rechtschreibreform 2006

Bibliografische Information der Deutschen Bibliothek:
Die Deutsche Bibliothek verzeichnet diese Publikation in der
Deutschen Nationalbibliografie; detaillierte bibliografische Daten
sind im Internet über http://dnb.ddb.de abrufbar.

VERITAS-VERLAG, Linz
www.durchstarten.at
Alle Rechte vorbehalten,
insbesondere das Recht der Verbreitung
(*auch durch Film, Fernsehen, Internet,
fotomechanische Wiedergabe, Bild-,
Ton- und Datenträger jeder Art*) oder
der auszugsweise Nachdruck

Lektorat: Klaus Kopinitsch
Grafische Gestaltung: Gottfried Moritz
Illustrationen: Helmut »Dino« Breneis
Satz: Anton Froschauer
Herstellung: Julia Dresch

Auf umweltfreundlichem Papier gedruckt bei:
siehe https://produkt.veritas.at/19017#additional

9. Auflage 2023   ISBN 978-3-7058-7806-8

VERITAS
Gemeinsam besser lernen

Inhaltsverzeichnis

Fünf häufig gestellte Fragen zur Rechtschreibung

1. Die neue Rechtschreibung ist wirklich nur mehr etwas für Insider. Was gilt denn jetzt wirklich?

Verunsicherung war gestern – in DURCHSTARTEN RECHTSCHREIBUNG findest du die deutsche Rechtschreibung in verständlicher Sprache erklärt und gleich dazu auch die passenden Trainingseinheiten. Selbstverständlich lernst du hier die reformierte Schreibung 1996 in der aktuellen Fassung 2006, und zwar mit allen wichtigen Ausnahmen, sodass dir in puncto Rechtschreibung nicht so schnell irgendwer etwas vormachen kann.

2. Was bietet mir DURCHSTARTEN RECHTSCHREIBUNG?

Mit DURCHSTARTEN RECHTSCHREIBUNG hast du ein Buch in der Hand,

- mit dem du dein Regelwissen über die deutsche Rechtschreibung auffrischen und vervollständigen kannst,
- das dir die Zusammenhänge von Grammatik und richtiger Schreibung erklärt,
- deine Rechtschreibsicherheit dank maßgeschneiderter Übungen festigt,
- dir Schreibfehler in Zukunft vermeiden hilft
- und das mit interessanten Hintergrundinformationen und zeitgemäßem Textmaterial ein kurzweiliges Üben ermöglicht.

3. Für welches Alter, für welche Schulstufe ist das Buch geeignet?

DURCHSTARTEN RECHTSCHREIBUNG ist für die 5. bis 9. Schulstufe angelegt, das Buch eignet sich aber auch in der Oberstufe oder vor der Matura vorzüglich zum Nachschlagen oder Wiederholen. Besonderes Gewicht liegt auf den Bereichen, in denen oft Fehler gemacht werden. Die Groß- und Kleinschreibung sowie die s-Schreibung werden daher vorrangig und besonders ausführlich behandelt. Den Zusammenhängen zwischen den Rechtschreibkapiteln wird mit zahlreichen Querverweisen Rechnung getragen.

4. Muss ich das ganze Buch von vorne bis hinten durcharbeiten, um in der Rechtschreibung besser zu werden?

Du kannst schon die meisten Wörter richtig schreiben! In manchen Bereichen der Rechtschreibung vermisst du aber vielleicht derzeit noch die Sicherheit, die du in der Schule oder im Beruf brauchst. Mache dir vor Übungsbeginn klar, wo deine „Lieblingsfehler" sind. Dazu stehen dir drei „Teste-dich-selbst-Module" (Seite 7 ▶ *Teste dich selbst*) zur Verfügung, die dir zeigen, was du kannst und wo du noch Trainingsbedarf hast. Bearbeite zuerst die Kapitel, die dir immer wieder Probleme bereiten. Wichtiges immer gleich erledigen, auch beim Rechtschreibenlernen! Dass erst wiederholtes Üben dich zum/zur sicher Schreibenden werden lässt, ist ohnehin klar. (Seite 5 ▶ *Zehn Tipps, wie du beim Rechtschreiben **garantiert nie besser** wirst!*)

5. Kann ich Rechtschreiben überhaupt lernen? Was brauche ich noch dazu?

Ja, du kannst, vor allem wenn du dir Zeit nimmst und neugierig bist. Zuerst liest du die verständlich formulierten Schreibregeln nach und prägst dir beispielhafte Wortbilder ein. Für grundlegende Fachbegriffe der Wort- und Satzgrammatik findest du am Ende des Buches (Seite 158 ▶ *Glossar*) die passenden Erklärungen. Anschließend kannst du selbst dein Wissen in ansprechenden Übungen praktisch umsetzen.

Der Doppelseitenaufbau des DURCHSTARTEN-Rechtschreibtrainers macht es dir leicht: links die Info, rechts die maßgeschneiderten Übungen dazu.

Die Selbstkontrolle im beiliegenden Lösungsheft sagt dir dann gleich, ob du richtig liegst.

Rechtschreiben lernst du am besten, wenn du schreibst! Neben deiner frisch geölten Denkerstirn und diesem Trainer brauchst du also nur noch einen Stift und einen Notizblock oder ein Übungsheft.

Viel Spaß oder viel Spass!

Ein besonderer Dank an Julia, Marie, Ivo, Niki, Vinzenz und den Schülerinnen und Schülern von Ewald und Sandra.

Zehn Tipps, wie du beim Rechtschreiben garantiert nie besser wirst!

1. **Alle Inhalte sind zu überblicken und zu bewältigen, wenn du dich gut organisierst und dir immer nur kleine Einheiten vornimmst.**
   Mach dir also keinen Lernplan, sondern sag dir den ganzen Tag vor, dass du nicht weißt, wo du zuerst anfangen sollst!

2. **Jede/r hat seine/ihre „Lieblingsfehler", kann aber das Meiste richtig schreiben.**
   Wenn du dich dann an die Übungen machst, sollst du dir nicht vorher überlegen, wo genau deine Probleme liegen. Lerne nie die Sachen, die du wirklich brauchst!

3. **Damit du weißt, wo deine Lieblingsfehler sind, brauchst du nur deine bisher geschriebenen Texte (Schularbeiten, Aufsätze ...) ansehen.**
   Schau dir nie deine Fehler noch einmal an! Du willst doch auf deine Lieblingsfehler auch in Zukunft nicht verzichten, oder?

4. **Am späten Nachmittag und am frühen Abend kannst du dich am besten konzentrieren.**
   Beginn also mit dem Üben erst dann, wenn du schon völlig erschöpft und erledigt bist! Am besten geht das nach dem Hauptabendfilm!

5. **Nur durch Schreiben wirst du im Rechtschreiben besser werden.**
   Schreib daher beim Üben ja nichts auf, mach alles mündlich! Dazu brauchst du auch keinen aufgeräumten Schreibtisch und sparst teures Schreibpapier.

6. **Mit jedem Mal Üben wirst du sicherer werden und weniger Fehler machen.**
   Wiederhole nie etwas, was du schon gemacht hast! Auch wenn es falsch war.

7. **Pausen und Entspannung (Sport, Bewegung, Musikhören ...) ermöglichen deinem Hirn ein erneutes Durchstarten.**
   Wenn dich also die Konzentration verlässt, solltest du dir leise *„Ich hasse Rechtschreibung!"* vorsagen. Mach auf keinen Fall eine Pause!

8. **Wer klar und gut lesbar schreibt, kann sich das richtige Wortbild besser einprägen.**
   Achte also darauf, dass du ein schlampiges und kaum lesbares Schriftbild hast!

9. **Das Lösungsheft sagt dir, was du schon kannst und was noch zu verbessern ist.**
   Kontrolliere nie deine Übungen! Sonst müsstest du dich nur freuen über richtige Lösungen oder würdest erkennen, was du noch besser üben musst.

10. **Du denkst, du kannst nach den Übungseinheiten manches schon besser schreiben und hast dir eine Belohnung verdient?**
    Du täuschst dich. Rechtschreibung bleibt für dich immer undurchschaubar. Belohnung gibt's dafür keine! (Zurück zu Tipp 1)

Wie arbeite ich mit diesem Trainer?

Folgende drei Teste-dich-selbst-Module sollen dir helfen, deine „Lieblingsfehler" zu erkennen und sie dann mittels gezielter Übungen in den Griff zu bekommen. Beginne bei der 1. Stufe (= 1. Schwierigkeitsstufe) auch dann, wenn du dich als schon ziemlich rechtschreibsicher einschätzt. Etwas Aufwärmtraining schadet nicht. Wichtig ist, dass du dich nicht selbst beschummelst. Hier darfst und sollst du „deine" Fehler machen. Du willst sie ja erkennen und dich von ihnen trennen, oder?

Also, los geht's:

■ Suche dir einen Platz, wo du ungestört arbeiten kannst, und erledige die Aufgaben. Du brauchst dazu nur einen Bleistift.

■ Kontrolliere deine Ergebnisse mit dem Lösungsheft!

■ Kreise den 👍 ein, wenn du den Satz richtig hast!

■ Wenn etwas nicht stimmt, kreist du den 👎 ein. Die Spalte rechts davon wird dir zeigen, auf welchen Seiten du mit dem Trainieren anfangen kannst.
Du siehst sofort, was du kannst oder was du im speziellen Training noch einmal üben solltest.

■ Am Ende des jeweiligen Kapitels findest du ein Abschlusstraining, bei dem du noch einmal dein Wissen unter Beweis stellen kannst!

■ Erledige die Übungen im Buch mit Bleistift. Nach Vergleichen mit der Lösung kannst du sie eventuell später noch einmal bearbeiten.

Merkwürdiges zur Rechtschreibung
In diesem Kästchen findest du immer wieder zusätzliche Informationen oder Hintergründe zum aktuellen Thema. Manches mag dich dabei auch unterhalten – ja du hast richtig gelesen: unterhalten! Auf jeden Fall werden hier Fragen zur Orthografie beantwortet, die du dir so nie zu stellen getraut hättest. ;-)

Teste dich selbst! STUFE 1

I. GROSS ODER KLEIN? Kreise die Buchstaben ein, die großzuschreiben sind!
(Beachte: Satzanfang groß!/ß wird in Blockschrift zu SS)

1. ER HAT VIELEN ARMEN GEHOLFEN.	👍	👎	S. 22 f.
2. „WAS WOLLT IHR DANN?", FRAGTE SIE DER LEHRER.	👍	👎	S. 10 f.
3. MUTTER HAT SICH BEIM SCHNEIDEN VERLETZT.	👍	👎	S. 18 ff.
4. WER MÖCHTE NOCH ETWAS ZU ESSEN HABEN?	👍	👎	S. 20 f.
5. ALSO NOCH EINMAL: KEIN DRÄNGELN UND STOSSEN!	👍	👎	S. 20 f.

II. WELCHES s BRAUCHT ES HIER: s, ss ODER ß? Setze richtig ein!

6. Das war für dich gewiss ein unverge_____liches Erlebni_____!	👍	👎	S. 50 ff.
7. Er lief über die Stra_____e und gab ihr einen Ku_____ .	👍	👎	S. 50 f.
8. Völlig au_____er Puste schafften wir einen Rie_____enerfolg.	👍	👎	S. 46 f.
9. Er hat gro_____en Ruhm und unerme_____lichen Reichtum.	👍	👎	S. 46 f.
10. Die mei_____ten glaubten, da_____ sich alles ändern würde.	👍	👎	S. 58 f.

III. WIE SCHREIBT MAN DAS? Setze richtig ein!

11. Mit „Es war einm_____l ..." beginnen viele M_____rchen.	👍	👎	S. 104 f.
12. Du musst ausf_____rlicher über das Denkm_____l berichten!	👍	👎	S. 100 ff.
13. Nun wäscht die Ma_____schaft gemeinsam das Geschi_____ ab.	👍	👎	S. 92 ff.
14. Watts experiment_____rte lange mit der Dampfmasch_____ne.	👍	👎	S. 103
15. Bei Schmer_____en ist ein guter Ar_____t gefragt.	👍	👎	S. 90 f.

IV. ZUSAMMEN ODER GETRENNT? Kreise die richtige Variante ein!

16. Das Kinder Geschrei/Kindergeschrei war kaum zu hören.	👍	👎	S. 142 f.
17. Er plante nicht, wieder zurück zu kehren/zurückzukehren.	👍	👎	S. 144 f.
18. Diese Aufgabe wird dir nicht schwer fallen/schwerfallen.	👍	👎	S. 146 f.
19. Du startest, in dem/indem du den roten Knopf drückst.	👍	👎	S. 152 f.
20. Am Montag morgen/Montagmorgen beginnt die Woche.	👍	👎	S. 142 f.

V. AUFGEPASST: Setze die fehlenden Beistriche!

21. Den Mann der eben in den Bus eingestiegen ist kenne ich!	👍	👎	S. 72 f.
22. Sie aßen Eier und Speck Toast und Marmelade.	👍	👎	S. 68 f.
23. Er sah aus dem Fenster draußen tobte ein rauer Sturm.	👍	👎	S. 70 f.
24. Dass du da warst als ich dich am meisten brauchte vergesse ich dir nie.	👍	👎	S. 72 f.
25. Wenn du glaubst dass das stimmt liegst du völlig falsch!	👍	👎	S. 72 f.

21–25-mal		Du bist sehr rechtschreibsicher! Probiere ruhig Stufe 2!
16–20-mal		Ganz gut! Spüre aber deinen Lieblingsfehlern nach.
0–15-mal		Du lechzt nach abwechslungsreichem Training, auf geht's!

Teste dich selbst!

I. GROSS ODER KLEIN? Kreise die Buchstaben ein, die großzuschreiben sind!
(Beachte: Satzanfang groß!)

1. WIDER ERWARTEN FANDEN WIR SOFORT DAS RICHTIGE.	👍	👎	S. 20 ff.
2. DIESES SPIEL IST BEI ALLEN AM BEGEHRTESTEN.	👍	👎	S. 24 ff.
3. ER KAM ALS ZWEITER AN DIE REIHE.	👍	👎	S. 26 f.
4. WÜRDEN SIE MIR BEIM ANZIEHEN DES MANTELS HELFEN?	👍	👎	S. 28 f.
5. WIR STANDEN ZUM ERSTEN MAL VOR DEM NICHTS.	👍	👎	S. 38 f.

II. WELCHES s BRAUCHT ES HIER: s, ss ODER ß? Setze richtig ein!

6. Und da_____ du mir das nie vergi_____t!	👍	👎	S. 58 ff.
7. Drau_____en rei_____t der Sturm das Dach von der Scheune.	👍	👎	S. 46 f.
8. Schließlich erwie_____ er sich als äußerst bo_____haft.	👍	👎	S. 48 f.
9. Voll Mi_____trauen wagte er sich ins finsterste Verlie_____.	👍	👎	S. 50 f.
10. Seine Leibspei_____e war Grie_____schmarren mit Apfelmus.	👍	👎	S. 53

III. WIE SCHREIBT MAN DAS? Setze richtig ein!

11. Der Bä_____er hängte die Jacke auf den Ha_____en.	👍	👎	S. 90 f.
12. Das Schleppen der Matra_____e war sehr strapa_____iös.	👍	👎	S. 90 f.
13. Das Elen_____ darf nicht to_____geschwiegen werden!	👍	👎	S. 112 ff.
14. Das ist der angesehen_____e und bedeuten_____e Forscher.	👍	👎	S. 114 f.
15. Warum gibt es keine Elchjag_____ im Sta_____park?	👍	👎	S. 114 f.

IV. ZUSAMMEN ODER GETRENNT? Kreise die richtige Variante ein!

16. Bring mir bitte irgend etwas/irgendetwas mit!	👍	👎	S. 152 f.
17. Seit dem/Seitdem er fort ist, ist es hier wesentlich ruhiger.	👍	👎	S. 152 f.
18. Aber das macht mir doch gar nichts/garnichts!	👍	👎	S. 142 ff.
19. Sie warten, bis die Räder endlich still stehen/stillstehen.	👍	👎	S. 146 f.
20. Es ist herrlich, im Winter Eis zu laufen/eiszulaufen.	👍	👎	S. 142 f.

V. AUFGEPASST: Setze die fehlenden Beistriche!

21. Sie besaß ein neues sportlich lackiertes Fahrrad.	👍	👎	S. 68 f.
22. Die Sache war sowohl ihm als auch seiner Frau peinlich.	👍	👎	S. 68 f.
23. Ohne mit der Wimper zu zucken leerte sie das Glas.	👍	👎	S. 74 f.
24. „Das meine Liebe ist Sportlichkeit!" erwiderte er stolz.	👍	👎	S. 78 f.
25. Weil du mein Freund bist und weil ich mich auf dich verlassen kann wenn ich Probleme habe mag ich dich.	👍	👎	S. 70 f.

21–25-mal		Fast auf Expertenniveau! Stufe 3 ist *deine* Herausforderung!
16–20-mal	👍	Du schreibst schon vieles richtig. Übung macht dich meisterlich!
0–15-mal		Training ist die Mutter aller Studien, meinten die Römer ...

Teste dich selbst! STUFE 3

I. GROSS ODER KLEIN? Kreise die Buchstaben ein, die großzuschreiben sind!
(Beachte: Satzanfang groß!/ß wird in Blockschrift zu SS)

1. ER WOLLTE SCHON VON KLEIN AUF DIRIGENT SEIN.	👍	👎	S. 34 f.
2. AM LIEBSTEN ASS ICH SONNTAGS TIROLER KNÖDEL.	👍	👎	S. 30 f.
3. ES WAR ZUM AUF-UND-DAVON-LAUFEN, MEIN LIEBER!	👍	👎	S. 21
4. VON ALLEN HOSEN GEFIEL MIR DIE BLAUE AM BESTEN.	👍	👎	S. 32 f.
5. DIE BEIDEN GABEN GESTERN ABEND VIELES ZUM BESTEN.	👍	👎	S. 34 ff.

II. WELCHES s BRAUCHT ES HIER: s, ss ODER ß? Setze richtig ein!

6. Die Insa……en strömten ma……enweise aus ihren Autos.	👍	👎	S. 46 f.
7. Der Grie……gram macht ein verdrie……liches Gesicht.	👍	👎	S. 53
8. Willst du mir wei……machen, du wü……test das nicht?	👍	👎	S. 52 f.
9. Im Krei……saal wurden neue Flie……en verlegt.	👍	👎	S. 53
10. Barfü……ig gehen ist erwiesenerma……en gesund.	👍	👎	S. 52 ff.

III. WIE SCHREIBT MAN DAS? Setze richtig ein!

11. Der Trium…… des Klavier……irtuosen war groß.	👍	👎	S. 112 f.
12. Sie erschra…… bei diesem gruseligen Spu…….	👍	👎	S. 100 ff.
13. Der De……ektiv genoss einen hohen Lebenstandar…….	👍	👎	S. 126 f.
14. Die Pu……ertät ist für manche Eltern ein Al……traum.	👍	👎	S. 128 ff.
15. Einfach w……derlich, was dir da w……derfahren ist!	👍	👎	S. 110 f.

IV. ZUSAMMEN ODER GETRENNT? Kreise die richtige Variante ein!

16. Das braucht dir doch nicht leid zu tun/leidzutun!	👍	👎	S. 142 f.
17. Ich weiß, dass du viel für Pferde übrig hast/übrighast.	👍	👎	S. 142 f.
18. Er sieht sich außer Stande/außerstande, das zu machen.	👍	👎	S. 16 f.
19. In dem/Indem Fall musst du wohl selbst Hand anlegen.	👍	👎	S. 152 f.
20. Nur wieder verwendbare/wiederverwendbare Materialien!	👍	👎	S. 148 f.

V. AUFGEPASST: Setze die fehlenden Beistriche!

21. Wir werden helfen statt nur zu reden denn es eilt!	👍	👎	S. 72 ff.
22. Die Idee die Halle auszubauen fand wenig Anklang.	👍	👎	S. 74 f.
23. So die Hände auf die Hüften gestützt erwartete sie ihn.	👍	👎	S. 74 f.
24. Das Gastgeschenk und was du für die Reise brauchst besorgst du dir bitte selbst.	👍	👎	S. 70 f.
25. Die Sache lief weit besser als erwartet.	👍	👎	S. 76 f.

21–25-mal	👍	Perfekt, wie du die Materie beherrscht. Auf zu „Wetten, dass…?"!
16–20-mal		Du bist ein/e Könner/in, wenige Lücken bleiben dir zu schließen.
0–15-mal		Gezieltes Üben wird dich besser machen!

1. KAPITEL | GROSS- UND KLEINSCHREIBUNG

A GROSSSCHREIBUNG AM ANFANG VON BESTIMMTEN TEXTEINHEITEN

REGEL 1	Das erste Wort eines selbstständigen Satzes wird großgeschrieben.

Plötzlich stürzten alle drei in das Zelt. *Jetzt* ging's los.
Das Reiseangebot war leider schon ausgebucht! *Wie* schade!
Welche Farbe magst du am meisten? *Ich* bevorzuge Grün.

- Selbstständige Sätze beginnen groß. Schließen sie mit einem **Punkt**, einem **Ruf**- oder einem **Fragezeichen**, geht es automatisch groß weiter.

- Für in **Gedankenstriche** oder **Klammern** gesetzte eingeschobene Sätze – *hast* du das gewusst? – gilt das übrigens nicht (*das* ist eine weithin unbekannte Regel!), also:

  Er klagte wieder einmal über das Wetter (*das* macht er jedes Mal!).

REGEL 2	Eine direkte Rede beginnt immer mit Großschreibung.

Sie schrie: „*Kannst* du mir beim Packen helfen?"

- Nach einem **Ruf**- oder **Fragezeichen** wird dann klein weitergeschrieben, wenn dieses eine direkte Rede beschließt und der Begleitsatz (mit dem Wort des Sagens/ Meinens) darauf folgt: „Aber das sehe ich doch selbst!", *erwidert* die Leserin.

- Ein **Auslassungszeichen** (Apostroph) oder drei **Auslassungspunkte** gelten als Satzanfang, es folgt Kleinschreibung: „*'s* war ein wirklich schönes Fest gestern."
  „*... ein* nützliches Produkt, meine Damen!", wiederholte der Vertreter.

REGEL 3	Nach einem Doppelpunkt wird großgeschrieben, wenn ein ganzer Satz folgt.

Das Haus, der Garten, die Fabrik: *All* das wird einmal dir gehören!

ABER: Folgt kein ganzer Satz (etwa bei einer bloßen Aufzählung), wird kleingeschrieben: Wir benötigen vieles: *frisches* Wasser, Medikamente und Zelte.

REGEL 4	Das erste Wort einer Überschrift oder eines Titels (Buch, Film, Theaterstück, Musikstück, Computerspiel ...) wird großgeschrieben.

- *Über* 20 Meter in die Tiefe gestürzt!
- *Wieder* im Fallen: begehrte Aktien von Videostar
- *Oh*, wie schön ist Panama
- *Findet* Nemo
- *Der* gute Mensch von Sezuan
- *Die* Sims – Urlaub total

Streiche den falschen Buchstaben durch. Es gibt auch Kleinschreibung!

1. „i/Ich mag Dagobert Duck. e/Er hat immer so viel Geld. s/Sogar schwimmen kann er darin!", m/Meint der kleine Sebastian zu seinem größeren Bruder.
2. „a/Ach was!", erwidert Nick unwillig. „d/Der alte Knacker macht sich doch immer nur lustig über den armen Donald und nutzt ihn aus. e/Elender Geizhals! v/Verstehst du das denn nicht?"
3. a/Anstatt mit dem kleinen Neunmalklug am Spielplatz herumzustehen, würde Nick lieber etwas anderes machen: b/Bei seiner Freundin sein.
4. „a/Aber Donald ist doch wirklich ein Versager!", s/Schreit Sebastian.
5. Nick – e/Er ist schon ziemlich entnervt – mag nicht länger diskutieren: „w/Wollen wir uns ein Eis kaufen?"

Setze das richtige Wort aus dem Kasten in Schreibschrift ein!

SCHAU – UNGLAUBLICH – AUFREGENDE – SCHWARZER – DAS – ONLINE

Jetzt bei deinem Händler –

„.................................... Planet III"!

Das neue Game von Videostar bietet dir alles,

was das Spielerherz höher schlagen lässt:

.... Action

und Abenteuer ohne Ende,

.... gegen andere Spieler antreten können,

.... viele Levels, die dich in neue Welten leiten.

.... also zu deinem Fachgeschäft und hole es dir:

.... schärfste Mittel gegen Langeweile!

Überschriften und Titel: Streiche den falschen Buchstaben durch!

1. „s/Siebenjähriger c/Computer-Freak knackt nationalen Sicherheitscode!"
2. m/Mir gefallen Krimis von Edgar Wallace, „d/Der schwarze Abt" etwa.
3. i/Ist von dem auch „a/Auf der Jagd nach dem Riesenkaninchen"?
4. „b/Bis zu 200 kg schwer und 150 cm lang: u/Uralte Galapagos-Schildkröten."
5. m/Meine Mutter wünschte sich Sonntagnachmittag „n/Nie genug" von Christl Stürmer im Wunschkonzert!
6. „e/Echte Williams-Fans: f/Fünf Stunden vorher schon da!"

Titel sollten in einem Text übrigens wie Zitate verwendet werden, also **mit Anführungszeichen**: *Ich habe mir jetzt „Die Siedler II" gekauft!*

Zu Titeln und Überschriften auf Englisch

Viele Titel im Musik- und Spielebereich sind heute in englischer Sprache. Obwohl dort prinzipiell Kleinschreibung gilt, findet man bei Titeln oder Überschriften fast alles groß: *„City of the Lost Children II.", „Grand Theft Auto"; „Need for More Battery Power Hits Limits of Science"* („Wunsch nach leistungsstärkeren Akkus geht an die Grenze der Wissenschaft")

B DIE GROSSSCHREIBUNG VON NOMEN/SUBSTANTIVEN

REGEL 5 Nomen/Substantive werden großgeschrieben.

Das ist die grundlegendste und zugleich wichtigste Regel in der deutschen Rechtschreibung. Manche Wörter im Satz werden durch die Großschreibung ihrer Anfangsbuchstaben hervorgehoben. Neben dem Satzanfang sind dies im Text die **Nomen/Substantive** oder auch *Hauptwörter*.

Wo finden sich Nomen/Substantive im Satz?

■ **Ein Nomen/Substantiv kann nach einem Begleiter (***einem Artikel, einem Pronomen** oder **einem Zahlwort***) stehen:**
  dem Onkel, die Zeit, unsere Abstimmung, dieses Fahrrad, einige Luftballons

 Achtung! Oft steht zwischen dem Begleiter und dem Nomen noch eine Beifügung: *der neue Wagen, deine lieben Eltern, dieses alte Gebäude*

 Manchmal verschmilzt der Artikel auch mit einer Präposition: *übers Haus (= über das Haus), zur Schule (= zu der Schule)*

 Bei manchen Substantiven im Satz steht kein Artikel. Hier kann man sich meist den Artikel dazudenken (= **ARTIKELPROBE**).
  *Die Mannschaft ist in diesem („**dem**") Jahr leider nicht in („**der**") Form.*

■ **Im Satz steht ein Nomen/Substantiv immer in einer bestimmten Zahl (Numerus) und einem bestimmten Fall (Kasus):**
  Der neue Boden (1. Fall, Einzahl) *deiner Wohnung* (2. Fall, Einzahl) *sorgt für Wärme* (4. Fall, Einzahl) *und passt zu den Tapeten* (3. Fall, Mehrzahl).

■ **Ein Nomen/Substantiv kann Beifügungen (Attribute) bei sich haben:**
  Sie hat ihm eine blaue Rose gekauft. (Was für eine Rose?)
  Wir halfen das Auto des Nachbarn anschieben. (Welches Auto?)

■ **Ein Nomen/Substantiv kann als Satzglied oder als Teil eines Satzgliedes vorkommen:**
  Die moderne Armbanduhr liegt auf dem Tisch. (Subjekt)
  Er hat sich eine moderne Armbanduhr gekauft. (Objekt)

Schreibe folgende Buchstabenschlangen in Sätzen auf. Es kommen auch Titel vor! Beachte die Zeichensetzung.

erbliebnocheineweilehier – ohnefragemussmandaetwastun – wirkamenderhöfliche nbittegernenach – werdenwirderkleineprinzauchlesen – mirgefälltdreiengelfürcharl iesehr – wirverkaufennurgebrauchtwägenausersterhand – allestelltensichzubeginn ineinerreiheauf – inkürzewardiehochzeitdesfigaroausverkauft

Dieser Text ist in Großbuchstaben ausgeführt. Unterstreiche alle Nomen/ Substantive. Schreibe ihn dann in Normalschrift auf. Achte auf die Satzanfänge!

DIE LEBENSERWARTUNG DER MENSCHEN STEIGT VON JAHR ZU JAHR IMMER WENIGER. EIN DURCHSCHNITTSALTER VON 100 ODER SOGAR 120 JAHREN SEI IN ABSEHBARER ZEIT UNREALISTISCH, SO WISSENSCHAFTER WELTWEIT. DER GRUND FÜR DIE BESCHRÄNKTE LEBENSERWARTUNG IST DIE BEGRENZTE LEBENSDAUER MENSCHLICHER ZELLEN. IM ALTER WERDEN BEIM MENSCHLICHEN KÖRPER DIE GEBRECHEN UND MÄNGEL EINFACH MEHR. WER ALSO ALT WERDEN MÖCHTE, SOLLTE IMMER AN SEINEN KÖRPER UND AN SEINE GESUNDHEIT DENKEN – NICHT ERST IM FALL EINER KRANKHEIT. TÄGLICHE BEWEGUNG, BEWUSSTE ERNÄHRUNG UND EIN AUSGEGLICHENES SEELENLEBEN SIND WICHTIGE VORAUSSETZUNGEN FÜR EIN HOHES ALTER.

Ein Teil des Satzes fehlt. Setze in der freien Tabellenspalte die folgenden Wörter und Wortgruppen der Reihe nach im richtigen Fall ein. Achte auf die Endungen!

sein Verfolger, drei tolle Sprünge, ihre vielen Fragen, der schöne Garten, sonnige Tage, dein Herz		
Gib doch		einen Stoß und hilf ihm!
Sie machten an		lange Wanderungen.
Mit viel Glück konnte er		entkommen.
Der Nachbar umgibt		mit einem hohen Zaun.
Sie möchten auf		endlich Antworten.
Der Star hatte mit		überzeugen können.

Wie können Nomen/Substantive aussehen?

■ **Nomen/Substantive sind abwandelbar:**

Sie haben ein feststehendes grammatisches Geschlecht (Genus). Dieses zeigt sich am Artikel, bei der Endung eines begleitenden Adjektivs und beim Ersatz/Verweis durch ein Fürwort/Pronomen:

der/ein Spaß (männlich), *die/eine Nummer* (weiblich), *das/ein Auto* (sächlich). *Den weißen Teppich möchte ich haben. Er passt ideal hierher.*

Weiters verfügen die meisten Nomen/Substantive über Einzahl (Singular) und Mehrzahl (Plural). Wenige existieren nur im Singular (*das Wetter*, *der Hass*) oder nur im Plural (*die Masern*, *die Ferien*).

■ **Nomen/Substantive können nicht nur einfach, sondern vor allem auch zusammengesetzt oder abgeleitet sein:**

An ihren Wortbestandteilen ist sehr oft erkennbar, ob es sich um eine **Zusammensetzung** bzw. eine **Aneinanderreihung mit Bindestrich** oder um eine **Ableitung** handelt:

■ **Zusammensetzung:** Zwei oder mehrere Wörter werden – oft auch mit einem Fugenzeichen – verbunden, wobei das letzte Wort ein Nomen ist:

der Arm + das Band + die Uhr = die Armbanduhr

der Laufschuh, *der Schwein(e/s)braten*, *der Advent(s)kranz*

Eine Substantivzusammensetzung schreibt man groß, unabhängig von der Wortart des ersten Bestandteils. Das gilt auch für Fremdwörter:

nicht + Raucher = der Nichtraucher; ein + Bahn = die Einbahn; schnell + Straße = die Schnellstraße; count + down = der Countdown (auch Count-down)

Nicht korrekte Schreibungen der Werbewirtschaft sind: *WirtsHaus, LebensArt.*

Zusammensetzungen werden oft durch einen Bindestrich verdeutlicht (▶ S. 42 ff.):

die Mehrzweck-Küchenmaschine, die 90er-Jahre, der Pro-Kopf-Verbrauch

Zusammensetzungen mit Abkürzungen haben diesen immer: *die Kfz-Steuer*

Wenige Bildungen beginnen mit einem kleinen Einzelbuchstaben: *der km-Anzeiger, die a-Moll-Tonleiter* (fachliche Schreibung der Abkürzung zählt!)

■ **Ableitung:** von anderen Wortarten (*klug* ▶ *Klug-heit*, *backen* ▶ *Bäck-er*) **Typische Endungen dafür sind** *-heit, -keit, -nis, -schaft, -tum, -ung, -sal.* **Auch von Nomen können wiederum neue Nomen abgeleitet werden:**

Dichter ▶ *Dichterling, Hans* ▶ *Hänschen, Arzt* ▶ *Ärztin*

■ **Auch Nomen/Substantive aus anderen Sprachen werden großgeschrieben:**

der Browser, die Coolness, der Fulltime-Job, die Air-Condition

R5 7

Leite von folgenden Adjektiven und Verben mindestens je ein Nomen/Substantiv ab. Schreibe es mit Artikel auf.

wild	*die Wildheit*	sparsam	
lesen		verfolgen	
gemein		reich	
heiter		hell	
ergeben		bilden	

R5 8

Bilde zu den Nomen/Substantiven und Verben die dazugehörigen Berufsbezeichnungen samt Artikel. Wähle bei den gelb gedruckten Wörtern die weibliche Variante, sonst die männliche.

fahren		backen	
kaufen		Journalismus	
singen		Polizei	
programmieren		dirigieren	
Sanität		studieren	*die Studentin*

Männer und Frauen gleich ansprechend ...

Liebe LeserInnen! Obwohl es in Texten verstärkt gebräuchlich ist, Frauen nicht mehr nur in der männlichen Form mitzumeinen, sondern zu benennen (siehe Anrede hier!), sind folgende Schreibungen nur inoffiziell erlaubt:

Gesucht wird eine DrogistIn mit Erfahrung in Homöopathie.
Liebe Lehrer/innen, Erziehungsberechtigte und Schüler/innen!

R5 9

Bilde zusammengesetzte Nomen/Substantive mit Artikel.

laufen/Werk	*das Laufwerk*	hoch/Mut	
essen/Besteck		heilen/Pädagogik	
vize (lat.)/Chef		schwimmen/Trainer	
gegen/Fahrbahn		bauen/Unternehmen	
stoßen/Verkehr		Zahl/Rätsel	

R5 10

Streiche den falschen Buchstaben durch! Verwende dann die gelben Wortzusammensetzungen in einem eigenen Satz.

1. Seit den **80er-j/Jahren** weiß ein jeder, was ein atomarer s/Super-GAU ist.
2. In einer **g/Großstadt** gibt es viele e/Einpersonenhaushalte.
3. Die i/In-vitro-Fertilisation lässt ein **m/Menschenleben** im Reagenzglas beginnen.
4. Im **n/Nebenjob** ist sie b/Bio-Bäuerin.
5. Meine t/To-do-Liste für diesen Tag entsprach der eines **f/Fulltime-Jobs**.

<table>
<tr><td>**REGEL 6**</td><td>Nomen/Substantive als Bestandteile fester Fügungen werden immer großgeschrieben.</td></tr>
</table>

*in **Acht** nehmen, außer **Acht** lassen, **Ausschau** halten, **Schluss** machen, **Angst** machen, **Angst** haben; in **Bezug** auf, mit **Bezug** auf, zur **Seite***

Bei folgenden Verbindungen wird der nominale Charakter aber nicht mehr gesehen. Daher sind sie klein- und zusammenzuschreiben (▶ Seite 142):

eislaufen, kopfstehen, leidtun, nottun
Ebenso: *teilnehmen, teilhaben, standhalten, preisgeben, stattfinden. Es **findet statt**.*

In Verbindung mit **bleiben**, **sein** und **werden** gelten eine Reihe von Nomen als verblasst und man muss sie kleinschreiben. Du kannst in diesen Fällen mit **WIE?** fragen:
freund, klasse, angst, bange, bankrott, gram, spitze, pleite, spinnefeind, recht, wert
(▶ vgl. Seite 34)

Haben die Großschreiber immer Recht/recht?
Eine interessante Wahlmöglichkeit bieten die festen Fügungen mit *Recht* und *Unrecht*:

Recht oder *recht* bekommen/geben/haben/tun
Unrecht oder *unrecht* bekommen/haben/erhalten/tun

<table>
<tr><td>**REGEL 7**</td><td>Bei einer Reihe von Fügungen Präposition + Nomen ist sowohl Zusammen-/Kleinschreibung als auch Getrennt-/Großschreibung (des Nomens) möglich.</td></tr>
</table>

Folgende Wendungen können als *Zusammensetzung* oder als *Wortgruppe* aufgefasst werden. Hier handelt es sich um wichtige Wahlmöglichkeiten innerhalb der deutschen Rechtschreibung. Welche Variante ist besser, fragst du?
Da generell gilt, dass Nomen auch in festen Fügungen großgeschrieben werden, wird hier die Groß- und Getrenntschreibung oft bevorzugt:

Zusammensetzung	Wortgruppe
aufgrund	*auf **Grund***
zurande kommen	*zu **Rande** kommen*
außerstande setzen/sein	*außer **Stande** setzen/sein*
zunutze machen	*zu **Nutze** machen*
mithilfe	*mit **Hilfe***
infrage stellen/kommen	*in **Frage** stellen/kommen*
anstelle	*an **Stelle***
zustande bringen	*zu **Stande** bringen*
zumute sein	*zu **Mute** sein*
zugrunde richten/gehen	*zu **Grunde** richten/gehen*
ebenso: *nachhause*	*nach **Hause***
(von) zuhause	*von zu **Hause***

Entscheide, ob es sich um Nomen in festen Fügungen handelt, die großzuschreiben sind! Streiche den falschen Buchstaben durch.

Wir müssen es einfach zur (k/K)enntnis nehmen: Das Aufsagen von Gedichten ist ein wenig in (v/V)erruf geraten. Viele ziehen gegen das Auswendiglernen zu (f/F)elde. Die Welt steht (k/K)opf – in (a/A)nbetracht einer allgemeinen sprachlichen Verkümmerung wäre es doch von (v/V)orteil, wenn jeder ein Stück Lyrik fest abgespeichert hätte und sich jederzeit zu (g/G)emüte führen könnte. Manchmal ist vielleicht ein edles Wort von (n/N)öten, ein andermal besteht der (w/W)unsch nach einem tröstenden Satz, wohlgeformt. Auch fürs Geburtstagsbillett könnte derlei zur (s/S)telle sein. Jeder, der ein Gedicht memoriert (= auswendig lernt), hat (t/T)eil am Schönen und Guten, hieß es zur (z/Z)eit der alten Griechen.

Mir träumte einst ...

Welche der gelben Nomen gelten als verblasst und sind kleinzuschreiben? Du solltest sie mit WIE? erfragen können. Unterstreiche sie und schreibe die Sätze auf!

Der neue Mitschüler ist echt **KLASSE**. Tut mir fast **LEID**, dass ich schon einen **FREUND** habe, so wie der aussieht. Vielleicht wird er doch noch mein **SCHATZ**. Ich habe keine **ANGST**, dass ich jemandem **UNRECHT** täte damit. Bin doch ich nicht **SCHULD**, wenn er allen den **KOPF** verdreht. Freilich will er auch der **LIEBLING** aller sein. Stattdessen ist ihm manch einer **GRAM**. Er ist ja so lieb!

Entscheide dich für die richtige Schreibweise. Achtung: Nicht überall hast du die freie Wahl zwischen Groß- oder Kleinschreibung!

1. Ich fand mich .... (AN/HAND) deines Planes gut zurecht.

2. Völlig .... (ZU/RECHT) beschwerte sie sich darüber.

3. Er hat sich dies einfach .... (ZU/NUTZE) gemacht.

4. .... (MIT/HILFE) des Wörterbuchs lässt sich vieles klären.

5. Ob er auch ohne sie .... (ZU/RANDE) gekommen wäre?

6. Du willst jetzt schon .... (NACH/HAUSE) gehen?

7. Ich möchte damit nicht alles .... (IN/FRAGE) stellen.

8. Sie arbeitet gerne .... (VON/ZU/HAUSE) aus.

REGEL 8	Wörter anderer Wortarten können als Nomen/Substantive verwendet werden (= Nominalisierung/Substantivierung). Sie werden dann großgeschrieben.

Es handelt sich hier vor allem um die Großschreibung von *Zeitwörtern* (= Verben), von *Eigenschaftswörtern* (= Adjektiven) und von *Fürwörtern* (= Pronomen), aber auch von *Zahlwörtern* (= Numeralien) und *kleinen, unveränderbaren Wörtern* (= Partikeln).

In diesem fehleranfälligen Bereich sind folgende Signale zu beachten:

Sechs Signale für Nominalisierungen/Substantivierungen

1. Artikel geht voraus (oder lässt sich dazudenken):

Ein Singen und *Klingen* war zu hören. *Das Grün* der Wiese. Er hasst *(das) Aufräumen* und *(das) Abwaschen*. *(Das) Blau* ist meine Lieblingsfarbe.

> **Artikelprobe:** Wenn du vor den Infinitiv den Artikel (zB „das") setzen kannst und der Satz grammatikalisch richtig bleibt, liegt eine Nominalisierung vor: *an (das) Schwimmen* denken, sich durch *(das) Laufen* fit halten; er machte sich mit *(dem) Singen* Mut.

Oft verschmilzt der Artikel mit einer Präposition: *ins* (= in das) *Schwärmen* kommen, *aufs* (= auf das) *Ganze* gehen.

2. Fürwort (Pronomen) geht voraus:

Dein Jammern bringt nichts. *Dieses Lachen* kenne ich doch! Ich wünsche dir *alles (nichts/etwas ...) Gute(s)*.

3. Unbestimmtes Zahlwort (meist bei Adjektiven) geht voraus:

Wir brauchen immer *ein paar/genug Schlaue*! Ich möchte *etwas Gutes*!

ACHTUNG! *Wir wollen etwas lernen.* Hier ist „etwas" das Objekt zu „lernen" (Was lernen?) und kein Signal für Großschreibung.

4. Präposition geht voraus:

Das ist *zum Lachen*. *Beim* (= bei dem) *Arbeiten* schwitzen. *Vor Lachen* kein Wort sprechen; dasselbe *in Grün*; *auf Deutsch*

5. Ein dekliniertes (= mit Fallendung) **Adjektiv als Beifügung:**

lautes Lachen, *schnelles Fahren*, ein *absolutes Muss* ...; das *Blau seiner Augen*, im *Schmieden von Plänen* (auch nachgestellte Beifügungen)

6. Die Verwendung als Satzglied oder Teil eines Satzgliedes:

Hier kann Buntes (Wer?/Was? ► Subjekt) *den Raum auflockern. Er hat das Soll* (Wen?/Was? ► Objekt im 4. Fall) *erfüllt. Der Grund meines Kommens* (Wessen Grund? ► nachgestellte Beifügung) *ist offensichtlich.*

R8 14 **Unterstreiche zuerst die Signale für die Nominalisierung/Substantivierung (hier von Verben). Setze dann richtig ein!**

1. Diese Atmosphäre lädt zum gemeinsamen .... (SINGEN) ein.

2. Wir haben unter dem neuen Trainer wenig zu .... (LACHEN).

3. Er ging, ohne ihr beim .... (SAUBERMACHEN) zu helfen.

4. Sie wollte uns nichts zu .... (ESSEN) geben.

5. Was motiviert euch beim .... (KOMPONIEREN) eurer Songs?

6. Eigentlich wollen wir gute Musik zum .... (ABTANZEN) machen.

7. Auf dem Schild stand: „Zu .... (VERKAUFEN)!"

8. Der Junge lernte zuerst richtig .... (SCHREIBEN) und

.... (LESEN).

R8 15 **Ein dekliniertes Adjektiv/Eigenschaftswort vor dem Infinitiv ist Signal für Großschreibung, ein undekliniertes für Kleinschreibung.**

> *durch schnelles Laufen den Sieg erringen* – aber: *schnell laufen und siegen*

1. Sie sollten sich das reiflich .... (ÜBERLEGEN)!

2. Sie sollten das nach reiflichem .... (ÜBERLEGEN) entscheiden!

3. Lieber lustig .... (FEIERN) als lang .... (ARBEITEN)!

4. Lieber lustiges .... (FEIERN) als langes ....
(ARBEITEN)!

R8 16 **Setze richtig ein. Mache im Zweifelsfall die Artikelprobe!**

1. Ewiges .... (LERNEN) und .... (STUDIEREN) geht
ganz schön an die Nieren!

2. Lieber die Augen .... (VERRENKEN), als dem Lehrer
Aufmerksamkeit .... (SCHENKEN)!

3. Wer nicht .... (HÖREN) will, darf auch nicht ....
(SCHNARCHEN).

4. Also gut, ... (SCHLUMMERN) ist besser als ....
(STÖREN)!

5. Wer hat genug vom .... (SCHREIBEN) und .... (LESEN)?

| REGEL 9 | Werden Verben als Nomen verwendet, sind sie großzuschreiben. |

Dabei handelt es sich entweder um den **Verbalstamm** (*ein absolutes Muss, das Soll erfüllen*) oder um den **Infinitiv** (*lautes Lachen, dein Fahren*).
Als Indikatoren können die Signale 1, 2, 4, 5, 6 (▶ Seite 18) auftreten: *Sie setzten eine Strafe **für Rauchen** im Schulhof fest. **Vor dem Trinken** bitte Mund waschen! Sie konnten plötzlich **leises Rascheln** vernehmen. Er machte sich **durch Singen** Mut. Der Löwe war **zum Greifen** nahe. Der Grund **meines Schreiens** war die Angst um die beiden.*

Wenige Probleme macht die Verwendung des **Verbalstamms** für ein Nomen. Diese Bildungen sind eigenständige Wörter (meist maskulinen Geschlechts):
*der **Sprung**, der **Halt**, der **Rat**, der **Schrei**, der **Stoß**, der **Betrag**; das **Versteck**, das **Soll***
Sie können (anders als der Infinitiv!) meist auch in den Plural gesetzt werden:
*die **Sprünge**, die **Schreie**, die **Stöße**, die **Beträge***

Wenn der **Infinitiv** wie ein Nomen verwendet wird, geht ihm in vielen Fällen ein Artikel voraus: *die Kunst **des Singens**, aus Freude **am** (= an dem) **Fahren**, **zum** (= zu dem) **Aufstreichen**.* Der Infinitiv hat dann übrigens sächliches Geschlecht.
Im Genitiv bekommt der Infinitiv als Nomen sogar eine Endung: *des **Singens**, des **Laufens**, des **Schreibens**.* Eine Pluralbildung ist jedoch nicht möglich.

 Kleinschreibung des artikellosen Infinitivs nach **zu**:
*Er möchte etwas **zu essen**. Es gibt noch viel **zu tun**.*

Selten hat der Infinitiv gar kein Signal bei sich, dann kann er als Verb oder als Nomen verstanden werden. Er kann also groß- oder kleingeschrieben werden, zB:
*Bekanntlich ist **g/Geben** seliger als **n/Nehmen**.*
DENN: Zwei gedankliche Ergänzungen sind möglich:
    *Bekanntlich ist (**das**) **Geben** seliger als (**das**) **Nehmen**.*
    ODER:
    *Bekanntlich ist (**zu**) **geben** seliger als (**zu**) **nehmen**.*

| REGEL 10 | Fügungen aus Nomen und Verb, die im Infinitiv getrennt geschrieben werden, werden groß- und zusammengeschrieben, wenn man sie als *ein* Nomen verwendet:
Auto fahren ▶ *Das Autofahren ist beliebt.* |

So werden oft ganze Wortgruppen zu Nomen/Substantiven (▶ Hintergrund, Seite 21).
Viele dieser Konstruktionen sind längst selbstständige Wörter, wie:
*das **Kopfzerbrechen**, das **Inkrafttreten*** (▶ Seite 148)
Werden Infinitive mit mehrteiliger Ergänzung als Nomen verwendet, sind ihre Bestandteile durch Bindestrich getrennt, zB *das **Ich-mag-dich-so-Gefühl**.*

R9

17

Trage den Infinitiv richtig ein und unterstreiche das Signal, das dir seine Großschreibung anzeigt. Oft finden sich mehrere Signale!

1. Er spürte das stürmische .... (KLOPFEN) seines Herzens.

2. Das .... (HERUMLIEGEN) kann auch anstrengend sein.

3. Wir finden dein ewiges .... (NÖRGELN) unerträglich!

4. Hier ist das .... (LÄRMEN) strikt verboten.

5. Ein erleichtertes .... (AUFATMEN) war zu hören.

6. Das ist der wahre Grund deines .... (KOMMEN)!

R9

18

Unterscheide hier die Signale *zu* und *zum*! Setze richtig ein.

1. Hast du für mich etwas zu .... (ESSEN)?

2. Ich habe mein Passwort zum .... (ANMELDEN) vergessen.

3. Sie sah keinen Grund, das Spiel zu .... (UNTERBRECHEN).

4. Zum .... (WASCHEN) verwendet er nur klares Quellwasser.

5. Er träumte davon, sein neues Auto zu .... (WASCHEN).

6. Schüchtern forderte sie ihn zum .... (TANZEN) auf.

Keineswegs zum Auf-und-davon-Laufen!
Bei mehrteiligen Infinitiv-Fügungen werden *das erste Wort*, *alle nominalen/ substantivischen Bestandteile* und *der Infinitiv* großgeschrieben:

das *In-den-April-Schicken*, das *Alles-links-liegen-Lassen*, ein richtiges *Beide-Augen-fest-Zudrücken*. Dein *Lass-uns-Freunde-Sein* stört mich!

R10

19

Aus zwei mach eins: Setze die Fügungen richtig ein.

> Stiegen steigen, Walzer tanzen, Haare waschen, Film aufnehmen, Haus bauen, Computer spielen

Das .... ist gesünder, als mit dem Lift zu fahren. Ihm wurde

immer schwindelig beim .... Beim ....

mit dem neuen DVD-Rekorder hat sie noch ihre Probleme. Sie setzt die

Kleinen fürs .... immer in die Badewanne. Viel Spaß beim

.... ! Vater erlaubte den Kleinen das ....

D DIE NOMINALISIERUNG VON ADJEKTIVEN UND PARTIZIPIEN

Üblicherweise stehen Adjektive als Beifügungen (Attribute) zwischen Artikel und Nomen (**A**), bestimmen als Adverb ein Verb näher (**B**) oder beziehen sich in Verbindung mit *sein, bleiben, werden, aussehen* u. Ä. auf ein Nomen (**C**):

A *Das ist aber **ein zutrauliches Kätzchen**!* (Welches Kätzchen?)
B *Das Kätzchen **lief zutraulich** zu Peter.* (Wie lief das Kätzchen?)
C *Ja, das **Kätzchen ist** sehr **zutraulich**.* (Wie ist das Kätzchen?)

In diesen Fällen ist die Frage **WIE? (WELCHES?)** möglich – das Adjektiv wird jeweils kleingeschrieben. Ähnlich verhält es sich mit Partizipien, wenn sie wie Adjektive verwendet werden:

*Du bist ein **gefragter** Musiker.* (**A**)
*Sie blickte **gereizt** durch ihre Brille.* (**B**)
*Nach dem Urlaub ist er sehr **entspannt**.* (**C**)

REGEL 11	Werden Adjektive (zB *das Große*) oder Partizipien (zB *das Gemeinte, das Folgende*) als Nomen verwendet, sind sie **großzuschreiben**.

*Wir wünschen dir alles **Gute**. Zum Nachtisch gab es **Süßes** und **Pikantes**. Das **Entscheidende** für diesen Vertrag war gegenseitiges Vertrauen. Das nie **Erhoffte** wurde wahr. Das ist das **Einzige**, was du tun kannst. Wäre es nicht das **Beste**, jetzt zu schweigen? Alles **Weitere** folgt schriftlich. Der Umsatz stieg um das **Vierfache**. Sie scherzten auf **Englisch**; das **Blau** der Wand, am **Ersten** jeden Monats, der **Nächste**.* Beachte: *Herzlich willkommen!*

Prinzipiell ist bei dieser nominalen Verwendung auch eine Abwandlung und eine Pluralbildung möglich: *Die **Blaus** unterscheiden sich wenig; zuviel des **Guten** ...* Jedenfalls bezieht sich das Adjektiv/Partizip nicht auf ein Nomen im Satz und kann **nur** mit **WAS?** erfragt werden.

REGEL 12	Nach unbestimmten Zahlwörtern wie *alles, allerlei, etwas, genug, nichts, viel, wenig* werden Adjektive **großgeschrieben**.

*Er hat **nichts** (**etwas**, **viel**, **wenig** ...) **Wichtiges** erledigt. Wir wussten **allerlei** Gruseliges zu erzählen. Für **alles Mögliche** hat er Zeit!*

Im Übrigen gelten auch hier die anderen schon besprochenen **Signale** für Nominalisierungen/Substantivierungen (▶ Seite 18), also:

*Mein Freund erzählte mir **das Gleiche** wie letztes Mal.* (Artikel)
*Hierzu sage ich Ihnen **Folgendes**.* (Verwendung als Satzglied)
*Der Clown gab **sein Bestes**.* (Pronomen)
*Ein **helles Gelb** würde hier gut passen.* (dekliniertes Adjektiv)
*Die Ampel schaltete **auf Grün**.* (Präposition)

R11
20

Von der Beifügung/Attribut zum nominal gebrauchten Adjektiv: Stelle die zwei Verwendungen einander gegenüber!

der aufgeregte **K**andidat	*der Aufgeregte*
das ausschlaggebende Argument	
die geliebte Frau	
die einheimische Bevölkerung	(Pl.)
das unerwartete Ereignis	
der jugendliche Mensch	
die folgenden Ausführungen	*das*

R11-12
21

Adjektive: nominal verwendet oder nicht? Setze richtig ein. Achte auf die Signale für Nominalisierung/Substantivierung!

Das ist aber ein .... (TRAURIG) Anlass. Erzähl mir doch etwas

.... (LUSTIG) über dich! Weißt du .... (NEU)

von unserem Freund? Er kann immer wieder .... (ERFREULICH)

berichten. Wir hielten es für ein sehr .... (WICHTIG) Ereignis.

Nichts .... (SCHÖNER) gibt es auf der Welt als dies! Das ist

aber ein .... (SCHÖN) Instrument. Tu ....

(GUT) und sprich darüber! Viel .... (INTERESSANT), aber wenig

.... (KONKRET). Alles .... (LIEB) für dich!

R11-12
22

Welche Teile des Satzes sind Nomen oder werden nominal verwendet? Schreibe in Normalschrift auf!

1. DAS IST ALLES FREI ERFUNDEN! ....

2. DER WEISE FREUT SICH ÜBER EINFACHES. ....

3. ER HOFFT AUFS NEUE JAHR. ....

4. DIE LAUTESTEN SIND NICHT DIE KLÜGSTEN. ....

5. ERZÄHLE UNS ETWAS SPANNENDES! ....

REGEL 13	In festen Wendungen werden nominalisierte Adjektive und Partizipien großgeschrieben.

*Der Hase suchte schnell das **Weite**. Er konnte hier aus dem **Vollen** schöpfen. Bei ihm liegt manches im **Argen**. Das ist im **Allgemeinen** richtig! Wir haben das Projekt des **Langen** und **Breiten** diskutiert. Du ziehst alles ins **Lächerliche**! Im **Großen** und **Ganzen** ist das ziemlich einfach. Er gab eine Parodie zum **Besten**. Sie tappen weiterhin im **Dunkeln**.*

REGEL 14	Farb- und Sprachadjektive werden als Nominalisierungen großgeschrieben, auch nach bloßer Präposition (*in Schwarz, auf Spanisch*).

*Er lügt **das Blaue** vom Himmel herunter. Sie wählte **das** kleine **Schwarze**.*

*Mit **Englisch** schlägt man sich überall durch. Die Ampel schaltet **auf Grün**. Wir liefern das Modell **in Dottergelb** oder **Arktisblau**.*

REGEL 15	Paarformeln von Adjektiven, die Personen bezeichnen, gelten als Nominalisierungen und sind großzuschreiben, auch wenn sie undekliniert sind.

*Pop-Musik erfreut **Jung** und **Alt** (**die Jungen** und die **Alten**). Das Fest war für **Klein** und **Groß** (**die Kleinen** und **die Großen**). Hier herrscht kein Unterschied zwischen **Arm** und **Reich** (**den Armen** und **den Reichen**).*

ABER: *Sie gehen durch **dick** und **dünn**. Er schafft den Erfolg über **kurz** oder **lang**.* (= feste adverbiale Wendungen ohne Personenbezug)

REGEL 16	Superlative (zB *am größten*) werden kleingeschrieben, wenn man nach ihnen mit WIE? fragen kann. Fragt man aber mit WORAN?, liegt eine Nominalisierung vor. Es ist großzuschreiben, zB *Es fehlt am Nötigsten*.

*Diese Regel ist **am leichtesten** zu durchschauen. Bei ihm wirkt die Eitelkeit **am sympathischsten**.* (WIE?) **Aber:** *Es scheitert **am Einfachsten**.* (WORAN?)

 Kleinschreibung, wenn Ersatz mit „sehr" + Grundform des Adjektivs möglich ist:
... *am leichtesten* (= *sehr leicht*) zu durchschauen.

REGEL 17	Superlative mit *aufs/auf das* (zB *aufs h/Herzlichste*) können klein- oder großgeschrieben werden. Fragt man aber mit WORAUF?, liegt eine Nominalisierung vor (*vorbereitet aufs Härteste*). Es ist großzuschreiben.

*Teurer Freund, ich begrüße dich **aufs h/Herzlichste**. Dies wurde von allen **aufs h/Heftigste** beklatscht.* (WIE?) **Aber:** *Jeder war **aufs Schlimmste** gefasst.* (WORAUF?)

R13

23

Schreibe in Normalschrift auf. Achte auf die Nominalisierungen!

1. DAS GLEICHE GILT FÜR DICH. ....

2. ES IST DAS BESTE ZU SCHWEIGEN. ....

3. DAS GANZE WIRKT LÄCHERLICH. ....

4. IM ÜBRIGEN SPRACH ER DARÜBER. ....

5. DARUM GEHT ES IM EINZELNEN NICHT. ....

6. ALLES ÜBRIGE IST ZU BESPRECHEN. ....

R11-15

24

Adjektive als Nomen? Setze richtig ein und schreibe groß, wo eine Nominalisierung vorliegt.

1. GERHILD UND DANIEL GEHEN MITEINANDER DURCH ....

   (DICK) UND .... (DÜNN).

2. DAS IST AUCH ETWAS FÜR DIE .... (KLEINE) SPORTLER.

3. SIE TAPPEN NOCH IMMER IM .... (DUNKEL).

4. DAZU LADE ICH .... (JUNG) UND .... (ALT) EIN!

5. DAS SIND DIE .... (SCHÖN) UND .... (REICH)?

6. ENDE .... (GUT), ALLES .... (GUT)!

7. IHR .... (LIEB), WIR SIND DIE .... (GUT)!

8. ÜBER .... (KURZ) ODER .... (LANG) MUSS

   ETWAS GESCHEHEN!

R13-17

25

Unterstreiche in folgenden Satzschlangen die Adjektive, die großgeschrieben werden müssen! Schreibe die Sätze mit passenden Satzzeichen auf.

1. Daserscheintmiramsinnvollsten
2. Derahnungsloselebtoftunbeschwerter
3. Imenglischenistdasameinfachsten
4. Ambestenwirdeuchdasfolgendegefallen
5. Imwesentlichenhastdurecht
6. Eskommtnichtsbesseresnach
7. Hastdunichtsneueszuberichten
8. Wirwurdenaufsschlimmstegetäuscht
9. Ichmöchtedenwageninveilchenblau

REGEL 18	Grundzahlwörter werden manchmal (zB Noten, Würfelpunkte) als Nomen verwendet und großgeschrieben. Meist aber werden sie (unter einer Million) kleingeschrieben. (▸ Regel 150, Seite 150)

Lieber eine Fünf als gar keine persönliche Note; eine Eins würfeln

Aber: *Die ersten drei kamen um die Ecke. Grüße sie von uns zweien!*

Alters- und Zeitangaben werden immer kleingeschrieben: *Sie wollte nie dreißig werden, Personen über achtzig, sich um fünf zum Tee treffen.*

REGEL 19	Ordnungszahlwörter (zB *der Zweite*) und Bruchzahlen (zB *ein Viertel*) sind Adjektiven ähnlich. Nominalisiert werden sie großgeschrieben, ebenso wie die nahestehenden Wörter *nächst-* und *letzt-.*

Du bist schon der Dritte mit einem Heuschnupfen. Als Letztes mussten wir das Geschirr abwaschen. Der Nächste bitte!

Um Viertel nach vier kam sie herein, ein Viertel Wein (Warenangabe!)

Aber: Kleinschreibung, wenn die Maßangabe/Stunde folgt:
ein viertel Liter (oder *ein Viertelliter*!), *in drei viertel Stunden* (oder: *in drei Viertelstunden*!); nur: *die Dreiviertelstunde, um viertel fünf* (▸ Expertenwissen, Seite 36 f.)

REGEL 20	Unbestimmte Zahladjektive werden großgeschrieben, wenn man sie als Nomen verwendet.

Das haben Unzählige (Zahllose) beobachtet. Es bleibt noch Verschiedenes zu tun. Ich wollte aus dem Ganzen kein Drama machen. Das gilt für jeden Einzelnen. Als Einziges blieb ihm die Küchenuhr. Alles Übrige erzähle ich dir morgen.

E DIE NOMINALISIERUNG VON PARTIKELN/„KLEINEN WÖRTERN"

REGEL 21	Wie alle anderen deutschen Wörter können auch Partikel im Satz nominal verwendet werden (▸ Signale, Seite 18). Sie sind dann großzuschreiben.

Adverbien/Umstandswörter: *Im Nachhinein ist mir alles klar. Der Kurs vollzog ein Auf und Nieder; mit allem Drum und Dran. Du denkst nie an das Gestern.* **Aber bei bloßer Präposition:** *Das ist der Plan für morgen. Die Frau von heute weiß um ihre Rechte.*

Präpositionen/Vorwörter: *Wir sollten das Für und Wider abwägen.*

Konjunktionen/Bindewörter: *Da gibt es kein Wenn und Aber!*

Bei mehrteiligen mit Bindestrich verbundenen Konjunktionen wird übrigens nur die erste großgeschrieben: *Das Sowohl-als-auch ist diplomatisch. Es gibt kein Entweder-oder!*

Interjektionen/Ausrufwörter: *das Weh und Ach. Ein lautes Oh war zu vernehmen.*

R18-19

26

Setze die Zahlwörter richtig ein. Schreibe die Sätze in dein Heft.

1. AM .... (ZEHNTEN) JEDES MONATS ERFOLGT DIE

   ÜBERWEISUNG.

2. WIR WARTEN LIEBER NOCH EINE .... (VIERTEL) STUNDE.

3. DAZU NEHMEN WIR EIN .... (VIERTEL) KILO

   MEHL, EIN .... (ACHTEL) BUTTER SOWIE EINEN

   .... (VIERTEL) LITER MILCH.

4. ICH HABE AUF ENGLISCH EINE .... (DREI) BEKOMMEN.

5. LASS DAS NUR DIE .... (ZWEI) MACHEN!

6. DIE SITZUNG BEGINNT UM .... (VIERTEL) NACH NEUN.

d/Dutzende, h/Hunderte, T/Tausende

Die Zahlwörter *dutzende, hunderte, tausende* können klein- oder
großgeschrieben werden, wenn sie unbestimmte Mengen angeben, zB:

*Schon **h/Hunderte** von Leserinnen und Lesern freuen sich auf das neue Buch.*

R18-20

27

Ein Rennen um die Großschreibung. Schreibe die Sätze in Normalschrift auf!

1. PETER KAM ALS ERSTER DURCHS ZIEL, HUNDERTE FANS JUBELTEN IHM ZU.
2. SUSI UND ALEX, OFT DIE SCHNELLSTEN ZWEI, BLIEBEN HEUTE WEIT ZURÜCK.
3. ALS NÄCHSTE LIEFEN MIRJAM UND JUDITH ÜBER DIE ZIELLINIE.
4. ALS LETZTER ERREICHTE FRED DAS ZIEL, NOCH UNZÄHLIGE KLATSCHTEN.
5. KEIN EINZIGER HATTE DAS RENNEN VORZEITIG BEENDET.
6. JEDER EINZELNE HATTE SEIN BESTES GEGEBEN.

R21

28

Entscheide jeweils, ob die Partikeln großzuschreiben sind.

1. WÄGE DAS .... (PRO) UND .... (CONTRA) AB!

2. HIER GIBT ES NUR EIN ....-....................

   (ENTWEDER-ODER)!

3. IM ZIMMER HERRSCHTE EIN HEILLOSES .... (DURCHEINANDER).

4. SIE HALFEN OHNE .... (WENN) UND ....

   (ABER).

5. SCHNEE VON GESTERN! SCHLUSS FÜR .... (HEUTE), IHR LEUTE!

REGEL 22	Als Nomen verwendete Pronomen/Fürwörter werden großgeschrieben. Meist steht in diesen Fällen ein Artikel.

Er bot mir **das Du** *an. Dieser Sänger hat* **das** *gewisse* **Etwas***. Manche Denker philosophierten über* **das Nichts***.*

MERKE! Possessivpronomen/besitzanzeigende Fürwörter können in Verbindung mit einem Artikel **auch** kleingeschrieben werden:

Die u/Unseren *haben sich den Pokal geholt.*
Ihr sollt **das e/Eure** *zu dieser Aktion beitragen.*

Eine Reihe von Pronomen wird aber immer kleingeschrieben:
die beiden, **ein jeder**, **ein solcher** (▶ Regel 30, Seite 34)

Grammatik der Höflichkeit: Den Pronomen der Anrede gilt wegen ihrer Häufigkeit und ihrer Bedeutung für die schriftliche Kommunikation besonderes Interesse.
In der deutschen Sprache ist Höflichkeit durch eine bestimmte Pronomenverwendung auch grammatikalisch festgelegt.

REGEL 23	Die Höflichkeitsanrede *Sie* und das entsprechende Possessivpronomen *Ihr* werden immer großgeschrieben.

Werter Herr Lehrer, ich bitte **Sie***, meinen Sohn heute vom Turnunterricht zu befreien. Das ärztliche Attest werde ich* **Ihnen** *zukommen lassen.*
Guten Tag, wie geht es **Ihnen** *heute? Kann ich* **Ihnen** *helfen? Möchten* **Sie** *das da? Da müssen* **Sie** *sich wohl geirrt haben! Ich freue mich,* **Sie** *zu sehen. Sie ist mit ihrem Chef noch immer per* **Sie***.*

REGEL 24	Die vertrauten Anredepronomen *du, ihr, dein, euer* werden im Allgemeinen kleingeschrieben. In Briefen ist aber auch Großschreibung möglich.

Was fragst **du** *mich da überhaupt? Was geht* **euch** *da durch den Kopf? Ich bin* **euretwegen** *früher zum Bahnhof gekommen. Ich habe* **deinen** *Brief gelesen.*

Liebe Maria,
was sagst **du** *(oder* **Du***) zu* **deinem** *(oder* **Deinem***) tollen Auftritt beim Chorkonzert? Ich fand* **dich** *(oder* **Dich***) einfach wunderbar!*

Großschreibung verlangen auch ältere Anredeformen, die wir heute nur mehr aus Kostümfilmen oder Faschingssitzungen kennen: *Habt* **Ihr** *es* **Euch** *wahrlich überlegt, edler Fürst von Baumgartenberg? Geruhen* **Eure** *Exzellenz, auch heuer wieder unsere Festsitzung für eröffnet zu erklären?*

Nominalisiert oder nicht? Kreise die richtige Lösung ein!

1. Zu späterer Stunde bot sie ihm das du/Du an.
2. Es gibt immer solche/Solche und solche/Solche.
3. Die beiden/Beiden kenne ich schon aus der Schulzeit.
4. Sind wir nicht längst schon per du/Du, liebe Kollegin?
5. Jetzt stehen wir praktisch vor dem nichts/Nichts.
6. Es ist ein jeder/Jeder seines Glückes Schmied, heißt es.
7. Dieses Parfum hat das gewisse etwas/Etwas.
8. Zu dieser Zeit war er noch ein niemand/Niemand.
9. Plötzlich löste sich der Stern in nichts/Nichts auf.
10. Die unsrigen/Unsrigen waren heute in Top-Form.

Sei korrekt und höflich. Schreibe den folgenden Kurzbrief ab und beachte die Höflichkeitsanrede. Nur diese ist großzuschreiben!

Sehr geehrter Herr Bürgermeister,

wir bitten SIE zu überprüfen, ob die neue Straße nicht doch temporeduziert ausgeführt werden kann. Es geht um Leib und Leben IHRER Bürgerinnen und Bürger. SIE alle vertrauen hier ganz auf IHRE Weitsicht und IHRE politische Erfahrung als Gemeindeoberhaupt. Überdenken SIE IHR erstes Konzept noch einmal. Viele Menschen fürchten um die Lebensqualität IHRES Wohngebietes. Eine sichere und gesunde Umwelt nämlich ist IHNEN ebenso wichtig wie IHR Leben und das IHRER Kinder.

Mit freundlichen Grüßen
IHR ökosoziales Gewissen (Bürgergruppe „IHRE Stimme zählt!")

ihr/Ihr – sie/Sie – ihr/Ihr – ihnen/Ihnen – euch? **Setze richtig ein!**

1. Susi und Fritz, ... Lieben, habt .... Peter irgendwo gesehen?

2. Lieber Herr Meyer, ich möchte .... danken, dass .... mir geholfen

   haben. Auch .... hatten nicht viel Zeit und .... Arbeit wartete!

3. Liebe Leute, nun liegt es an ....! Schaffen die Kandidaten den Aufstieg

   oder müssen .... Sachen packen?

4. Darf ich .... in .... Mantel helfen, Gnädigste?

G DIE GROSSSCHREIBUNG VON EIGENNAMEN

REGEL 25	Eigennamen werden großgeschrieben.

Eigennamen bezeichnen bestimmte Personen, Institutionen, Dinge, Orte, Epochen etc. Sie können einfach, zusammengesetzt oder abgeleitet sein. Eigennamen sind zB in Wörterbüchern/Lexika/Atlanten/Telefonbüchern verzeichnet.

Susanne, Hamburg, Schweiz, Asien, Bad Tölz, Dr.-Karl-Lueger-Ring, Linzer Torte

Mehrteilige Eigennamen enthalten oft auch Bestandteile, die keine Nomen sind. Hier gilt: Das erste und alle weiteren Wörter werden großgeschrieben, ausgenommen Artikel, Konjunktionen und Präpositionen, zB:

■ für Personen:

Alexander der Große, Josef der Zweite, Walther von der Vogelweide

■ für geografische Eigennamen:

die Vereinigten Arabischen Emirate, die Tschechische Republik; Unter den Linden, Alter Markt; Hohe Tatra, Bayrischer Wald; der Stille Ozean, das Rote Meer, das Kap der Guten Hoffnung

■ für Eigennamen anderer Erscheinungen/Objekte:

Kleiner Bär (Sternzeichen); *der Blaue Enzian* (Eisenbahnzug); *der Schiefe Turm* (Bauwerk); *Großer Österreichischer Staatspreis für Literatur* (Auszeichnung); *der Deutsche Bundestag, Europagymnasium vom Guten Hirten* (Institution); *Österreichisches Rotes Kreuz* (Organisation); *Gasthaus zur Neuen Post* (Firma); *Der Standard, Die Zeit* (Zeitungen); *Ferner Osten, Hohes Haus* (inoffizielle Eigennamen); *ZDF = Zweites Deutsches Fernsehen, SBB = Schweizerische Bundesbahnen* (Abkürzungen von Eigennamen); *das Römische Reich, der Zweite Weltkrieg, die Goldenen Zwanziger* (historische Epochen/Daten)

REGEL 26	Ableitungen von geografischen Eigennamen auf *-er* werden großgeschrieben.

die **Frankfurter** Würstchen, die **Tiroler** Knödel, der **Schweizer** Käse, der **Berliner** Flughafen, das **New Yorker** Denkmal

Ableitungen von Eigennamen hingegen auf *-(i)sch, -esk, -haft* werden kleingeschrieben.

MERKE! Im Gegensatz zu den Ableitungen auf *-er* können Wörter dieser drei Ableitungstypen in verschiedene Fälle gesetzt werden:

*den **holländischen** Käse genießen, mit **eulenspiegelhaftem** Lachen, **kafkaeskes** Lachen (= gespenstisch verwirrend)*
Aber: *die **Berliner** Freundin – Er schrieb den **Berliner** Freundinnen.*

R25

32

Mehrteiliger Eigenname oder nicht? Setze richtig ein.

alt: die .... Griechen, das ....
Gemäuer, das .... Testament,
der .... Platz (Platz in der Altstadt)

groß: der .... Wagen (Sternbild), das ....
Chaos, Karl der ...., der .... Teich
(Atlantik)

hohe: die .... Kosten, die .... Tauern
(Gebirgskette in Österreich), das .... Lied (Text in
der Bibel), der .... Mount Everest

neu: die .... Lehrerin, die ....
Welt (Amerika), die .... Medien, das ....
Testament, ein gutes .... Jahr!

schief: die .... Ebene, der .... Turm
von Pisa

tot: das .... Meer, die .... Leitung

---

Apostroph bei Eigennamen

Oft findet sich heute der Apostroph an falscher Stelle: ~~Montag's~~ Ruhetag,
~~Sport's~~ Bar, ~~Auto's~~ mit Garantie. Wo ist dieses Satzzeichen erlaubt?
Zum Beispiel bei der Hervorhebung der Grundform bei Ableitungen von
Eigennamen:

die Darwin'sche (darwinsche) Evolutionslehre; die Goethe'schen
(= goetheschen) Theaterstücke; das Klimt'sche (klimtsche) Werk

---

R26

33

-er oder -isch? Forme nach folgenden Beispielpaaren um:
Salat aus Italien ▶ *italienischer Salat; der Bär aus Berlin* ▶ *der Berliner Bär*

das Roulette aus Russland ▶ ....

der Tiergarten in Schönbrunn ▶ ....

der Käse aus der Schweiz ▶ ....

der Liebesfilm aus Indien ▶ ....

der Bahnhof in Linz ▶ ....

die Sängerin aus Mailand ▶ ....

die Ausgrabungen in Rom ▶ ....

die Berge in Tirol ▶ ....

H FESTE VERBINDUNGEN AUS ADJEKTIV UND NOMEN

REGEL 27	In Wortgruppen aus Adjektiv und Substantiv, die zu festen Verbindungen geworden, aber keine Eigennamen sind, werden Adjektive in der Regel kleingeschrieben.

*die **schöne** Bescherung, das **autogene** Training, die **höhere** Mathematik, die **flotte** Biene, die **graue** Maus, die **böse** Überraschung, das **neue** Jahr*

 MERKE! Ergibt sich durch die Wortverbindung eine neue, eigenständige Bedeutung, können die Schreibenden das Adjektiv auch großschreiben:

das s/Schwarze Brett (= Anschlagtafel)
das s/Schwarze Gold (= Erdöl)

REGEL 28	In bestimmten Wortgruppen aus Adjektiv und Substantiv werden Adjektive großgeschrieben, obwohl keine Eigennamen vorliegen.

der Heilige Vater, die Königliche Hoheit (**Ämter**)*; der Heilige Abend, der Erste Mai* (**besondere Kalendertage**); *Fleißiges Lieschen, Schwarze Witwe* (**Fachbegriffe der Zoologie/Botanik**); *die g/Gelbe Karte, die e/Erste Hilfe* (Großschreibung empfohlen) Im Zweifelsfall hier immer wieder das Wörterbuch befragen!

I BESONDERE FORMEN DER KLEINSCHREIBUNG

Kleingeschrieben werden eigentlich alle Wortarten außer Nomen. Sie alle können im Satz aber als Nomen verwendet werden (▶ Seite 18 ff.). Manchmal finden sich vermeintliche (= irreführende) Signale der Großschreibung (so steht etwa ein Artikel davor und trotzdem folgt Kleinschreibung). Ein andermal triffst du auf ein „Ex"-Nomen, welches die Aufgabe einer anderen Wortart übernommen hat. In beiden Fällen musst du kleinschreiben.

REGEL 29	Adjektive, Partizipien und Pronomen werden mitunter kleingeschrieben, obwohl Signale der Nominalisierung (▶ Seite 18) vorliegen. Sie beziehen sich dann auf ein vorhergehendes oder nachfolgendes Nomen.

In folgenden Beispielen handelt es sich um solche Beifügungen/Attribute zu Nomen in ihrer nächsten Nähe:
Mir gefallen Tiger. Am schönsten finde ich **den sibirischen**.*
*Sie war **die aufmerksamste** und **klügste** unter allen Teilnehmerinnen und Teilnehmern.*
***Das grüne** ist mein Fahrrad.*
*Zwei Burschen erschienen. **Der erste** lächelte ins Publikum, **der zweite** machte eine gekonnte Verbeugung.*

* Zu Superlativ-Fügungen nach *am/aufs* siehe Grundlagen, Seite 24!

R27-28
34

Suche das richtige Paar (feste Verbindung + Erklärung) und verwende die feste Verbindung in einem Satz, zB: *Papa, ich habe heuer erstmals keinen blauen (Blauen) Brief bekommen!*

> eine internationale Hilfsorganisation seit 1863 – Signal zum Platzverweis im Fußball – sofortige Hilfsmaßnahmen nach einem Unfall – Weihnachtsabend am 24. Dezember – einflussreiche Person im Hintergrund – sportliches Fest, schon in der Antike bekannt – Kündigungsschreiben oder eine schulische Mahnung – Maschinen mit intelligentem Verhalten – der Papst in Rom – Bezeichnung für Entwicklungsländer

1. der b/Blaue Brief **2.** die Dritte Welt **3.** die g/Graue Eminenz **4.** die Erste Hilfe **5.** die künstliche Intelligenz **6.** der Heilige Vater **7.** die Olympischen Spiele **8.** die r/Rote Karte **9.** der Heilige Abend **10.** das Rote Kreuz

Hauptwort groß, wie aber das Adjektiv schreiben?
Entscheidend für die Großschreibung ist, dass die feste Verbindung eine eigene, neue Bedeutung hat, so heißt es etwa: *der gelbe Dotter, die gelbe Ampel*, **aber:** *die Gelben Engel*. Es handelt sich nämlich nicht um irgendwelche Engel in Gelb, sondern um die (gelb gekleideten) Pannenhelfer eines ganz bestimmten Automobilclubs in Österreich und Deutschland.

R29
35

Setze richtig ein! Lass dich dabei – ausnahmsweise – nicht vom Artikel beeindrucken.

1. Von den deutschen Sängerinnen ist sie die .... (BESTE).

2. Das war der .... (SCHÖNSTE) von allen Urlaubstagen.

3. Sie war die .... (KLÜGSTE) von allen Teilnehmerinnen.

4. Er liebt Autos. Am liebsten mag er .... (FRANZÖSISCHE).

5. Hunderte Läufer nahmen daran teil. Die .... (SCHNELLSTEN) waren die Teilnehmer aus Kenia.

6. Beim Treffen der Rechengenies war sie das .... (JÜNGSTE).

7. Das .... (ÄLTESTE) von insgesamt 13 Kindern wurde Pfarrer.

8. Siehst du die vier Hunde? Der .... (BRAUNE) gehört Susanne.

<table>
<tr><td>REGEL 30</td><td>Die Pronomen *manch-, jene-, jede-, beid-, solch-, all-, etlich-, einig-* werden immer kleingeschrieben, auch wenn ein Artikel davorsteht.</td></tr>
</table>

*Wir haben darüber mit **allen** gesprochen. Ein **jeder** war damit einverstanden. Es ging schon ein **mancher** hier fehl. Die **beiden** waren wohl die größten Sprachforscher ihrer Zeit. Einen **solchen** findest du nicht mehr. Das wird dich **einiges** kosten. Sie fand **etliches** heraus.*

Im Gegensatz zu den Zahladjektiven (▶ Regel 20, Seite 26) kann vor diese Pronomen meist kein Artikel gesetzt werden. Ausnahmen: *ein **jeder**, die **beiden**, ein **solcher***

All- wird nur in einer Verbindung großgeschrieben (sonst immer klein):

*Du bist mein Ein und **Alles.***

Ein „Lieblingsquartett" aller Deutschlehrerinnen und Deutschlehrer waren die Wörter **ein, ander, viel, wenig** (mit Steigerungsstufen). Sie sind in der Regel noch immer kleinzuschreiben. Aber auch Großschreibung (stärkerer Substantivcharakter) ist nun erlaubt.

*Die **einen/Einen** kauften sich ein Eis, die **anderen/Anderen** wollten lieber etwas zu trinken. Die **meisten/Meisten** sahen darin einen Fehler. Er kommt mit **wenigem/Wenigem** aus.*

<table>
<tr><td>REGEL 31</td><td>Feste Fügungen aus Präposition und nicht dekliniertem Adjektiv werden kleingeschrieben. ABER! Bei dekliniertem Adjektiv ist auch Großschreibung zulässig.</td></tr>
</table>

durch dick und dünn, über kurz oder lang (▶ vgl. Seite 24), *schwarz auf weiß, grau in grau, gegen bar; von klein auf; von nahem/Nahem, seit kurzem/Kurzem, bis auf weiteres/Weiteres, von neuem/Neuem, bei weitem/Weitem*

<table>
<tr><td>REGEL 32</td><td>Nomen/Substantive können andere Funktionen im Satz übernehmen und dann die Wortart wechseln (▶ Adverbien/Umstandswörter, ▶ Adjektive, ▶ Präpositionen, ▶ unbestimmte Zahlwörter). Sie gelten dann als verblasste Nomen und werden kleingeschrieben.</td></tr>
</table>

■ **Adverbien/Umstandswörter:** erkennbar am „s" am Wortende (ohne Artikel davor!)

morgens, mittags, nachmittags, abends, nachts (**aber:** *des Abends, eines Morgens*), *donnerstags, dienstagabends/dienstags abends* (▶ vgl. Expertenwissen, Seite 36), *teils, willens, rechtens, anfangs*

■ **Adjektive:** Sie sind als solche mit *sein, bleiben* oder *werden* verbunden.

*Mir **ist** angst.* (WIE?) *Du **bist** mir gram. Er **ist** schuld daran.*
Aber: *Ich **habe** Angst. Er **hat** Schuld daran.* (WAS?)

Dazu zählen auch:
angst, bange, bankrott, gram, klasse, leid (Infinitiv: *leidtun*), *spitze, pleite, spinnefeind, recht, wert* (▶ Grundlagen, Seite 16)

R30

36

Übertrage die Sätze in Normalschrift!

1. DANN KAMEN DIE BEIDEN AN DIE REIHE. ....

2. DU HAST DICH UM EINIGES VERRECHNET. ....

3. DA MAG JEDER DENKEN, WAS ER WILL. ....

4. DIE KONSEQUENZEN WAREN ALLEN KLAR. ....

5. DIE EINEN WIE DIE ANDEREN JUBELTEN. ....

6. DIE MEISTEN NUTZTEN DIE ZEIT INTENSIV. ....

R30-31

37

Setze richtig ein.

Du sollst .... (AUF EWIG) mein sein! Schon ....

(VON FRÜHER HER) kannte ich dich und .... (VON KLEIN AUF)

schlug mein Herz nur für dich. Ich wusste, dass ich dich ....

(ÜBER KURZ ODER LANG) haben würde. Du siehst, ... (SEIT LANGEM)

schon gehört mein Herz nur dir! Meine Tage ohne dich waren ....

(GRAU IN GRAU). Als sich dann aber auf der Bank die Gelegenheit ....

(VON NEUEM) bot, nahm ich all meinen Mut zusammen, ...

(VOR ALLEM) hatte ich jetzt die nötige Mitgift. Wir werden gemeinsam noch

.... (EINIGES) erleben! Du bist mein ....

(EIN UND ALLES), mein begehrtes Mountainbike!

R32

38

Kreise die richtigen Schreibungen ein. Korrigiere die falschen!

Die Kurse finden **dienstags** und **Donnerstags** statt. Am **Montag in der früh**
wollte ich nicht aufstehen. Ich bin **Morgens** nie fähig, bald aufzustehen. Wir
gehen **mittags** immer gemeinsam essen. Du musst **dienstagnachmittags** zur
Ballettstunde! Daran bin aber ich nicht **schuld**. Ihr ist keineswegs **Angst und
Bange**. Das wird dir noch **leidtun**! Ja, es tut mir wirklich **Leid**. Wir essen
abends beim Fernsehen gerne Knabbereien. Das ist einfach **Spitze**!

■ **Präpositionen:** Sie verlangen meist den Genitiv/2. Fall des Bezugswortes:

laut, statt, trotz, angesichts, namens

*Er kam **dank** seiner Disziplin pünktlich. Ich erkläre euch **kraft** meines Amtes zu Mann und Frau …*

■ **unbestimmte Zahlwörter:** *(k)ein bisschen* (= ein wenig/überhaupt kein) *und **ein paar*** (unbestimmte Angabe) – **aber**: *ein Paar (= 2 zusammengehörige) Schuhe*

J WOCHENTAGE, TAGES- UND UHRZEITEN

REGEL 33	**Steht vor Wochentagen/Tageszeiten ein Artikel oder lässt er sich ergänzen, so wird großgeschrieben. Verbindungen beider mit Artikel werden groß- und zusammengeschrieben.**

*am Morgen, gegen Mittag, in **der** Nacht, eines Morgens; eines Montags, am Montagmorgen, **die** Mittwochnacht hindurch, **am** Freitagabend*

Sie besuchten uns (am) Samstagnachmittag.

Umstandswörter der Zeit, die Tageszeiten oder Wochentage angeben, werden aber immer kleingeschrieben (▶ Seite 34):
vormittags, montags, samstags, donnerstags; **auch:** *feiertags, tags (darauf/zuvor)*

Sie kommt **1.** *Dienstagabend,* **2.** *dienstags abends* **oder 3.** *dienstagabends zu Besuch?*
Im ersten Fall kommt sie an einem Dienstagabend (**einmal!**) zu Besuch. Bei den beiden anderen Schreibungen kommt sie jeden Dienstag (**regelmäßig!**) zu Besuch. Zwischen den Schreibungen 2. und 3. kannst du wählen, also **jeden Montagmorgen** kann heißen *montags morgens* oder *montagmorgens*.

REGEL 34	**Tageszeiten werden nach *(vor-)gestern, heute, (über-)morgen* großgeschrieben.**

heute Nacht, gestern Abend, morgen Früh, übermorgen Mittag, gestern Nachmittag

REGEL 35	**Bei Uhrzeiten werden die Stundenangaben kleingeschrieben:** *um eins kommen, nach halb elf schlafen gehen.* **„Viertel"-Angaben in Uhrzeiten werden kleingeschrieben, wenn sie unmittelbar vor der Zahl stehen:** *um viertel eins, um drei viertel acht.* **Ansonsten ist ein Artikel davor denkbar und es wird großgeschrieben:** *(ein) Viertel vor zehn, Viertel nach acht*

gegen halb elf, um viertel sechs, von drei viertel neun bis zwanzig nach zehn, 2 Minuten vor drei viertel sieben

nach drei viertel Stunden (oder: *drei Viertelstunden*), *eine halbe Stunde, viertelstündlich, in einer viertel Stunde* (oder: *Viertelstunde*) (▶ Seite 26)

R32

39

Setze richtig ein.

1. Nadine gewann den Bewerb .... (DANK) ihrer Tanzeinlagen.

2. Kannst du mir kurz .... (EIN BISSCHEN) helfen?

3. Ich habe .... (TROTZ) großem Stress ein .... (PAAR) Minuten Zeit für dich.

4. Hast du dir wieder ein neues .... (PAAR) Sandalen gekauft?

5. Kann ich .... (STATT) eines Mineralwassers auch einen Kaffee haben?

6. Außerdem brauche ich noch ein .... (PAAR) gute Tipps.

R33-34

40

Setze die Zeitangabe richtig ein!

1. Die Späher und Guides treffen sich immer .... (DONNERSTAG/ABENDS) beim Pfadfinderheim.

2. Ich konnte .... (SAMSTAGS) nicht kommen.

3. Du musst unbedingt .... (HEUTE/ABEND) fernsehen und mir .... (MORGEN/FRÜH) darüber berichten!

4. Sie geht am .... (MITTWOCHNACHMITTAG) tanzen.

5. Schon .... (FRÜH) am .... (MORGEN) brachen wir zum Gipfel auf.

6. Man sollte .... (MORGENS) etwas frühstücken.

R35

41

Schreibe die Zeitangabe aus!

frühestens nach einer ¼ Stunde: ....

um ½ 1: ....

in einer ¾ Stunde: ....

gegen ¼ nach 10: ....

um 2 nach ¾ 4: ....

von ½ 2 bis ¼ nach 3: ....

K VON MAL ZU MAL

REGEL 36	Wird *Mal* als Substantiv verwendet, erfolgt Groß- und Getrenntschreibung, andernfalls wird es klein- und zusammengeschrieben.

das erste Mal, das eine Mal, dieses Mal, manches Mal, die letzten Male
aber: *(auf) einmal, keinmal, manchmal, diesmal, viermal, 4-mal, ein andermal, ein paarmal*
Als umgangssprachlich gilt: *(nun/wieder) mal, noch mal/nochmal, öfter mal*

L ZUR GROSSSCHREIBUNG VON FREMDWÖRTERN

REGEL 37	Der Beginn und alle nominalen Bestandteile von sogenannten Nominalfügungen aus anderen Sprachen (zB Latein, Englisch, Französisch) werden großgeschrieben. (▶ vgl. Seite 14)

die *Alma Mater* (= Universität), das *Alter Ego* (= zweites Ich), das *Corpus Delicti*
(= Werkzeug eines Verbrechens), der *Deus ex Machina* (= unerwarteter Helfer), der *Modus Vivendi* (= erträgliche Übereinkunft), die *Ultima Ratio* (= letztes Mittel);
das *Big Business*, das *High Life*, das *Fair Play*, das *Fast Food*, die *High Society*, das *Open End*, die *Top Ten* (Zur Fremdwortschreibung ▶ Seite 120 ff.)
Eine alternative Zusammenschreibung dieser Nominalfügungen aus Adjektiv und Nomen ist immer dann möglich, wenn **ein Wortakzent** ausreicht: *das Highlife*, *das Fairplay*, das *Fastfood*.

> **Aber feste Fügungen mit Präposition bleiben kleingeschrieben:**
> *ad acta* (legen), *in flagranti* (ertappen), *coram publico* (erklären),
> *tabula rasa* (machen), *in puncto* (= hinsichtlich) ...

Für die richtige Schreibweise wird dem Sprachbenutzer hier ein umfassendes Sprachwissen abverlangt. Im Falle des zarten Zweifels ist der schnelle Griff zum Wörterbuch am besten.

M ZUR GROSS- UND KLEINSCHREIBUNG VON ABKÜRZUNGEN

REGEL 38	Abkürzungen richten sich nach der Schreibung der ihnen zugrundeliegenden Wörter.

Es heißt daher:
i. Allg. (= im Allgemeinen), *zB* (= zum Beispiel; auch: z.B.), *u. a.* (= und anderes/unter anderem), *u. Ä.* (= und Ähnliches), *etc.* (= et cetera = und so weiter), *od.* (= oder), *d. h.*
(= das heißt), *vgl.* (= vergleiche), *ebd.* (= ebenda), *Kap.* (= Kapitel), *o. k.*?!

Abkürzungen in Zusammensetzungen erhalten sich ihre Groß- und Kleinschreibung:
Tbc-krank, US-Präsident, km-Zahl, USB-Stick, das Dehnungs-h

Setze richtig ein.

1. Beim .... (LETZTEN/MAL) warst du noch eine Anfängerin.

2. Aber du wirst .... (VON/MAL/ZU/MAL) besser in der

   Rechtschreibung!

3. Wie .... (VIELE/MALE) du noch üben musst, fragst du?

4. Mache jede Übung häufiger als .... (EIN/MAL)!

5. Du hast Recht, besser .... (EIN/MAL) als ....

   (KEIN/MAL).

6. Jeder Lernende braucht .... (ÖFTER/MAL) eine Pause.

7. Arbeite wichtige Punkte dann .... (NOCH/MAL) durch, beim

   .... (ZWEITEN/MAL) wird dir vieles leichterfallen!

Setze richtig ein!

1. Die Homepage befindet sich im .... (STATUS NASCENDI).

2. Wir müssen einen .... (MODUS VIVENDI) finden, der

   Gang vor den Richter ist nur die .... (ULTIMA RATIO).

3. Sie ist eine Meisterin im .... (SMALL TALK).

4. Gib mir bitte einen .... (HOT DOG)!

5. Ich sage das .... (CORAM PUBLICO).

6. Lass uns das .... (AD ACTA) legen!

Bilde die richtige Abk. (Abkürzung)!

zum Beispiel (............), und Ähnliches (............), und anderes (............),

oder (............), meines Erachtens (............), im Allgemeinen (............),

das heißt (............), vor Christus (............), und so weiter (............),

vergleiche (............) dazu auch das 3. Kapitel (............).

A1 **GROSS ODER KLEIN? Kreise die Buchstaben ein, die großzuschreiben sind!**

1. SCHON VON ANFANG AN BEOBACHTETE ER ALLES GANZ GENAU.
2. SIE KAM GESTERN NICHT MEHR ZUM LESEN IHRER E-MAILS.
3. EIN JEDER IM ZELT KONNTE EIN LEISES RASCHELN VERNEHMEN.
4. BIS VOR KURZEM WAREN SIE MIR SEHR SYMPATHISCH, HERR TAFF.
5. ICH FRAGE NOCH EINMAL: „WIE KANN SO ETWAS PASSIEREN?"
6. DANN LAS JUTTA VOLL FREUDE: „U3 SPIELEN SAMSTAGS IN STEYR!"
7. DIE BEIDEN WAREN VON ALLEN LÄUFERINNEN AM SCHNELLSTEN.
8. DURCH SCHNELLES HANDELN HAT SCHON MANCHER VIEL GEHOLFEN.
9. DER ANLASS MEINES KOMMENS IST EIN AUSGESPROCHEN SCHÖNER.
10. SKIFAHREN IST VON ALLEN WINTERSPORTARTEN DIE BELIEBTESTE.

A2 **GROSSSCHREIBUNG ODER NICHT? Setze das in Klammer gesetzte Wort richtig ein!**

Das Skirennen wurde .... (MANGELS) Schnee abgesagt. – In

diesem .... (FALL) wollen die .... (EINEN) den

.... (ANDEREN) nur .... (ANGST) machen. –

Die .... (GUTE) dachte von .... (MORGENS)

bis .... (ABENDS) nur an .... (ESSEN). – Ich

danke .... (IHNEN) für .... (IHRE) Hilfe, liebe

Kollegin! – Mirjam trifft mit .... (IHREN) Bemerkungen immer

ins .... (SCHWARZE)! – Das .... (SCHÖNE) war,

dass wir damit auch etwas .... (GUTES) getan haben. – Das

ewige .... (HIN) und .... (HER) nervte sie. –

Ihm war zum .... (WEINEN) .... (ZU/MUTE). –

Kann ich etwas zu .... (TRINKEN) haben? – Von den Kleidern

gefällt mir das .... (ROTE) am .... (BESTEN). –

Das .... (GLATTE) an diesem Stein begeisterte Elias. –

Stürmisch .... (KLOPFEN) ist nur in Notfällen erlaubt, ohne

.... (KLOPFEN) die Tür aufzureißen, gilt immer als

.... (UNHÖFLICH). – Sie störte das laute ....

(SPIELEN) der Kinder nicht.

Schreibe die Wünsche in Schreibschrift auf!

1. AUF DEM SCHILD STAND: *HERZLICH WILLKOMMEN!* ....

2. DAS MACHT IHR BESTIMMT GUT! ....

3. ICH HALTE DIR GANZ FEST DIE DAUMEN! ....

4. NUR DAS BESTE FÜR DICH! ....

5. ALLES GUTE IM NEUEN JAHR! ....

6. IHR MÖGET VIEL GUTES ERLEBEN DÜRFEN! ....

Streiche den falschen Buchstaben durch!

1. Ich dachte zum ersten m/Mal an die b/Beiden.

2. Seit l/Langem schon träumte sie von einem b/Besuch im Tiergarten.

3. Die t/Tiroler Berge haben ihr am m/Meisten bedeutet.

4. Beim Finale laufen die u/Unsrigen in w/Weiß ein.

5. Damit haben s/Sie sich wohl etwas geirrt, mein l/Lieber!

6. Wir z/Zwei wollen noch eine v/Viertel Stunde warten.

7. Jede e/Einzelne von ihnen hatte genug für h/Heute.

8. Personen über a/Achtzig sollten das k/Klettern lieber lassen.

9. Im a/Allgemeinen finde ich so etwas m/Mies!

10. Ein j/Jeder hofft, er könnte der n/Nächste sein.

Setze das Wort richtig ein!

1. Er kam erst um .... (VIERTEL) nach fünf.

2. Es war ein schöner Abend .... (GESTERN).

3. Im .... (ÜBRIGEN) bin ich hier ganz deiner Meinung.

4. Peter hatte ja schon .... (VERSCHIEDENES) erlebt.

5. Ihr kommt erst um .... (DREI VIERTEL ACHT)?

6. Beim letzten .... (MAL) war es noch aufregender!

7. Komm heute früher nach .... (HAUSE)!

8. Frische Fische gibt es immer nur .... (FREITAGS).

Der **Bindestrich** ist ein kurzer Strich ohne Leerzeichen. Er begegnet uns innerhalb von Zusammensetzungen (*Schwimm-Meisterschaft, röm.-kath., Franz-Jäger-Zeile*) und am Ende von Wortbestandteilen (*3- bis 4-mal, Ein- und Ausgang, Textilgroß- und -einzelhandel*). Als Letzterer heißt er auch **Ergänzungsstrich** und hilft, gleiche Bestandteile bei Zusammensetzungen einzusparen. Als **Trennstrich** findet sich der Bindestrich bei der Worttrennung. (▶ Seite 156 f.)

Länger und mit einem Leerzeichen davor und danach – das ist der **Gedankenstrich**. Er sieht also – gerade in der Textverarbeitung – ähnlich aus, hat aber eine ganz andere Funktion. Er ist ein Satzzeichen, das zur Gliederung von Sätzen dient. (▶ Satzzeichen, Seite 82)

REGEL 39	In Zusammensetzungen mit Einzelbuchstaben, Abkürzungen, Ziffern steht immer ein Bindestrich. Die Groß- und Kleinschreibung bei Abkürzungen/Einzelbuchstaben richtet sich nach der Schreibung in der Fachwissenschaft.

■ **Einzelbuchstaben:** *A-Dur, b-Moll* (Musikwissenschaft!), *i-Punkt, s-Schreibung, T-Shirt, x-beliebig, Dehnungs-h, v-förmig, Dativ-e*

■ **Abkürzungen:** *Kfz-Werkstätte, Lkw-Fahrer, UV-bestrahlt, CO-haltig, UNO-Resolution, apa-Meldung*

■ **Ziffern:** *9-jährig, (der/die) 9-Jährige* (▶ Seite 22), *3-mal (dreimal), 5-teilig, 50-prozentig, 24-Karäter, 6-Zylinder, 40-Tonner, 2:3-Niederlage, ¾-Takt*

■ Kein Bindestrich wird gesetzt, wenn die Ziffer mit einer Nachsilbe verbunden ist: *zum 3ten Mal, ein 8tel, 100stel, 3%ig, eine 68erin (*aber: *die 68er-Bewegung)*

■ Einzelbuchstaben mit Nachsilben sind hingegen mit Bindestrich angebunden: *x-mal, zum x-ten Mal, die n-te Potenz*

■ Bei Wortverbindungen mit „fach" und „Jahr" ist wahlweise die Schreibung mit oder ohne Bindestrich möglich: *4-fach (4fach), das 3-Fache (das 3fache), die 60er-Jahre (die 60er Jahre – oder: die sechziger Jahre/die Sechzigerjahre)*

Die Textverarbeitung und ihre Str(e)iche
Der Gedankenstrich (ohne Leerzeichen!) wird auch als **Streckenstrich** verwendet: *Wien–Budapest, Rom–Venedig.* Bei glatten **Währungsangaben** kann er statt Ziffern hinter dem Komma stehen: *30,– EUR (statt 30,00 EUR bzw. 30 EUR).* Bei Sportberichten steht er (mit Leerzeichen) anstelle eines „**gegen**": *1. FC St. Pauli – Dynamo Dresden.* Im Sinne eines „**bis**" braucht er keine Leerzeichen: *Sprechstunde 10–12 Uhr, vgl. S. 16–35, 1756–1791*

R39
45

Setze richtig ein. Beachte auch die Groß- und Kleinschreibung!

1. Ich ziehe mir heute das rote .... (TSHIRT) an.

2. Heute setzte es für den Titelverteidiger eine ....
   (2:3NIEDERLAGE).

3. Mit einer satten .... (2/3MEHRHEIT) wurde das Gesetz
   angenommen.

4. Die Schokolade ist sehr .... (CAHALTIG).

5. Für .... (40TONNER) muss es ein Fahrverbot geben!

6. Wieder gewann eine .... (18JÄHRIGE) den Bewerb.

7. Das sagst du mir jetzt schon zum .... (XTENMAL).

8. Cerberus ist das .... (3KÖPFIGE) Untier der Unterwelt.

9. Hätte ich nur ein .... (100STEL) von diesem Gewinn!

10. Mir reichte ein .... (ZWEIEUROSTÜCK) für ein Eis!

R39
46

Was stimmt nicht? Stelle die falschen Bildungen richtig!

Zwischen **A-Dur** und **B-Moll** gibt es einen großen Unterschied. • In den **60er Jahren** hatte die Friedensbewegung ihre **Hoch-Blüte**. • Das ist die **Ein und Ausfahrt** in einem! • Es handelt sich um einen sehr **CO haltigen Boden**. • Das ist wirklich eine **100prozentige** Chance für die Firma. • Mit **6%iger** Verzinsung zahlt sich Sparen aus. • Unser **Brot- und Mehlspeisenangebot** wird Sie erfreuen! • Der **5jährige** rief sofort nach seiner **Leih-Oma**. • Unser Haustier ist eine **10-jährige** Perserkatze. • Das ist das **X-Fache** der ursprünglichen Summe. • Ein **5zylinder** läuft unruhiger als ein **6-Zylinder-Motor**. • Du musst regelmäßig üben, **drei- - viermal** die Woche. Dein ewiges **Auf- und Abgehen** stört mich. • Die ganze Show wirkt auf mich **saft und kraftlos**. Alle **Haupt- und Neben-Eingänge** werden gesperrt.

REGEL 40	In unübersichtlichen Zusammensetzungen aus gleichrangigen Adjektiven wird ein Bindestrich gesetzt.

medizinisch-technische Assistentin, *lateinisch-deutsches* Wörterbuch, *deutsch-österreichische* Freundschaft

Aber: Kein Bindestrich steht, wenn das erste Adjektiv das zweite näher bestimmt: *blaugrün, schwerreich, tieftraurig*

Bei zusammengesetzten Farbadjektiven verändert der Bindestrich die Bedeutung: *Gelbgrüne* **Pullover** sind Pullover in gelblichem Grün. *Gelb-grüne* **Pullover** sind Pullover, die gelbe und grüne Farbflächen aufweisen.

REGEL 41	Mit dem Bindestrich haben die Schreibenden die Möglichkeit, statt der üblichen Zusammenschreibung die einzelnen Bestandteile einer Zusammensetzung hervorzuheben und dadurch das Lesen zu erleichtern.

zwei + Liter + Motor = *der Zwei-Liter-Motor, die Lotto-Annahmestelle, die Hoch-Zeit, der Ist-Bestand, die Ein-Sicht*

Damit kann man mitunter auch Missverständnisse vermeiden:
Drucker-Zeugnis oder *Druck-Erzeugnis*? *Musiker-Leben* oder *Musik-Erleben*?

Zudem kann damit das Zusammentreffen von drei gleichen Buchstaben signalisiert werden: *Tee-Ei, Schiff-Fahrt* (statt Zusammenschreibung)

 **Auf ein Wort!**
Der Bindestrich findet sich oft in längeren Zusammensetzungen, die mehr als zwei Bestandteile umfassen: *die A-Dur-Tonleiter, die 45-Cent-Briefmarke, der 3-Zylinder-Motor, 1.-Klasse-Abteil, die Berg-und-Tal-Bahn.* Es kann so praktisch jeder beliebige Ausdruck wie *ein* Wort verwendet werden: *die To-do-Liste, die No-future-Generation, das Aus-der-Haut-Fahren* (▶ Seite 20 f.)

REGEL 42	Bei mehrgliedrigen Fremdwörtern kann oft im Sinne der Übersichtlichkeit neben der Zusammenschreibung auch ein Bindestrich gesetzt werden. (▶ Seite 124)

das *Know-how* (Knowhow), der *Swimming-Pool* (Swimmingpool), das *Play-back* (Playback), das *Lay-out* (Layout), das *Feed-back* (Feedback); aber nur: das *Burn-out*, das *Make-up*. Kein Bindestrich bei Adjektiv + Nomen! (▶ Hintergrund, Seite 124)

REGEL 43	Der Bindestrich wird auch bei Zusammensetzungen mit Eigennamen verwendet (Personennamen, geografische Eigennamen), ebenso bei Internet-Adressen in der Informationstechnologie.

Sachsen-Anhalt, Fr. *Eilers-Steinbichl, baden-württembergische* Wälder, *Alt-Wiener* Apfelstrudel, *Albrecht-Dürer-Allee, www.landestheater-linz.at*

Mit oder ohne Bindestrich? Setze richtig ein.

1. Das ist das .... (MANISCH, DEPRESSIV) Krankheitsbild.

2. Wo ist die Hose mit den .... (SCHWARZ, WEISSEN)

   Streifen?

3. Das .... (ORANGE, ROT) der Wand harmoniert mit dem

   dunklen .... (BLAU, GRÜN) des Teppichbodens.

4. Es war eine wichtige Versöhnungsgeste an der ....

   (DEUTSCH, POLNISCH) Grenze.

5. Das Lotto machte sie zu einer .... (STEIN, REICH)

   Frau.

6. Das ist ein .... (HOCH, KOMPLEX) Thema.

7. Gestern waren sie noch .... (TIEF, TRAURIG).

8. Gib mir das .... (SPANISCH, DEUTSCH) Wörterbuch!

Über die Verbindlichkeit von Bindestrichen
Der Bindestrich findet sich heute oft häufiger, als es nötig ist, zB:
Elektro-Installateur. Statt der korrekten Zusammenschreibung kommt es
aber – unter dem Einfluss der Werbesprache und englischer Vorbilder –
manchmal auch zu bloßer Nebeneinanderschreibung zweier Wortbestandteile:
Würfel Zucker, *Reise Journal*, *Wellness Hotel*. Zuviel oder gar keine
Bindestriche, beides ist falsch!

Welche der folgenden Schreibungen sind nicht korrekt? Streiche die sechs falschen Bildungen durch! Wie gehört es richtig?

der Schrott-Transport • die Ich-Erzählung • das Makeup • das Standby •

die Sciencefiction-Erzählung • die Science-Fiction-Erzählung • der Count-down

• die Infrarot-Fernbedienung • das Abend-Make-up • der Trimm-dich-Pfad •

das Arzt Patient Verhältnis • die MundzuMundBeatmung • das 2-Euro-Stück •

das Juli-August-Doppelheft • der K.o.Schlag • das 5-Sterne-Hotel •

der Swimmingpool • die Schwimm-Mannschaft • das Making of • Bad Tölz •

Heinrich Heine Straße • Rheinland-Pfalz • Sankt Georgen • Eva-Maria

---

3. KAPITEL | S-SCHREIBUNG

Es gibt im Deutschen drei Möglichkeiten, s-Laute wiederzugeben: **ss – ß – s**

REGEL 44	*ss* oder Doppel-*s* (zischend gesprochen) steht immer nach einem kurz gesprochenen Vokal/Selbstlaut. Meist ist dieser Selbstlaut auch betont.

der Fluss, Klasse, ein bisschen, essen, frisst, küssen, missachten

Manche Wörter haben keinen betonten Kurzvokal vor dem s-Laut. Dennoch gilt die ss-Schreibung. Der (unbetonte) vorausgehende Vokal kann hier sogar lang klingen:
Passanten, Insassen, Karussell, Kassette, Fassade, ansässig, aufsässig
(▶ s-Schreibung bei Fremdwörtern, Seite 88 ff.)

REGEL 45	*ß* oder scharfes *s* (zischend gesprochen) steht nach langem Vokal oder Zwielaut (*au, ei, ai, eu, äu*), wenn im Stamm des Wortes kein weiterer Konsonant folgt.

der Fleiß, das Floß, die Straße, reißen, er weiß, außen

REGEL 46	Das einfache/runde *s* kann überall stehen, es wird zwischen zwei Vokalen weich und summend gesprochen. Am Wortanfang steht immer *s*.

Beweis, Käse, Kreis, Nase, Rasen, Preis, lesen, niesen, dreist, leise, riesig

Nach einem Konsonanten, der zum Wortstamm gehört, steht immer ein einfaches **s**: *Gans, Herbst, Insel, dünsten, emsig, meist*

Vor einem **t** steht meist nur einfaches **s**: *Kiste, geistern, fast, hastig, meistens*
-sst oder **-ßt** ist nur möglich, wenn ein Verb **ss** bereits hat oder **ß** im Infinitiv:
er fließt, du frisst, sie lässt, es heißt

Der Unterschied zwischen gesummtem **s** und gezischtem **ss/ß** ist im Wortinneren gut hörbar, etwa bei *reisen – reißen*. (▶ vgl. Hintergrund, Seite 112)
Am Wortende ist das nicht so einfach. Hier wird auch ein **s** scharf/gezischt ausgesprochen: *Es ist mir ein Graus, der Schmaus, das Haus, die Maus*

 Verlängerungsprobe! Bring im Zweifelsfall den s-Laut ins Wortinnere, indem du das Wort verlängerst (am einfachsten durch die Pluralform!). Dann hörst du den Unterschied: *das Grausen, sie schmausen, die Häuser, die Mäuse*

REGEL 47	In Blockschrift wird das *ß* durch *SS* ersetzt (GROSSBUCHSTABEN).

STRASSE, DRAUSSEN, MÄSSIG; seit 2017 gibt es aber auch einen **Großbuchstaben für das „ß"**, daher auch möglich: *STRAẞE, DRAUẞEN, MÄẞIG*

In der Schweiz wird das „ß" generell durch „ss" ersetzt.

R44-46
49

Stimmen folgende Schreibungen? Sprich die Wörter laut mit und überprüfe, ob der Selbstlaut davor kurz ist. Stelle die Fehlschreibungen richtig!

Sag mir, wie du heisst! – Sie ist ganz verseßen auf rassante Zugsgarnituren.
– Sei doch nicht so boshaft! – Er ist nicht so zuverläßig. – Auf sie ist immer
Verlaß! – Ein guter Preiss, muss ich sagen. – Er saß bewußtlos in seinem
Sessel. – Wer der Genusssucht verfallen ist, ist leicht beeinflussbar. –
Misbrauch des Amtsgeheimnisse`s – Sie liegen in hohem Masse richtig. – Diese
Maße ist schwer zum Stillstand zu bringen. – Der Reissverschluss hatte einen
Produktionsfehler. – Ein miesses Beischpiel kommt ganz zum Schluß.

Vergleichsprobe! Wenn du dir nicht sicher bist, ob der Vokal vor dem s-Laut
kurz oder lang ist, bilde einfach Wortpaare und vergleiche: *versessen* (kurz!)
– *verseßen* (lang!), *miesses* – *mieses*; *Verlass* – *Verlaß*, *Masse* (kurz!) – *Maße*
(lang!), *Nissen* – *niesen*, *Rassen* – *rasen*. Der Unterschied ergibt bei den letzten
drei Paaren unterschiedliche Wörter.

R44-46
50

Schreibe aus folgender Wortschlange alle Wörter mit (rundem) *s* (auch in Verbindung mit *p/t*) in Schreibschrift heraus,

GRÄSERSCHMETTERLINGPORZELLANBEWIESÖKOLOGIEMONTAGEMINERALWASSERDÄM
MERNRIESIGENACHLASSENRASENENTTÄUSCHELEIDVERGASERMATRATZEWISSENRÜSS
ELNIESENRÄUSPERNPROSPEKTGEFÄSSEFRISÖRFUCHSGRÄUELTATGLASLÄNGENMASSI
AWINELECHZEENTSETZENVERBEISSEN

....

....

....

....

R44-46
51

Setze richtig ein!

Manche Menschen können den Winter nicht genie....en. Sie ha....en die
klirrende Kälte drau....en. Alles ist für sie nur lä....tig und müh....am. So sind
sie oft von hei....erer Stimme geplagt oder sie haben eine verschnupfte
Na....e und mü....en dann häufig nie....en. Die wei....e Pracht, wie es so schön
hei....t, kann die....e Sommermenschen nur verdrie....en.

REGEL 48	Wenn der Infinitiv eines Verbs mit einfachem *s* zu schreiben ist, werden auch alle anderen Personalformen und die Nomen, die davon abgeleitet sind, nur mit einfachem *s* geschrieben.

lesen – er las – du liest, erlesen(e Sammlung), die Lesung

blasen – blies – geblasen, ausgeblasen, das Gebläse

weisen – wies – gewiesen, erwiesenermaßen, die Ausweisung

REGEL 49	Wenn der Infinitiv eines Verbs mit *ss* oder *ß* zu schreiben ist, kann es innerhalb der Zeitformen bzw. der Wortfamilie zu unterschiedlichen Schreibungen kommen, wenn sich nämlich die Vokallänge vorm s-Laut ändert (= Wechsel des Stammvokals).

reißen – reißt – riss – gerissen, der Riss (so auch: *beißen, schmeißen*)

fließen – fließt – floss – geflossen (so auch: *genießen, verdrießen, schließen, gießen*)

messen – misst – maß – gemessen – miss! (so auch: *fressen, essen, vergessen*)

lassen – lässt – ließ – gelassen

wissen – weiß – wusste – gewusst

Wichtige Ausnahme: *sitzen – sitzt – saß – gesessen*

Bei unveränderter Vokallänge bleibt auch hier die s-Schreibung gleich:

stoßen – stößt – stieß – gestoßen, der Stoß

äußern – äußert – äußert – geäußert, die Äußerung

heißen – heißt – hieß – geheißen

müssen – muss – musste; das Muss

 Infinitivprobe! Wenn du bei einer bestimmten Verbform wissen möchtest, ob ein *s* **oder** *ss/ß* zu schreiben ist, führe sie auf den Infinitiv/die Nennform zurück:
Er saus/ßt um die Ecke. ▶ *saust*, weil es von *sausen* kommt.
Sie vergas/ß ihren Laptop nie. ▶ *vergaß*, weil es von *vergessen* kommt, dessen Stammvokal wechselt.

REGEL 50	Nach einem oder zwei Konsonanten (Mitlauten) steht immer ein rundes *s*. Das gilt für Verben wie für alle anderen Wörter.

bürsten, dürsten, hopsen, rülpsen, wechseln; du füllst, du knipst (Achtung: Endet der Verbstamm auf *s/ss*, entfällt das *s* der 2. Person!)

auch bei Nomen und Adjektiven: *Angst, Gelsen, Hülse, Knirps, Linse, Rätsel, Pinsel, Wams; arbeitsam, emsig, ernst, finster*

R48–50
52

Ergänze die Tabelle um die richtige Verbform. Achte auf die Länge des Vokals vor dem s-Laut!

Infinitiv *zu*	3. P. Präsens *er/sie/es*	3. P. Präteritum *er/sie/es*	2. Partizip *ich habe/bin ...*
genießen	*genießt*	*genoss*	*genossen*
	beißt		
		knipste	
			gelassen
		fraß	
	vergisst		
			geniest (▶ Nase!)
		raste	
verschließen			

R48–50
53

Leite von folgenden Nomen jeweils ein Verb mit der Vorsilbe *ver-* ab!

der Riss	*verreißen*	der Schluss	
das Maß		die Buße	
der Schmaus		der Dunst	
das Gewissen		der Biss	
der Stoß		der Fluss	
die Blässe		das Glas	

R48–50
54

Ergänze die Reimwörter:

schießen – schl............... – g............... – fl............... – gen ....

reißen – b............... – h............... – schm............... – schw...............

vergaß – m............... – s............... – fr............... – der Sp...............

ließ – st............... – h............... – verl............... – verdr...............!

REGEL 51	Nach den Endsilben *-is, -us, -as, -nis* wird trotz gezischtem s-Laut und vorausgehendem kurzem Vokal nur *s* geschrieben. Im Plural/in der Mehrzahl heißt es dann aber: *-isse, -usse, -asse, -nisse*.

der Iltis – die Iltisse, der Bus – die Busse, der Atlas – die Atlasse/die Atlanten (besondere Pluralformen ▶ Seite 90), *das Ereignis – die Ereignisse*

Wenige Wörter sind auf zweierlei Arten zu schreiben. Der Vokal vor ihrem s-Laut wird nämlich regional unterschiedlich ausgesprochen.

süddeutsch/österreichisch auch:	ansonsten:
das Geschoß – die Geschoße	*das Geschoss – die Geschosse*
(ebenso: *3-geschoßig* u. Ä.)	(ebenso: *3-geschossig* u. Ä.)
der Spaß – die Späße	*der Spass – die Spässe*

Häufig werden Nomen – manchmal regional verschieden – durch ein sogenanntes Fugenzeichen aneinandergefügt. Sehr oft handelt es sich dabei um ein *s*: *Ortszentrum, Kalbsbraten, Arbeitslohn, Gleichheitsprinzip*

REGEL 52	Bei einigen männlichen und neutralen Nomen, die im Genitiv ein *-(e)s* haben, kommt ein Fugenzeichen *-(e)s* vor.

der Museumsführer, der Adventskranz (in Ö: *Adventkranz*), *der Kindskopf* (nicht zu verwechseln mit: *der Kinderkopf*); aber immer nur: *die Interessengemeinschaft*

REGEL 53	Weibliche Nomen auf *-heit/-keit, -schaft, -ung, -ion, -ität* weisen immer ein s-Fugenzeichen auf, ebenso Nomen auf *-at* und *-ut*.

Gesundheitsamt, Männlichkeitswahn, Bruderschaftstrunk, Generationswechsel, Identitätsausweis, Heiratsgut, Armutskonferenz, die Magistratsabteilung
Ferner auch bei: *Herbergssuche, Geschichtsfälschung, Säuglingspflege, Reichtums-gesellschaft, Schlafenszeit* u. a.

In Österreich und im süddeutschen Raum ist das Fugen-s vermehrt zu finden: *Gelenksentzündung, Gepäcksaufbewahrung, Gesangsstunden, Spitalsaufenthalt, Zugsverspätung, Fabriksarbeiter, Werksgelände*

Manches s findet keinen Anschluss
Im Gegensatz zum Fugen-s, das oft eine sehr „verzwickte" Existenz führt, ist das Genitiv-s immer häufiger davon bedroht, fälschlich wie bei englischen Besitzangaben (***mother's car***) mit Apostroph geschrieben zu werden und damit den Anschluss an das Hauptwort zu verlieren. Schreibungen wie ~~Peter's~~ Geschichte, ~~Samstag's~~ sind aber ~~durchweg's~~ falsch. (▶ Seite 31)

R51
55

Setze die angeführten Nomen in die Mehrzahl!

der Fuß	*die Füße*	die Masse	....
das Ereignis	....	der Kreis	....
der Spaß	....	der Bass	....
das Zeugnis	....	der Zirkus	....
der Riss	....	die Maus	....
das Gas	....	die Laus	....

R51-53
56

Bilde von den angeführten Verben Nomen auf -ung!

(sich) äußern	*die Äußerung*	veranlassen	....
begrüßen	....	messen	....
weisen	....	schließen	....
lösen	....	einfassen	....
entlassen	....	genesen	....
anpassen	....	schlussfolgern	....

R51
57

Bilde von den angeführten Verben jeweils ein Nomen mit der Nachsilbe -nis! Gib auch die Pluralform an.

begraben	*das Begräbnis*	*die Begräbnisse*
erleben	....	....
hindern	....	....
verzeichnen	....	....
versäumen	....	....
ärgern	....	....

R52-53
58

Schreibe die Wortpaare als Wortzusammensetzung mit Artikel auf, zB Herbst/Zeit ▶ die Herbstzeit, Liebe/Beweis ▶ der Liebesbeweis.

Ort/Zentrum, Drucker/Papier, Zug/Verspätung, Arbeit/Zeit, Fenster/Flügel, Volk/Schule, Pop/Star, Armut/Konferenz, Advent/Kranz, Gesang/Stunde, Entscheidung/Hilfe, Mittag/Essen, Drucker/Papier, Bewusstsein/Störung

C DIE S-SCHREIBUNG BEI ADJEKTIVEN UND ANDEREN WÖRTERN

REGEL 54	Auch hier gilt: Alle Mitglieder einer Wortfamilie werden mit einem s geschrieben, wenn auch das zugrundeliegende Verb/ Nomen mit einem s geschrieben (Stammprinzip) wird. Bei ss/ß kann infolge Änderung der Vokallänge ein Wechsel erfolgen.

grausig (▶ *grausen*), *lösbar* (▶ *lösen*), *eisern* (▶ *Eisen*), *riesig* (▶ *Riese*)
unfassbar (▶ *fassen*), *anmaßend* (▶ *Maß*), *schließlich* (▶ *schließen*), *anlässlich* (▶ *lassen*)
Aber: *rissig* (▶ *reißen!*)

REGEL 55	Bei Kurzwörtern wird trotz gezischtem s-Laut und vorausgehendem kurzen Selbstlaut nur s geschrieben.

aus, bis, das, dies, es, los, nichts, raus, was

Präpositionen, die mit dem sächlichen Artikel **das** verschmelzen, werden
zusammengeschrieben, also: *in* + **das** ▶ *ins*; *auf* + **das** ▶ *aufs*; *durch* + **das** ▶ *durchs*
(andere vom Apostroph „beeinflusste" s-Schreibungen: Hintergrund, Seite 50)

R54
59 **Ergänze folgende Tabelle. Achte auf den richtigen s-Laut!**

Infinitiv	Nomen	Adjektiv auf *-ig/-lich*
	Biss	
fließen		
		löslich
	Hass	
frösteln		
messen		
	Wasser	
	Angst	
		hastig
		(ab-)schüssig

R55
60

Ergänze die Wörter richtig!

die mei____ten, am be____ten, grö____tenteils, folgenderma____en, au____erdem,

de____halb, drei____ig, rie____ig, blo____, ein bi____chen, drau____en, darau____, fa____t

(= beinahe), gewi____, wohlwei____lich, grie____grämig, rau____.

R54
61

Leite mittels *-bar* und *-lich* aus den Verben Adjektive ab.

messen ▶ .... hassen ▶ ....

vergessen ▶ .... genießen ▶ ....

verlassen ▶ .... fassen ▶ (un) ....

verdrießen ▶ .... essen ▶ ....

R55
62

Setze richtig ein.

1. Nun aber rau____ aus dem Hau____. Geht in den Garten hinau____!

2. Müde lief sie durch____ Zimmer und sprang sofort in____ Bett.

3. Jetzt hei____t es, das Boot schnell lo____binden.

4. Der Applau____ war bi____ in die Garderobe zu hören.

5. Furchtlo____ blickte sie dem Na____horn in die Augen.

6. Was reimt sich im Ver____ auf „... hatte ein hartes Lo____"?

R51–55
63

Setze richtig ein. Schau im Zweifel im Wörterbuch nach!

In den Grie____schmarren gab ich wohlwei____lich keine Rosinen. Das Apfelmu____

passt wunderbar dazu. Du hast Schnupfen und musst oft nie____en. Im tiefen

Burgverlie____ konnten früher Menschen verschwinden. Im großen Krei____saal mit

seinen wei____en Flie____en an der Wand kommt eben eine neue Erdenbürgerin

auf die Welt. Plakatwände haben die Litfa____säulen abgelöst. Mit Mei____el und

Schwei____gerät ausgerüstet eilte er in die Bank.

D DIE S-SCHREIBUNG BEI FREMDWÖRTERN

Fremdwörter sind allgemein Wörter aus anderen Sprachen. Vielfach finden sich bei Fremdwörtern spezielle Laut-Buchstaben-Zuordnungen, d.h., du musst dir die wichtigsten Wörter wie Vokabeln merken. *Chance, City, Service* etwa werden mit scharfem, gezischtem s-Laut gesprochen, aber sie werden keineswegs mit den deutschsprachigen Elementen (*ss, ß*) geschrieben. (▶ Schreibung der Fremdwörter, Seite 120 ff.)

Fremdsprachliches Sprachmaterial mit einem s-Laut im Stamm findet sich im Deutschen in allen drei Grundwortarten: *Ressort, hasardieren, brisant*.

Die wichtigsten Wortbildungselemente mit *-s(s)* lassen sich wie folgt zusammenfassen:

REGEL 56	**Nomen: Wortbildungselemente mit *-s(s)*: *Dis-, Trans-/-(s)ion*, *-yse, -ess, -(n)ess, -ist(in), -istik, -ismus, -esse, -ast, -sie, -ose***

*Dis*kussion, *Dis*kont, *Trans*port, *Trans*fer, Emi*ss*ion, Analy*se*, Stre*ss*, Wellne*ss*, Visagi*stin*, Lingui*stik*, Reali*smus*, Intere*sse*, Gymnasi*ast*, Ph/Fanta*sie*, Diagno*se*

REGEL 57	**Adjektive: Wortbildungselemente mit *-s*: *-os, -ös, -(s)iv***

kuri*os*, nerv*ös*, strapazi*ös*; aggre*ssiv*, explo*siv*

REGEL 58	**Verben: Wortbildungselemente mit *-s*: *-sieren***

magneti*sieren*, hypnoti*sieren*, sterili*sieren*, analy*sieren*

REGEL 59	**Die festen Verbindungen *st* und *sp* werden mit einfachem *s* geschrieben, obwohl sie am Wort-/Silbenanfang als „*scht*" oder „*schp*" gesprochen werden. Das gilt auch für viele Fremdwörter.**

Eigensprachliche Wörter: *St*egreif, *st*ehen, *st*aubig; *Sp*aß/*Sp*ass, *Sp*eicher, *Sp*eise, *sp*annen

Beispiele für Wörter aus fremden Sprachen:

*St*andard (= Maßbegriff), *St*ation, *St*rapaze, *St*ruktur, *st*abil, *st*eril; *Sp*esen, *Sp*oiler, *Sp*ot, *Sp*rit, *sp*ekulieren, *sp*eziell, *sp*oradisch, Re*sp*ekt

Das scharfe ß zu Hause und in der Fremde
Das sogenannte scharfe ß gibt es nur im Deutschen. Da es bei E-Mail-Empfängern immer wieder Darstellungsprobleme verursachen kann, wird es oft automatisch durch „*ss*" ersetzt. Das führt dazu, dass Falschschreibungen oft zu lesen sind und sich infolge der großen Beliebtheit „der elektronischen Briefe" leider gut einprägen. Im internationalen E-Mail-Verkehr freilich ist tatsächlich vom ß abzuraten.

R56
64

Theorien, Epochen, Besonderheiten. Bilde das passende Nomen!

Patriot: *Patriotismus*   liberal: ....

Buddha: ....   national: ....

Kapital: ....   human: ....

Vulkan: ....   absolut: ....

R56
65

Setze das passende Wort auf *-ness* ein!

Wellness, Fitness, Cleverness, Coolness, Business, Fairness

Schlauheit, Gewitztheit = ...

Wohlbefinden = ...

Ruhe, Nervenstärke = ...

gute körperliche Gesamtverfassung = ...

Geschäft(sleben) = ...

anständiges Verhalten = ...

R56
66

Achtung Silbensalat! Ordne die Silben richtig und schreibe das Nomen in Schreibschrift samt Artikel auf!

NO-SE-PROG: *die Prognose*   DE-SA-FAS: ....

RUS-KA-SELL: .... TE-KAS SET: ....

MEN-DI-ON-SI: .... RES-MENT-SEN-TI: ....

TER-SE-RAS: ....   MIS-SAR-KOM: ....

EMIS-ON-SI: ....   FE-MUS-NIS-MI: ....

R57–59
67

Wie heißen die Adjektive, deren Buchstaben hier vertauscht wurden? Sie finden sich auch in der s-reichen Wortschlange.

Rossstabilreißgrandiospositivfrisssterilgrassimpulsivvließner vösrasedepressivriskant

rksnait: ....   psoiitv: ....

nrvöes: ....   gardnois: ....

dpersseiv: ....   ipmlsuiv: ....

sterli: ....   tasbil: ....

Ersetze das als Beifügung gebrauchte Adjektiv durch eines der angeführten Fremdwörter!

> professionell, rassistisch, resistent, luxuriös, diskriminierend, progressiv, diskret, aggressiv, pessimistisch, interessant

ein fesselnder Vortrag: *ein interessanter Vortrag*

eine fremdenfeindliche Bemerkung: ....

ein angriffslustiger Zeitgenosse: ....

eine vertrauliche Notiz: ....

eine benachteiligende Vorgangsweise: ....

eine lebensunfrohe Weltsicht: ....

eine fachmännische Verarbeitung: ....

eine fortschrittliche Kunst: ....

eine verschwenderische Garderobe: ....

ein widerstandsfähiges Virus: ....

„Inter-esse"
Manche sprechen *Interesse* so aus wie Inter Mailand. Sie lassen das *r* klar bei der zweiten Silbe. Damit betonen sie die lateinischen Wortbestandteile ganz korrekt. Im Lateinischen heißt das Verb „interesse" = *dabei sein*. Sei auch du dabei und schreib die Wortfamilie *Interesse* richtig!

Welche Verben auf -(s)ieren gehören zu folgenden Nomen?

Interesse: *interessieren*   Sterilisation: ....

Assistent: ....   Disqualifikation: ....

Massage: ....   Diskussion: ....

Prozess: ....   Hypnose: ....

Elektrik: ....   Terror: ....

Resümee: ....   Analyse: ....

Eselsbrücken bauen
Bau dir für bestimmte Fehler, die du immer wieder machst, eigene Eselsbrücken! Auch bei der s-Schreibung, zB: „Das Wort heißt zwar *riesig*, aber es hat nur **ein kleines s**!" u. Ä. Dir fällt bestimmt noch Besseres ein!

A6 | **ß, ss oder s? Setze richtig ein.**

Alle Ta_____en aus dem Schrank!

„Lei_____e rie_____elt der ..." Wenn die Weihnacht_____zeit übers Land zieht und

viele Häu_____er innen und au_____en im Lichterglanz erstrahlen, dann i_____t

auch wieder die Zeit der Hei_____getränke. Zuhause genie_____t man vielleicht

ein Tä_____chen Früchtetee mit einer Zimtstange vorm kni_____ternden Kamin.

Drau_____en wird an allen Stra_____enecken Glühendes angeprie_____en, ob

Glühmo_____t, Glühwein oder Punsch. Irgendeine kö_____tliche Flü_____igkeit ist

für jeden Geschmack dabei. Für die Kleinen gibt es „Be_____innliches" auch ohne

den Gei_____t des Alkohols. Sie sind ganz hingeri_____en vom sü_____en Orangen-

punsch in lu_____tigen Glä_____ern, deren Rand mit Zuckergla_____ur überzogen

ist. Das Schön_____te ist dann, diesen erwärmenden Moment mit Gleich-

ge_____innten zu teilen und gemein_____am dafür zu sorgen, da_____ weder

verschnupfte Hei_____erkeit noch fru_____trierende Winterdepre_____ion aufkommt.

A7 | **Welche Nomen verbergen sich hinter diesen Buchstabenreihen?**

der Pesrozs: ....   das Missständvrenis: ....

die Mssagae: ....   der Optimusmis: ....

die Duksssiion: ....   der Ramisssus: ....

das Inssteree: ....   der Koslos: ....

A8 | **Ergänze richtig:**

Er störte die Unterhaltung durch indi_____krete Witze über die Kollegen.

Dein Vortrag auf der Me_____e war äußerst intere_____ant!

Die Mannschaft spielt jetzt wieder sehr defen_____iv.

Der Agent war in einen rie_____igen Schmuggelfall verwickelt.

Mit einer profe_____ionell vorbereiteten Rede kann man beeindrucken.

4. KAPITEL — SCHREIBUNG VON *DAS* UND *DASS*

Die Regeln für die Schreibung von *das* und *dass* sind sehr klar. Trotzdem passieren hier oft Fehler. Gerade beim Wörtchen *dass*.

REGEL 60	**„dass" ist ein Bindewort (eine Konjunktion). Als solches bindet es einen untergeordneten Satz/Gliedsatz an einen Hauptsatz. Es kann nicht durch eine Form von *welch-* oder *dies-* ersetzt werden.**

*Sie berichten, **dass** es sich um einen Riesengorilla handle. **Dass** sie zu ihm zurückkehrt, hofft er noch immer. Sie freut sich, **dass** sie hier vorsingen darf.*

„Dass"-Sätze sind immer durch einen Beistrich vom Hauptsatz getrennt. Oft findet sich im Hauptsatz vor dem Beistrich ein Wort des Sagens, des Meinens oder des Fühlens, zB: *Sie **versichert** mir, **dass** ... / Ich **glaube**, **dass** ... / Wir **spüren**, **dass** ... / Sie **sind der Überzeugung**, **dass** ...*

Das Bindewort *dass* kann auch mit einer zweiten Partikel vorkommen:
ohne dass, anstatt dass, sodass/so dass, bis dass, auf dass, kaum dass

In allen anderen Fällen wird *das* mit einem runden *s* geschrieben, genauer gesagt:

REGEL 61	**„das" kann drei verschiedene Aufgaben im Satz erfüllen. Es kann** **A Artikel,** **B hinweisendes Fürwort/Demonstrativpronomen oder** **C bezügliches Fürwort/Relativpronomen sein.** **Es kann in diesen Fällen durch „dies(es)" bzw. „welches" ersetzt werden.**

A *das/dieses Handy, das/dieses Lesen von Büchern;*
B *Das/Dies kannst du mir nicht erzählen! Das Haus/Dieses Haus meine ich!*
C *Ich lese das Buch, das/welches du mir vor Kurzem geliehen hast. Sie kaufte sich das Produkt, das/welches im Fernsehen so beworben worden war, gestern im Supermarkt.*

Als Relativpronomen leitet *das* einen untergeordneten Satz ein, der ein Wort des Hauptsatzes näher bestimmt (Beifügesatz/Attributsatz). Dieser *das*-Satz ist durch einen Beistrich vom Hauptsatz getrennt. Ist der Attributsatz eingeschoben, steht auch am Schluss dieses Nebensatzes ein Beistrich:
*Das Beispiel, **das** ich hier meine, hast du jetzt vor Augen.*

 Gib einen Text (Brief, Artikel, Schularbeit, Bewerbung ...) nie ohne genaues Durchlesen aus der Hand. Gönn dir dabei auch eine ***das/dass*-Kontrolle**. Alle *das* sollten ersetzbar sein. Sind sie es nicht, dann gehört *dass*!

R60
70

Forme den einfachen Hauptsatz mit dem Klammerausdruck zu einem Satzgefüge um. Versuche den Konjunktiv 1 zu verwenden!

Max soll nicht über die Straße laufen. (Mutter schreit) ▶
Mutter schreit, dass Max nicht über die Straße laufen solle (soll).

1. Das neue Computerspiel braucht zu viel Speicher. (Ivo klagt)

....

2. Der Banküberfall ist seit Langem geplant. (Die beiden gestehen)

....

3. Ich werde dir die Brille ersetzen. (Ich versichere dir)

....

4. Das hat ein bitteres Nachspiel. (Er droht)

....

5. Die finanzielle Lage ist jetzt schon besser. (Sie meint)

....

6. Wellness ist ohne gesunde Ernährung nicht denkbar. (Der Arzt erklärt)

....

7. „Der Fliegende Holländer" ist die schönste Oper. (Marcel schwört)

....

Dass-Sätze mit oder ohne Konjunktiv?
Der **Konjunktiv I** dient hauptsächlich dazu, (indirekt) wiederzugeben, was andere Leute gesagt haben: Der Minister sagte: *„Es muss etwas geschehen!"*
▶ *Der Minister sagte, es **müsse** etwas geschehen!*
Bei einem dass-Satz ist der Konjunktiv I sehr zu empfehlen, um die indirekte Wiedergabe zu unterstreichen: *Der Minister sagte, **dass** etwas geschehen **müsse** (muss).* In Nachrichtentexten (zB Radio) ist nur die Form mit Konjunktiv zu finden.

R60–61
71

Verbinde folgende Satzteile richtig, verwende die richtige Form von *dass/s*! Schreib die Sätze mit Beistrichen ins Heft.

1. Klein Erna glaubt allen Ernstes	a) du alles mit mir machen kannst?
2. Susi kann so witzig erzählen	b) du mir neulich geliehen hast!
3. Du denkst wohl	c) ihr immer viel Freude bereitet.
4. Hier hast du das Geld zurück	d) ihr der Osterhase die Eier bringe.
5. Das Auto, ..., ist völlig neu.	e) du mir letztens geschenkt hast.
6. Wie kannst du es nur schaffen	f) du dort geparkt siehst.
7. Sie hat ein Hobby	g) du so viele Dinge zugleich machst!
8. Ich liebe das Buch	h) ich mich fast zu Tode lache.

Verwende *ohne dass, anstatt dass, sodass/so dass, bis dass, auf dass, kaum dass* **richtig in folgenden Sätzen!**

1. Ich hatte viel zu tun, ... ich leider nicht kommen konnte.

2. .... du dich über die spontane Geburtstagsfeier freust, trauerst du zwei Stunden Mittagsschlaf nach.

3. Sie versprachen einander die Liebe, ... der Tod sie scheide.

4. .... er ein Wort sagte, sprang er auf und ging weg.

5. Der Streit begann, ... die Kinder die zwei ungleichen Geschenke erhalten hatten, und dauerte sehr lange.

6. .... du dich immer gerne an die Zeit mit uns erinnerst!", sprach sie, und alle erhoben ihre Gläser.

Dass und *das* hintereinander

Dass und *das* können nur in dieser Abfolge unmittelbar hintereinander vorkommen, so sie nicht durch Beistrich getrennt sind:

Ich hoffte, **dass das** *Fest bald enden würde.*
(Aber: *Ich hoffte das, dass du nämlich daran Freude finden würdest.*)

Vielfach stehen Gliedsätze an der Spitze eines Satzgefüges. Ihr Inhalt wird dann oft mit einem hinweisenden *das* im Hauptsatz wieder aufgegriffen:

Ich vergesse dir nie, **dass** *du mir beim Hausbauen geholfen hast.* ▶
Dass *du mir beim Hausbauen geholfen hast,* (**das**) *vergesse ich dir nie.*

Stelle nach obigem Beispiel jeweils den Gliedsatz an die Spitze und fasse ihn mit *das* **im Hauptsatz zusammen!**

1. Sie verzieh ihm nie, dass er ihre Mutter beschimpft hatte.

   Dass ....

2. Susanne weiß jetzt, dass Tanzen auch sehr schön sein kann.

   Dass ....

3. Franz kann jetzt selbst entscheiden, ob er als Bauer arbeiten will.

   Ob ....

4. Niemand wusste wirklich, weshalb er das Haus verfallen ließ.

   Weshalb ....

5. Er konnte nicht ahnen, mit welcher Begeisterung sie singen würden.

   Mit ....

DURCH STARTEN

DEUTSCH
RECHTSCHREIBUNG

VER1TAS

Gemeinsam besser lernen

Teste dich selbst!   STUFE 1
Schau dir die Lösungen genau an!

I. GROSS ODER KLEIN?   Raum für Notizen

1. **Er** hat vielen **A**rmen geholfen.	
2. „**W**as wollt ihr dann?", fragte sie der **L**ehrer.	
3. **M**utter hat sich beim **S**chneiden verletzt.	
4. **W**er möchte noch etwas zu essen haben?	
5. **A**lso noch einmal: kein **D**rängeln und **St**oßen!	

II. WELCHES s BRAUCHT ES HIER: s, ss ODER ß?

6. Das war für dich gewiss ein unverge**ss**liches Erlebni**s**!	
7. Er lief über die Stra**ß**e und gab ihr einen Ku**ss**.	
8. Völlig au**ß**er Puste schafften wir einen Rie**s**enerfolg.	
9. Er hat gro**ß**en Ruhm und unverme**ss**lichen Reichtum.	
10. Die meisten glaubten, da**ss** sich alles ändern würde.	

III. WIE SCHREIBT MAN DAS?

11. Mit „Es war einmal ..." beginnen viele M**är**chen.	
12. Du musst aus**füh**rlicher über das Denk**m**al berichten!	
13. Danach wäscht die Ma**nn**schaft gemeinsam das Geschi**rr** ab.	
14. Watts experiment**ie**rte lange mit der Dampfmasch**i**ne.	
15. Bei Schmerzen ist ein guter Arzt gefragt.	

IV. ZUSAMMEN ODER GETRENNT?

16. Das **Kindergeschrei** war kaum zu hören.	
17. Er plante nicht, wieder **zurückzukehren**.	
18. Diese Aufgabe wird dir nicht **schwerfallen**.	
19. Du startest, **indem** du den roten Knopf drückst.	
20. Am **Montagmorgen** beginnt die Woche.	

V. AUFGEPASST!

21. Den Mann, der eben in den Bus eingestiegen ist, kenne ich!	
22. Sie aßen Eier und Speck, Toast und Marmelade.	
23. Er sah aus dem Fenster, draußen tobte ein rauer Sturm.	
24. Dass du da warst, als ich dich am meisten brauchte, vergesse ich dir nie.	
25. Wenn du glaubst, dass das stimmt, liegst du völlig falsch!	

Teste dich selbst!   **STUFE 2**

Schau dir die Lösungen genau an!

I. GROSS ODER KLEIN?   Raum für Notizen

1. Wider Erwarten fanden wir sofort das Richtige.	
2. Dieses Spiel ist bei allen am begehrtesten.	
3. Er kam als Zweiter an die Reihe.	
4. Würden Sie mir beim Anziehen des Mantels helfen?	
5. Wir standen zum ersten Mal vor dem Nichts.	

II. WELCHES s BRAUCHT ES HIER: s, ss ODER ß?

6. Und da**ss** du mir das nie vergi**ss**t!	
7. Dra**ß**en rei**ß**t der Sturm das Dach von der Scheune.	
8. Schlie**ß**lich erwie**s** er sich als äu**ß**erst boshaft.	
9. Voll Mi**ss**trauen wagte er sich ins finsterste Verlie**s**.	
10. Seine Leibspeise war Grie**ß**schmarren mit Apfelmus.	

III. WIE SCHREIBT MAN DAS?

11. Der Bä**ck**er hängte die Jacke auf den Ha**k**en.	
12. Das Schleppen der Matra**tz**e war sehr strapaziös.	
13. Das Elen**d** darf nicht to**t**geschwiegen werden!	
14. Das ist der angesehen**ste** und bedeuten**dste** Forscher.	
15. Warum gibt es keine Elchjag**d** im Sta**dt**park?	

IV. ZUSAMMEN ODER GETRENNT?

16. Bring mir bitte **irgendetwas** mit!	
17. **Seitdem** er fort ist, ist es hier wesentlich ruhiger.	
18. Aber das macht mir doch **gar nichts**!	
19. Sie warten, bis die Räder endlich **stillstehen**.	
20. Es ist herrlich, im Winter **eiszulaufen**.	

V. AUFGEPASST!

21. Sie besaß ein neues, sportlich lackiertes Fahrrad.	
22. Die Sache war sowohl ihm als auch seiner Frau peinlich.	
23. Ohne mit der Wimper zu zucken, leerte sie das Glas.	
24. „Das, meine Liebe, ist Sportlichkeit!", erwiderte er stolz.	
25. Weil du mein Freund bist und weil ich mich auf dich verlassen kann, wenn ich Probleme habe, mag ich dich.	

Teste dich selbst!   STUFE 3

Schau dir die Lösungen genau an!

I. GROSS ODER KLEIN?

Raum für Notizen

1. Er wollte schon von klein auf **D**irigent sein.	
2. Am liebsten aß ich sonntags **T**iroler **K**nödel.	
3. Es war zum **A**uf-und-davon-**L**aufen, mein **L**ieber!	
4. **V**on allen **H**osen gefiel mir die blaue am besten.	
5. **D**ie beiden gaben gestern **A**bend vieles zum **B**esten.	

II. WELCHES s BRAUCHT ES HIER: s, ss ODER ß?

6. Die Insa**ss**en strömten ma**ss**enweise aus ihren Autos.	
7. Der Griesgram macht ein verdrie**ß**liches Gesicht.	
8. Willst du mir wei**s**machen, du wü**ss**test das nicht?	
9. Im Krei**ß**saal wurden neue Flie**s**en verlegt.	
10. Barfü**ß**ig gehen ist erwiesenerma**ß**en gesund.	

III. WIE SCHREIBT MAN DAS?

11. Der Trium**ph** des Klaviervirtuosen war gro**ß**.	
12. Sie erschra**k** bei diesem gruseligen Spuk.	
13. Der De**t**ektiv geno**ss** einen hohen Lebenstandar**d**.	
14. Die Pu**b**ertät ist für manche Eltern ein Al**p**traum (oder Al**b**traum – beides richtig!).	
15. Einfach wi**d**erlich, was dir da wi**d**erfahren ist!	

IV. ZUSAMMEN ODER GETRENNT?

16. Das braucht dir doch nicht **leidzutun**!	
17. Ich weiß, dass du viel für Pferde **übrighast**.	
18. Er sieht sich **außer Stande** (oder **außerstande** – beides richtig!), das zu machen.	
19. **In dem** Fall musst du wohl selbst Hand anlegen.	
20. Nur **wiederverwendbare** Materialien!	

V. AUFGEPASST!

21. Wir werden helfen, statt nur zu reden, denn es eilt!	
22. Die Idee, die Halle auszubauen, fand wenig Anklang.	
23. So, die Hände auf die Hüften gestützt, erwartet sie ihn.	
24. Das Gastgeschenk und was du für die Reise brauchst, besorgst du dir bitte selbst.	
25. Die Sache lief weit besser als erwartet.	

1

1. „**Ich** mag Dagobert Duck. **Er** hat immer so viel Geld. **Sogar** schwimmen kann er darin!", **meint** der kleine Sebastian zu seinem größeren Bruder.

2. „**Ach** was!", erwidert Nick unwillig. „**Der** alte Knacker macht sich doch immer nur lustig über den armen Donald und nutzt ihn aus. **Elender** Geizhals! (= verkürzter Ausrufesatz) **Verstehst** du das denn nicht?"

3. **Anstatt** mit dem kleinen Neunmalklug am Spielplatz herumzustehen, würde Nick lieber etwas anderes machen: **bei** seiner Freundin sein.

4. „**Aber** Donald ist doch wirklich ein Versager!", **schreit** Sebastian.

5. Nick – **er** ist schon ziemlich entnervt – mag nicht länger diskutieren: „**Wollen** wir uns ein Eis kaufen?"

2

Jetzt bei deinem Händler – „**Schwarzer** Planet III"! Das neue Game von Videostar bietet dir alles, was das Spielerherz höher schlagen lässt: **aufregende** Action und Abenteuer ohne Ende, **online** gegen andere Spieler antreten können, **unglaublich** viele Levels, die dich in neue Welten leiten. **Schau** also zu deinem Fachgeschäft und hole es dir: **das** schärfste Mittel gegen Langeweile!

3

1. „**Siebenjähriger Computer**-Freak knackt nationalen Sicherheitscode!"

2. „**Mir** gefallen Krimis von Edgar Wallace, „**Der** schwarze Abt" etwa.

3. „**Ist** von dem auch „**Auf** der Jagd nach dem Riesenkaninchen"?

4. „**Bis** zu 200 kg schwer und 150 cm lang: **uralte** Galapagos-Schildkröten."

5. „**Meine** Mutter wünschte sich Sonntagnachmittag „**Nie** genug" von Christl Stürmer im Wunschkonzert!

6. „**Echte** Williams-Fans: **fünf** Stunden vorher schon da!"

4

Er blieb noch eine Weile hier.
Ohne Frage muss man da etwas tun.
Wir kamen der höflichen Bitte gerne nach.
Werden wir „Der kleine Prinz" auch lesen?
Mir gefällt „Drei Engel für Charlie" sehr.
Wir verkaufen nur Gebrauchtwägen aus erster Hand.
Alle stellen sich zu Beginn in einer Reihe auf.
In Kürze war „Die Hochzeit des Figaro" ausverkauft.

5

DIE LEBENSERWARTUNG DER MENSCHEN STEIGT VON JAHR ZU JAHR IMMER WENIGER. EIN DURCHSCHNITTSALTER VON 100 ODER SOGAR 120 JAHREN SEI IN ABSEHBARER ZEIT UNREALISTISCH, SO WISSENSCHAFTER WELTWEIT. DER GRUND FÜR DIE BESCHRÄNKTE LEBENSERWARTUNG IST DIE BEGRENZTE LEBENSDAUER MENSCHLICHER ZELLEN. IM ALTER WERDEN BEIM MENSCHLICHEN KÖRPER DIE GEBRECHEN UND MÄNGEL EINFACH MEHR. WER ALSO ALT WERDEN MÖCHTE, SOLLTE IMMER AN SEINEN KÖRPER UND AN SEINE GESUNDHEIT DENKEN – NICHT ERST IM FALL EINER KRANKHEIT. TÄGLICHE BEWEGUNG, BEWUSSTE ERNÄHRUNG UND EIN AUSGEGLICHENES SEELENLEBEN SIND WICHTIGE VORAUSSETZUNGEN FÜR EIN HOHES ALTER.

Die Lebenserwartung der Menschen steigt von Jahr zu Jahr immer weniger. Ein Durchschnittsalter von 100 oder sogar 120 Jahren sei in absehbarer Zeit unrealistisch, so Wissenschafter weltweit. Der Grund für die beschränkte Lebenserwartung ist die begrenzte Lebensdauer menschlicher Zellen. Im Alter werden beim menschlichen Körper die Gebrechen und Mängel einfach mehr. Wer also alt werden möchte, sollte immer an seinen Körper und an seine Gesundheit denken – nicht erst im Fall einer Krankheit. Tägliche Bewegung, bewusste Ernährung und ein ausgeglichenes Seelenleben sind wichtige Voraussetzungen für ein hohes Alter.

6

Gib doch	deinem Herzen	einen Stoß und hilf ihm!
Sie machten an	sonnigen Tagen	lange Wanderungen.
Mit viel Glück konnte er	seinem Verfolger	entkommen.
Der Nachbar umgibt	den schönen Garten	mit einem hohen Zaun.
Sie möchten auf	ihre vielen Fragen	endlich Antworten.
Der Star hatte mit	drei tollen Sprüngen	überzeugen können.

7

wild	zB die Wildheit	sparsam	zB die Sparsamkeit
lesen	zB die Lesung	verfolgen	zB die Verfolgung
gemein	zB die Gemeinheit	reich	zB der Reichtum
heiter	zB die Heiterkeit	hell	zB die Helligkeit
ergeben	zB das Ergebnis	bilden	zB die Bildung

8

fahren	die Fahrerin	backen	der Bäcker
kaufen	der Käufer	Journalismus	die Journalistin
singen	der Sänger	Polizei	die Polizistin
programmieren	die Programmiererin	dirigieren	der Dirigent
Sanität	die Sanitäterin	studieren	die Studentin

9

laufen/Werk	das Laufwerk	hoch/Mut	der Hochmut
essen/Besteck	das Essbesteck	heilen/Pädagogik	die Heilpädagogik
vize (lat.)/Chef	der Vizechef	schwimmen/Trainer	der Schwimmtrainer
gegen/Fahrbahn	die Gegenfahrbahn	bauen/Unternehmen	das Bauunternehmen
stoßen/Verkehr	der Stoßverkehr	Zahl/Rätsel	das Zahlenrätsel

10

1. Seit den 80er-**Jahren** weiß ein jeder, was ein atomarer **Super**-GAU ist.
2. In einer **Großstadt** gibt es viele **Einpersonenhaushalte**.
3. Die **In**-vitro-Fertilisation lässt ein **Menschenleben** im Reagenzglas beginnen.
4. Im **Nebenjob** ist sie **Bio**-Bäuerin.
5. Meine **To**-do-Liste für diesen Tag entsprach der eines **Fulltime**-Jobs.

Sätze wie zum Beispiel:
1. In den 80er-Jahren wurden alle auf die Atomgefahren aufmerksam.
2. Die Großstadt bietet viele Arbeitsmöglichkeiten.
3. Ein Menschenleben hängt oft an einem seidenen Faden.
4. Ein Nebenjob sichert manchen erst den Lebensunterhalt.
5. Ein Fulltime-Job nimmt einen zeitlich voll in Anspruch.

11

Wir müssen es einfach zur **Kenntnis** nehmen: Das Aufsagen von Gedichten ist ein wenig in **Verruf** geraten. Viele ziehen gegen das Auswendiglernen zu **Felde**. Die Welt steht **kopf** – in **Anbetracht** einer allgemeinen sprachlichen Verkümmerung wäre es doch von **Vorteil**, wenn jeder ein Stück Lyrik fest abgespeichert hätte und sich jederzeit zu **Gemüte** führen könnte. Manchmal ist vielleicht ein edles Wort von **Nöten**, ein andermal besteht der **Wunsch** nach einem tröstenden Satz, wohlgeformt. Auch fürs Geburtstagsbillett könnte derlei zur **Stelle** sein. Jeder, der ein Gedicht memoriert (= auswendig lernt), hat **teil** am Schönen und Guten, hieß es zur **Zeit** der alten Griechen.

12

Der neue Mitschüler ist echt **klasse**. Tut mir fast **leid**, dass ich schon einen **Freund** habe, so wie der aussieht. Vielleicht wird er doch noch mein **Schatz**. Ich habe keine **Angst**, dass ich jemandem **Unrecht** (auch: **unrecht**!) täte damit. Bin doch ich nicht **schuld**, wenn er allen den **Kopf** verdreht. Freilich will er auch der **Liebling** aller sein. Stattdessen ist ihm manch einer **gram**. Er ist ja so lieb!

13

1. Ich fand mich **anhand** deines Planes gut zurecht.
2. Völlig **zu Recht** beschwerte sie sich darüber.
3. Er hat sich dies einfach **zu Nutze/zunutze** gemacht.
4. **Mit Hilfe** (auch: **Mithilfe**) des Wörterbuchs lässt sich vieles klären.
5. Ob er auch ohne sie **zu Rande/zurande** gekommen wäre?
6. Du willst jetzt schon **nach Hause/nachhause** gehen?
7. Ich möchte damit nicht alles **in Frage/infrage** stellen.
8. Sie arbeitet gerne von **zu Hause/zuhause** aus.

14

1. Diese Atmosphäre lädt <u>zum</u> gemeinsam<u>en</u> **Singen** ein.
2. Wir haben unter dem neuen Trainer wenig zu **lachen**.
3. Er ging, ohne ihr <u>beim</u> **Saubermachen** zu helfen.
4. Sie wollte uns nichts zu **essen** geben.
5. Was motiviert euch <u>beim</u> **Komponieren** eurer Songs?
6. Eigentlich wollen wir gute Musik <u>zum</u> **Abtanzen** machen.
7. Auf dem Schild stand: „Zu **verkaufen!**"
8. Der Junge lernte zuerst richtig **schreiben** und **lesen**.

15

1. Sie sollten sich das reiflich **überlegen**!
2. Sie sollten das nach reiflichem **Überlegen** entscheiden!
3. Lieber lustig **feiern** als lang **arbeiten**!
4. Lieber lustiges **Feiern** als langes **Arbeiten**!

16

1. Ewiges **Lernen** und **Studieren** geht ganz schön an die Nieren!
2. Lieber die Augen **verrenken**, als dem Lehrer Aufmerksamkeit **schenken**!
3. Wer nicht **hören** will, darf auch nicht **schnarchen**.
4. Also gut, **schlummern** (auch: **Schlummern**) ist besser als **stören** (auch: **Stören**)!
5. Wer hat genug vom **Schreiben** und **Lesen**?

17

1. Er spürte <u>das</u> stürmische **Klopfen** seines Herzens. (Artikel; Infinitiv als Objekt; mit Beifügung „seines Herzens")
2. Das **Herumliegen** kann auch anstrengend sein. (Artikel; Infinitiv als Subjekt)
3. Wir finden <u>dein</u> ewiges **Nörgeln** unerträglich! (Infinitiv als Objekt; mit Possessivpronomen; Beifügung „ewiges")
4. Hier ist <u>das</u> **Lärmen** strikt verboten. (Artikel; Infinitiv als Subjekt)
5. Ein erleichtertes **Aufatmen** war zu hören. (Artikel; Infinitiv als Subjekt; Beifügung „erleichtertes")
6. Das ist der wahre <u>Grund deines</u> **Kommens**. (Infinitiv als nachgestellte Beifügung „zu Grund", mit Possessivpronomen „deines")

18

1. Hast du für mich etwas <u>zu</u> **essen**?
2. Ich habe mein Passwort <u>zum</u> **Anmelden** vergessen.
3. Sie sah keinen Grund, das Spiel <u>zu</u> **unterbrechen**.
4. <u>Zum</u> **Waschen** verwendet er nur klares Quellwasser.
5. Er träumte davon, sein neues Auto <u>zu</u> **waschen**.
6. Schüchtern forderte sie ihn <u>zum</u> **Tanzen** auf.

19

Das **Stiegensteigen** ist gesünder, als mit dem Lift zu fahren. Ihm wurde immer schwindelig beim **Walzertanzen**. Beim **Filmaufnehmen** mit dem neuen DVD-Rekorder hat sie noch ihre Probleme. Sie setzt die Kleinen fürs **Haarewaschen** immer in die Badewanne. Viel Spaß beim **Hausbauen**! Vater erlaubte den Kleinen das **Computerspielen**.

20

der aufgeregte Kandidat	der Aufgeregte
das ausschlaggebenden Argument	das Ausschlagebende
die geliebte Frau	die Geliebte
die einheimische Bevölkerung	die Einheimischen (Pl.)
das unerwartete Ereignis	das Unerwartete
der jugendliche Mensch	der Jugendliche/die Jugendliche
die folgenden Ausführungen	das Folgende

21

Das ist aber ein **trauriger** Anlass. Erzähl mir doch etwas **Lustiges** über dich! Weißt du **Neues** von unserem Freund? Er kann immer wieder **Erfreuliches** berichten. Wir hielten es für ein sehr **wichtiges** Ereignis. Nichts **Schöneres** gibt es auf der Welt als dies! Das ist aber ein **schönes** Instrument. Tu **Gutes** und sprich darüber! Viel **Interessantes**, aber wenig **Konkretes**. Alles **Liebe** für dich!

22

1. Das ist alles frei erfunden!
2. Der **Weise** freut sich über **Einfaches**.
3. Er hofft aufs neue Jahr.
4. Die **Lautesten** sind nicht die **Klügsten**.
5. Erzähle uns etwas **Spannendes**!

23

1. Das **Gleiche** gilt für dich.
2. Es ist das **Beste** zu schweigen.
3. Das **Ganze** wirkt lächerlich.
4. Im **Übrigen** sprach er darüber.
5. Darum geht es im **Einzelnen** nicht.
6. Alles **Übrige** ist zu besprechen.

24

1. Gerhild und Daniel gehen miteinander durch **dick** und **dünn**.
2. Das ist auch etwas für die **kleinen** Sportler.
3. Sie tappen noch immer im **Dunkeln**.
4. Dazu lade ich **Jung** und **Alt** ein!
5. Das sind die **Schönen** und **Reichen**?
6. Ende **gut**, alles **gut**!
7. Ihr **Lieben**, wir sind die **Guten**!
8. Über **kurz** oder **lang** muss etwas geschehen!

25

1. Das erscheint mir am sinnvollsten.
2. Der <u>Ahnungslose</u> lebt oft unbeschwerter.
3. Im <u>Englischen</u> ist das am einfachsten.
4. Am besten wird euch das <u>Folgende</u> gefallen.
5. Im <u>Wesentlichen</u> hast du recht (auch: Recht).
6. Es kommt nichts <u>Besseres</u> nach.
7. Hast du nichts <u>Neues</u> zu berichten?
8. Wir wurden auf <u>s/Schlimmste</u> getäuscht!
9. Ich möchte den Wagen in <u>Veilchenblau</u>.

26

1. Am **Zehnten** jedes Monats erfolgt die Überweisung.
2. Wir warten lieber noch eine **viertel** Stunde.
3. Dazu nehmen wir ein **viertel** Kilo Mehl, ein **Achtel** Butter sowie einen **viertel** Liter Milch (oder einen **Viertelliter** Milch).
4. Ich habe auf Englisch eine **Drei** bekommen.
5. Lass das nur die **zwei** machen!
6. Die Sitzung beginnt um **Viertel** nach neun.

27

1. Peter kam als **Erster** durchs Ziel, **h/Hunderte** Fans jubelten ihm zu.
2. Susi und Alex, oft die schnellsten **zwei**, blieben heute weit zurück.
3. Als **Nächste** liefen Mirjam und Judith über die Ziellinie.
4. Als **Letzter** erreichte Fred das Ziel, noch **Unzählige** klatschten.
5. Kein **Einziger** hatte das Rennen vorzeitig beendet.
6. Jeder **Einzelne** hatte sein Bestes gegeben.

28

1. Wäge das **Pro** und **Contra** ab!
2. Hier gibt es nur ein **Entweder-oder**!
3. Im Zimmer herrschte ein heilloses **Durcheinander**.
4. Sie halfen ohne **Wenn** und **Aber**.
5. Schnee von gestern! Schluss für **heute**, ihr Leute!

29

1. Zu späterer Stunde bot sie ihm das **Du** an.
2. Es gibt immer **solche** und **solche**.
3. Die **beiden** kenne ich schon aus der Schulzeit.
4. Sind wir nicht längst schon per **Du** (oder: du), liebe Kollegin?
5. Jetzt stehen wir praktisch vor dem **Nichts**.
6. Es ist ein **jeder** seines Glückes Schmied, heißt es.
7. Dieses Parfum hat das gewisse **Etwas**.
8. Zu dieser Zeit war er noch ein **Niemand**.
9. Plötzlich löste sich der Stern in **nichts** auf.
10. Die **Unsrigen** (auch: **unsrigen**) waren heute in Top-Form.

30

Sehr geehrter Herr Bürgermeister,
wir bitten **Sie** zu überprüfen, ob die neue Straße nicht doch temporeduziert ausgeführt werden kann. Es geht um Leib und Leben **Ihrer** Bürgerinnen und Bürger. **Sie** alle vertrauen hier ganz auf **Ihre** Weitsicht und **Ihre** politische Erfahrung als Gemeindeoberhaupt. Überdenken **Sie Ihr** erstes Konzept noch einmal. Viele Menschen fürchten um die Lebensqualität **ihres** Wohngebietes. Eine sichere und gesunde Umwelt nämlich ist **ihnen** ebenso wichtig wie **ihr** Leben und das **ihrer** Kinder.
Mit freundlichen Grüßen
Ihr ökosoziales Gewissen (Bürgergruppe „**Ihre** Stimme zählt!")

Anmerkung: Würde man auch die letzten zwei Sätze des Briefes mit großgeschriebenen Höflichkeitspronomen (statt 3. Person Plural) versehen, würde aus dem Bittbrief ein sehr bedenklicher Drohbrief werden ...

31

1. Susi und Fritz, **ihr** Lieben, habt **ihr** Peter irgendwo gesehen?
2. Lieber Herr Meyer, ich möchte **Ihnen** danken, dass **Sie** mir geholfen haben. Auch **Sie** hatten nicht viel Zeit und **Ihre** Arbeit wartete!
3. Liebe Leute, nun liegt es an **euch**! Schaffen die Kandidaten den Aufstieg oder müssen **sie ihre** Sachen packen?
4. Darf ich **Ihnen** in **Ihren** Mantel helfen, Gnädigste?

32

alt: die **alten** Griechen, das **alte** Gemäuer, das **Alte** Testament, der **Alte** Platz (Platz in der Altstadt)
groß: der **Große** Wagen (Sternbild), das **große** Chaos, Karl der **Große**, der **Große** Teich (Atlantik)
hohe: die **hohen** Kosten, die **Hohen** Tauern (Gebirgskette in Österreich), das **Hohe** Lied (Text in der Bibel), der **hohe** Mount Everest
neu: die **neue** Lehrerin, die **Neue** Welt (Amerika); die **neuen** Medien oder die **Neuen** Medien, das **Neue** Testament, ein gutes **neues** Jahr!
schief: die **schiefe** Ebene, der **Schiefe** Turm von Pisa
tot: das **Tote** Meer, die **tote** Leitung

33

das Roulette aus Russland	►	das russische Roulette
der Tiergarten in Schönbrunn	►	der Schönbrunner Tiergarten
der Käse aus der Schweiz	►	der Schweizer Käse
der Liebesfilm aus Indien	►	der indische Liebesfilm
der Bahnhof in Linz	►	der Linzer Bahnhof
die Sängerin aus Mailand	►	die Mailänder Sängerin
die Ausgrabungen in Rom	►	die römischen Ausgrabungen
die Berge in Tirol	►	die Tiroler Berge

34

1. der b/Blaue Brief	Kündigungsschreiben oder eine schulische Mahnung
2. die Dritte Welt	Bezeichnung für Entwicklungsländer
3. die g/Graue Eminenz	einflussreiche Person im Hintergrund
4. die Erste Hilfe	sofortige Hilfsmaßnahmen nach einem Unfall
5. die künstliche Intelligenz	Maschinen mit intelligentem Verhalten
6. der Heilige Vater	der Papst in Rom
7. die Olympischen Spiele	sportliches Fest, schon in der Antike bekannt
8. die r/Rote Karte	Signal zum Platzverweis im Fußball
9. der Heilige Abend	Weihnachtsabend am 24. Dezember
10. das Rote Kreuz	eine internationale Hilfsorganisation seit 1863

35

1. Von den deutschen Sängerinnen ist sie die **beste**.
2. Das war der **schönste** von allen Urlaubstagen.
3. Sie war die **klügste** von allen Teilnehmerinnen.
4. Er liebt Autos. Am liebsten mag er **französische**.
5. Hunderte Läufer nahmen daran teil. Die **schnellsten** waren die Teilnehmer aus Kenia.
6. Beim Treffen der Rechengenies war sie das **jüngste**.
7. Das **älteste** von insgesamt 13 Kindern wurde **Pfarrer.**
8. Siehst du die vier Hunde? Der **braune** gehört Susanne.

36

1. Dann kamen die **beiden** an die Reihe.
2. Du hast dich um **einiges** verrechnet.
3. Da mag **jeder** denken, was er will.
4. Die Konsequenzen waren **allen** klar.
5. Die **einen** (oder: **Einen**) wie die **anderen** (auch: **Anderen**) jubelten.
6. Die **meisten** (oder: **Meisten**) nutzten die Zeit intensiv.

37

Du sollst **auf ewig** mein sein! Schon von **früher her** kannte ich dich und **von klein auf** schlug mein Herz nur für dich. Ich wusste, dass ich dich **über kurz oder lang** haben würde. Du siehst, **seit Langem/seit langem** schon gehört mein Herz nur dir! Meine Tage ohne dich waren **grau in grau**. Als sich dann aber auf der Bank die Gelegenheit **von Neuem/von neuem** bot, nahm ich all meinen Mut zusammen, **vor allem** hatte ich jetzt die nötige Mitgift. Wir werden gemeinsam noch **einiges** erleben! Du bist mein **Ein und Alles**, mein begehrtes Mountainbike!

38

Die Kurse finden **dienstags** und (~~Donnerstags~~) **donnerstags** statt. Am **Montag** *(in der früh)* **in der Früh** wollte ich nicht aufstehen. Ich bin **morgens** nie fähig, bald aufzustehen. Wir gehen **mittags** immer gemeinsam essen. Du musst **dienstagnachmittags** zur Ballettstunde! Daran bin aber ich nicht **schuld**. Ihr ist keineswegs (~~Angst und Bange~~) **angst und bange**. Das wird dir noch **leidtun**. Ja, es tut mir wirklich (~~Leid~~) **leid**. Wir essen **abends** beim Fernsehen gerne Knabbereien. Das ist einfach (~~Spitze~~) **spitze**!

39

1. Nadine gewann den Bewerb **dank** ihrer Tanzeinlagen.
2. Kannst du mir kurz **ein bisschen** helfen?
3. Ich habe **trotz** großem Stress ein **paar** Minuten Zeit für dich.
4. Hast du dir wieder ein neues **Paar** Sandalen gekauft?
5. Kann ich **statt** eines Mineralwassers auch einen Kaffee haben?
6. Außerdem brauche ich noch ein **paar** gute Tipps.

40

1. Die Späher und Guides treffen sich immer **donnerstagabends** (auch: donnerstags abends) beim Pfadfinderheim.
2. Ich konnte **samstags** nicht kommen.
3. Du musst unbedingt **heute Abend** fernsehen und mir **morgen Früh** darüber berichten!
4. Sie geht am **Mittwochnachmittag** tanzen.
5. Schon **früh** am **Morgen** brachen wir zum Gipfel auf.
6. Man sollte **morgens** etwas frühstücken.

41

frühestens nach einer **viertel** Stunde (auch: Viertelstunde)
um **halb eins**
in einer **Dreiviertelstunde**
gegen (ein) **Viertel** nach **zehn**
um **zwei** nach **drei viertel vier**
von **halb zwei** bis (ein) **Viertel** nach **drei**

42

1. Beim **letzten Mal** warst du noch eine Anfängerin.
2. Aber du wirst **von Mal zu Mal** besser in der Rechtschreibung!
3. Wie **viele Male** du noch üben musst, fragst du?
4. Mache jede Übung häufiger als **einmal**!
5. Du hast Recht, besser **einmal** als **keinmal**.
6. Jeder Lernende braucht **öfter mal** eine Pause.
7. Arbeite wichtige Punkte dann **noch mal/nochmal** durch, beim **zweiten Mal** wird dir vieles leichterfallen.

43

1. Die Homepage befindet sich im **Status Nascendi** (= im Anfangsstadium).
2. Wir müssen einen **Modus Vivendi** (= Auskommen miteinander) finden, der Gang vor den Richter ist nur die **Ultima Ratio** (= äußerste Lösung).
3. Sie ist eine Meisterin im **Small Talk** (oder: **Smalltalk**; = Kurzgespräch).
4. Gib mir bitte einen **Hot Dog** (oder: **Hotdog**; = Würstchen in Brot)!
5. Ich sage das **coram publico** (= vor allen Anwesenden).
6. Lass uns das **ad acta** legen (= als erledigt beiseitelegen)!

44

zum Beispiel (**z. B.*** oder **zB**), und Ähnliches (**u. Ä.**), und anderes (**u. a.**), oder (**od.**), meines Erachtens (**m. E.**), im Allgemeinen (**i. Allg.**), das heißt (**d. h.**), vor Christus (**v. Chr.**), und so weiter (**usw.**), vergleiche (**vgl.**) dazu auch das 3. Kapitel (**Kap.**)!

Im Grunde müsste zwischen den Abkürzungsbuchstaben immer ein halblanger Abstand stehen. Da sich dieser nicht auf jeder Tastatur so schnell findet, wird oft ein ganzer verwendet.

A1

1. Schon von Anfang an beobachtete er alles ganz genau.
2. Sie kam gestern nicht mehr zum Lesen ihrer E-Mails.
3. Ein jeder im Zelt konnte ein leises Rascheln vernehmen.
4. Bis vor K/kurzem waren Sie mir sehr sympathisch, Herr Taff.
5. Ich frage noch einmal: „Wie kann so etwas passieren?"
6. Dann las Jutta voll Freude: „U3 spielen samstags in Steyr!"
7. Die beiden waren von allen Läuferinnen am schnellsten.
8. Durch schnelles Handeln hat schon mancher viel geholfen.
9. Der Anlass meines Kommens ist ein ausgesprochen schöner.
10. Skifahren ist von allen Wintersportarten die beliebteste.

A2

Das Skirennen wurde **mangels** Schnee abgesagt.

In diesem **Fall** wollen die **e/Einen** den **a/Anderen** nur **Angst** machen.

Die **Gute** dachte von **morgens** bis **abends** nur an **Essen**.

Ich danke **Ihnen** für **Ihre** Hilfe, liebe Kollegin!

Mirjam trifft mit **ihren** Bemerkungen immer ins **Schwarze**!

Das **Schöne** war, dass wir damit auch etwas **Gutes** getan haben.

Das ewige **Hin** und **Her** nervte sie.

Ihm war zum **Weinen zumute/zu Mute**.

Kann ich etwas zu **trinken** haben?

Von den Kleidern gefällt mir das **rote** am **besten**.

Das **Glatte** an diesem Stein begeisterte Elias.

Stürmisch (zu) **klopfen** ist nur in Notfällen erlaubt, ohne **Klopfen** die Tür aufzureißen, gilt immer als **unhöflich**.

Sie störte das laute **Spielen** der Kinder nicht.

A3

1. Auf dem Schild stand: *Herzlich willkommen!*
2. Das macht ihr bestimmt gut!
3. Ich halte dir ganz fest die Daumen!
4. Nur das Beste für dich! (in Briefen auch: Dich)
5. Alles Gute im neuen Jahr!
6. Ihr möget viel Gutes erleben dürfen!

A4

1. Ich dachte zum ersten **Mal** an die **beiden**.
2. Seit **L/langem** schon träumte sie von einem **Besuch** im Tiergarten.
3. Die **Tiroler** Berge haben ihr am **meisten** bedeutet.
4. Beim Finale laufen die **U/unsrigen** in **Weiß** ein.
5. Damit haben **Sie** sich wohl etwas geirrt, mein **Lieber**!
6. Wir **zwei** wollen noch eine **viertel** Stunde warten.
7. Jede **Einzelne** von ihnen hatte genug für **heute**.
8. Personen über **achtzig** sollten das **Klettern** lieber lassen.
9. Im **Allgemeinen** finde ich so etwas **mies**!
10. Ein **jeder** hofft, er könnte der **Nächste** sein!

A5

1. Er kam erst um **Viertel** nach fünf.
2. Es war ein schöner Abend **gestern**.
3. Im **Übrigen** bin ich hier ganz deiner Meinung.
4. Peter hatte ja schon **Verschiedenes** erlebt.
5. Ihr kommt erst um **drei viertel acht**?
6. Beim letzten **Mal** war es noch aufregender!
7. Komm heute früher nach **Hause** (oder: **nachhause**)!
8. Frische Fische gibt es immer nur **freitags**.

45

1. Ich ziehe mir heute das rote **T-Shirt** an.
2. Heute setzte es für den Titelverteidiger eine **2:3-Niederlage**.
3. Mit einer satten **2/3-Mehrheit** wurde das Gesetz angenommen.
4. Die Schokolade ist sehr **Ca-haltig**.
5. Für **40-Tonner** muss es ein Fahrverbot geben!
6. Wieder gewann eine **18-Jährige** den Bewerb.
7. Das sagst du mir jetzt schon zum **x-ten Mal**.
8. Cerberus ist das **3-köpfige** Untier der Unterwelt.
9. Hätte ich nur ein **100stel** von diesem Gewinn!
10. Mir reichte ein **Zwei-Euro-Stück** für ein Eis!

46

Zwischen **A-Dur** und (B-Moll) **b-Moll** gibt es einen großen Unterschied.

In den **60er Jahren** (oder: **60er-Jahren**) hatte die Friedensbewegung ihre (Hoch-Blüte – unnötige Markierung!) **Hochblüte.**

Das ist die (Ein-und) **Ein- und Ausfahrt** in einem!

Es handelt sich um einen sehr **CO-haltigen Boden.**

Das ist wirklich eine **100-prozentige** Chance für die Firma.

Mit **6%iger** Verzinsung zahlt sich Sparen aus.

Unser **Brot- und Mehlspeisenangebot** wird Sie erfreuen!

Der (5jährige) **5-Jährige** rief sofort nach seiner (Leih-Oma – möglich!) **Leihoma.** Unser Haustier ist eine **10-jährige** Perserkatze.

Das ist das **x-Fache** der ursprünglichen Summe.

Ein (5zylinder) **5-Zylinder** läuft unruhiger als ein **6-Zylinder-Motor.**

Du musst regelmäßig üben, (drei - - viermal) **drei- bis viermal** die Woche. Dein ewiges **Auf- und Abgehen** stört mich.

Die ganze Show wirkt auf mich (saft und kraftlos) **saft- und kraftlos.** Alle **Haupt- und** (Neben-Eingänge) **Nebeneingänge** werden gesperrt.

47

1. Das ist das **manisch-depressive** Krankheitsbild.
2. Wo ist die Hose mit den **schwarz-weißen** Streifen?
3. Das **Orangerot** der Wand harmoniert mit dem dunklen **Blaugrün** des Teppichbodens.
4. Es war eine wichtige Versöhnungsgeste an der **deutsch-polnischen** Grenze.
5. Das Lotto machte sie zu einer **steinreichen** Frau.
6. Das ist ein **hochkomplexes** Thema.
7. Gestern waren sie noch **tieftraurig.**
8. Gib mir das **spanisch-deutsche** Wörterbuch!

48

der Schrott-Transport ● die Ich-Erzählung ● (das Makeup) das Make-up ● das Standby ● die Sciencefiction-Erzählung ● die Science-Fiction-Erzählung ● der Count-down ● die Infrarot-Fernbedienung ● das Abend-Make-up ● der Trimm-dich-Pfad ● (das Arzt Patient Verhältnis) das Arzt Patient-Verhältnis ● die (MundzuMundBeatmung) die Mund-zu-Mund-Beatmung ● das 2-Euro-Stück ● das Juli-August-Doppelheft ● der (K.o.Schlag) der k.-o.-Schlag ● das 5-Sterne-Hotel ● der Swimmingpool ● die Schwimm-Mannschaft ● das (Making of) Making-of ● Bad Tölz ● (Heinrich Heine Straße) Heinrich-Heine-Straße ● Rheinland-Pfalz ● Sankt Georgen ● Eva-Maria

49

Sag mir, wie du **heißt!**

Sie ist ganz **versessen** auf **rasante** Zugsgarnituren.

Sei doch nicht so **boshaft!**

Er ist nicht so **zuverlässig.**

Auf sie ist immer **Verlass!**

Ein guter **Preis,** muss ich sagen.

Er saß **bewusstlos** in seinem Sessel.

Wer der Genusssucht verfallen ist, ist leicht beeinflussbar.

Missbrauch des Amtsgeheimnisses

Sie liegen in hohem **Maße** richtig.

Diese **Masse** ist schwer zum Stillstand zu bringen.

Der **Reißverschluss** hatte einen Produktionsfehler.

Ein **mieses Beispiel** kommt ganz zum **Schluss.**

50

Gräser, bewies, riesige, rasen (oder: Rasen), Vergaser, niesen, räuspern, Prospekt, Frisör, Fuchs, Glas, Entsetzen

51

Manche Menschen können den Winter nicht genießen. Sie hassen die klirrende Kälte draußen. Alles ist für sie nur lästig und mühsam. So sind sie oft von heiserer Stimme geplagt oder sie haben eine verschnupfte Nase und müssen dann häufig niesen. Die weiße Pracht, wie es so schön heißt, kann diese Sommermenschen nur verdrießen.

52

Infinitiv zu	3. P. Präsens er/sie/es	3. P. Präteritum er/sie/es	2. Partizip ich habe/bin ...
genießen	genießt	genoss	genossen
beißen	beißt	biss	gebissen
knipsen	knipst	knipste	geknipst
lassen	lässt	ließ	gelassen
fressen	frisst	fraß	gefressen
vergessen	vergisst	vergaß	vergessen
niesen	niest	nieste	geniest
rasen	rast	raste	gerast
verschließen	verschließt	verschloss	verschlossen

53

der Riss	verreißen	der Schluss	verschließen
das Maß	vermessen	die Buße	verbüßen
der Schmaus	verschmausen	der Dunst	verdunsten
das Gewissen	vergewissern	der Biss	verbeißen
der Stoß	verstoßen	der Fluss	verfließen
die Blässe	verblassen	das Glas	verglasen

54

schießen – schließen – gießen – fließen – genießen
reißen – beißen – heißen – schmeißen – schweißen
vergaß – maß – saß – fraß – der Spaß
ließ – stieß – hieß – verließ – verdrieß!

55

der Fuß	die Füße	die Masse	die Massen
das Ereignis	die Ereignisse	der Kreis	die Kreise
der Spaß	die Späße (oder: Spässe)	der Bass	die Bässe
das Zeugnis	die Zeugnisse	der Zirkus	die Zirkusse
der Riss	die Risse	die Maus	die Mäuse
das Gas	die Gase	die Laus	die Läuse

56

(sich) äußern	die Äußerung	veranlassen	die Veranlassung
begrüßen	die Begrüßung	messen	die Messung
weisen	die Weisung	schließen	die Schließung
lösen	die Lösung	einfassen	die Einfassung
entlassen	die Entlassung	genesen	die Genesung
anpassen	die Anpassung	schlussfolgern	die Schlussfolgerung

57

begraben	das Begräbnis	die Begräbnisse
erleben	das Erlebnis	die Erlebnisse
hindern	das Hindernis	die Hindernisse
verzeichnen	das Verzeichnis	die Verzeichnisse
versäumen	das Versäumnis	die Versäumnisse
ärgern	das Ärgernis	die Ärgernisse

58

das Ortszentrum, das Druckerpapier, die Zugverspätung (in Österreich: Zugsverspätung), die Arbeitszeit, der Fensterflügel, die Volksschule, der Popstar, die Armutskonferenz, der Adventskranz (in Österreich: Adventkranz), die Gesangsstunde, die Entscheidungshilfe, das Mittagessen, das Druckerpapier, die Bewusstseinsstörung

59

Infinitiv	Nomen	Adjektiv auf -ig/-lich
beißen	Biss	bissig
fließen	Fluss	flüssig
lösen	Lösung	löslich
hassen	Hass	hässlich
frösteln	Frost	frostig
messen	Messung	(uner-)messlich
(be-)wässern	Wasser	wässrig
ängstigen	Angst	ängstlich
hasten	Hast	hastig
schießen	Schuss	(ab-)schüssig

60

die meisten, am besten, größtenteils, folgendermaßen, außerdem, deshalb, dreißig, riesig, bloß, ein bisschen, draußen, daraus, fast, gewiss, wohlweislich, griesgrämig, raus

61

messbar hässlich
vergesslich genießbar
verlässlich unfassbar
verdrießlich essbar

62

1. Nun aber raus aus dem Haus. Geht in den Garten hinaus!
2. Müde lief sie durchs Zimmer und sprang sofort ins Bett.
3. Jetzt heißt es, das Boot schnell losbinden!
4. Der Applaus war bis in die Garderobe zu hören.
5. Furchtlos blickte sie dem Nashorn in die Augen.
6. Was reimt sich im Vers auf „... hatte ein hartes Los"?

63

In den Grießschmarren gab ich wohlweislich keine Rosinen. Das Apfelmus passt wunderbar dazu. Du hast Schnupfen und musst oft niesen. Im tiefen Burgverlies konnten früher Menschen verschwinden. Im großen Kreißsaal mit seinen weißen Fliesen an der Wand kommt eben eine neue Erdenbürgerin auf die Welt. Plakatwände haben die Litfaßsäulen abgelöst. Mit Meißel und Schweißgerät ausgerüstet eilte er in die Bank.

64

Patriol: Patriotismus   liberal: Liberalismus
Buddha: Buddhismus   national: Nationalismus
Kapital: Kapitalismus   human: Humanismus
Vulkan: Vulkanismus   absolut: Absolutismus

65

Schlauheit, Gewitztheit = Cleverness
Wohlbefinden = Wellness
Ruhe, Nervenstärke = Coolness
gute körperliche Gesamtverfassung = Fitness
Geschäft(sleben) = Business
anständiges Verhalten = Fairness

66

NO-SE-PROG: die Prognose   DE-SA-FAS: die Fassade
RUS-KA-SELL: das Karussell   TE-KAS-SET: die Kassette
MEN-DI-ON-SI: die Dimension   RES-MENT-SEN-TI: das Ressentiment
TER-SE-RAS: die Terrasse   MIS-SAR-KOM: der Kommissar
EMIS-ON-SI: die Emission   FE-MUS-NIS-MI: der Feminismus

67

rksnait:	riskant	psoiitv:	positiv
nrvöes:	nervös	gardnois:	grandios
dpersseiv:	depressiv	ipmlsuiv:	impulsiv
sterli:	steril	tasbil:	stabil

68

ein fesselnder Vortrag:	ein interessanter Vortrag
eine fremdenfeindliche Bemerkung:	eine rassistische Bemerkung
ein angriffslustiger Zeitgenosse:	ein aggressiver Zeitgenosse
eine vertrauliche Notiz:	eine diskrete Notiz
eine benachteiligende Vorgangsweise:	eine diskriminierende Vorgangsweise
eine lebensunfrohe Weltsicht:	eine pessimistische Weltsicht
eine fachmännische Verarbeitung:	eine professionelle Verarbeitung
eine fortschrittliche Kunst:	eine progressive Kunst
eine verschwenderische Garderobe:	eine luxuriöse Garderobe
ein widerstandsfähiges Virus:	ein resistentes Virus

69

interessieren	sterilisieren
assistieren	disqualifizieren
massieren	diskutieren
prozessieren	hypnotisieren
elektrisieren	terrorisieren
resümieren	analysieren

A6

Alle Tassen aus dem Schrank!

„Leise rieselt der …" Wenn die Weihnachtszeit übers Land zieht und viele Häuser innen und außen im Lichterglanz erstrahlen, dann ist auch wieder die Zeit der Heißgetränke. Zuhause genießt man vielleicht ein Tässchen Früchtetee mit einer Zimtstange vorm knisternden Kamin. Draußen wird an allen Straßenecken Glühendes angepriesen, ob Glühmost, Glühwein oder Punsch. Irgendeine köstliche Flüssigkeit ist für jeden Geschmack dabei. Für die Kleinen gibt es „Besinnliches" auch ohne den Geist des Alkohols. Sie sind ganz hingerissen vom süßen Orangenpunsch in lustigen Gläsern, deren Rand mit Zuckerglasur überzogen ist. Das Schönste ist dann, diesen erwärmenden Moment mit Gleichgesinnten zu teilen und gemeinsam dafür zu sorgen, dass weder verschnupfte Heiserkeit noch frustrierende Winterdepression aufkommt.

A7

der Pesrozs:	der Prozess	das Missständvrenis:	das Missverständnis
die Mssagae:	die Massage	der Optimusmis:	der Optimismus
die Duskssiion:	die Diskussion	der Ramisssus:	der Rassismus
das Inssteree:	das Interesse	der Koslos:	der Koloss

A8

Er störte die Unterhaltung durch indiskrete Witze über die Kollegen.
Dein Vortrag auf der Messe war äußerst interessant!
Die Mannschaft spielt jetzt wieder sehr defensiv.
Der Agent war in einen riesigen Schmuggelfall verwickelt.
Mit einer professionell vorbereiteten Rede kann man beeindrucken.

70

1. Ivo klagt, dass das neue Computerspiel zu viel Speicher benötige (benötigt).
2. Die beiden gestehen, dass der Banküberfall seit Langem geplant sei (ist).
3. Ich versichere dir, dass ich dir die Brille ersetzen werde.
4. Er droht, dass das ein bitteres Nachspiel habe (hat).
5. Sie meint, dass die finanzielle Lage jetzt ein bisschen besser sei (ist).
6. Der Arzt erklärt, dass Wellness ohne gesunde Ernährung nicht denkbar sei (ist).
7. Marcel schwört, dass „Der Fliegende Holländer" die schönste Oper sei (ist).

71

1. Klein Erna glaubt allen Ernstes	, dass	d) ihr der Osterhase die Eier bringe.
2. Susi kann so witzig erzählen	, dass	h) ich mich fast zu Tode lache.
3. Du denkst wohl	, dass	a) du alles mit mir machen kannst?
4. Hier hast du das Geld zurück	, das	b) du mir neulich geliehen hast!
5. Das Auto, ..., ist völlig neu.	, das	f) du dort geparkt siehst.
6. Wie kannst du es nur schaffen	, dass	g) du so viele Dinge zugleich machst!
7. Sie hat ein Hobby	, das	c) ihr immer viel Freude bereitet.
8. Ich liebe das Buch	, das	e) du mir letztens geschenkt hast.

72

1. Ich hatte viel zu tun, **sodass/so dass** ich leider nicht kommen konnte.
2. **Anstatt dass** du dich über die spontane Geburtstagsfeier freust, trauerst du zwei Stunden Mittagsschlaf nach.
3. Sie versprachen einander die Liebe, **bis dass** der Tod sie scheide.
4. **Ohne dass** er ein Wort sagte, sprang er auf und ging weg.
5. Der Streit begann, **kaum dass** die Kinder die zwei ungleichen Geschenke erhalten hatten, und dauerte sehr lange.
6. „**Auf dass** du dich immer gerne an die Zeit mit uns erinnerst!", sprach sie, und alle erhoben ihre Gläser.

73

1. Sie verzieh ihm nie, dass er ihre Mutter beschimpft hatte.
   Dass er ihre Mutter beschimpft hatte, **das** verzieh sie ihm nie.
2. Susanne weiß jetzt, dass Tanzen auch sehr schön sein kann.
   Dass Tanzen auch sehr schön sein kann, **das** weiß Susanne jetzt.
3. Franz kann jetzt selbst entscheiden, ob er als Bauer arbeiten will.
   Ob er als Bauer arbeiten will, **das** kann Franz jetzt selbst entscheiden.
4. Niemand wusste wirklich, weshalb er das Haus verfallen ließ.
   Weshalb er das Haus verfallen ließ, **das** wusste niemand wirklich.
5. Er konnte nicht ahnen, mit welcher Begeisterung sie singen würden.
   Mit welcher Begeisterung sie singen würden, **das** konnte er nicht ahnen.

A9

1. **Dass** sie zu spät in die Schule kommen würden, daran dachten sie nicht.
2. So mancher betreibt Sport, **dass** der Schwimmreifen um die Taille verschwindet.
3. Sie hob das Messer auf, **das** vom Tisch gefallen war.
4. Pippi hoffte sehr, **dass** auch Timmi und Annika kommen würden.
5. Wo ist **das** Fahrrad, **das** du dir von mir geliehen hast?
6. Der Lehrer meinte, **das** könne er nicht zulassen.
7. Ich weiß sehr wohl, **dass das** Ende der Geschichte ein trauriges ist.
8. **Dass** du bei mir bleibst, finde ich sehr lieb von dir.

A10

... Da erkannte ich, **das** müsste jetzt gemacht werden. Ich nahm also schnell das Zelt aus meinem Rucksack und stellte es auf. Das war bei diesem heftigen Sturm gar nicht leicht. **Dass** mir dabei ein zufällig vorbeikommender Wanderer half, **das** ist als Glück zu bezeichnen. Das hätte ich nie zu hoffen gewagt! **Dass das** Ganze dann noch ziemlich glimpflich ausging, das lag wohl auch daran, dass der Sturm schnell vorüberzog und das nächste Tal heimsuchte. Ich wartete also, bis **dass** das Unwetter wieder vorbei war ...

A11

1. Peter war sehr froh darüber, dass sie ihm beim Lernen half.
2. Das Haus, das einen dottergelben Anstrich hat, haben wir uns gekauft.
3. Der Vater hat den Wunsch, dass Tim stets seine Fähigkeiten nützt (besser: nütze).
4. Wo ist das Lineal, das ich dir geborgt habe?

74

1. Hätte ich doch vom Christkind ein Mobiltelefon bekommen!   (R)
2. Wer telefoniert denn heute noch in der Fernsprechzelle?   (F)
3. Ob ich es mir vielleicht zum Geburtstag wünschen soll?   (F)
4. Ach, ich werde doch wirklich vom Schicksal geprüft!   (R)
5. Soll alles Leid der Welt auf meinem Haupt sich häufen?   (F)
6. Jeder Teenager in meinem Alter hat es heute schon.   (A)
7. Ein 12-Jähriger und kein Mobiltelefon, das ist traurig./!   (A/R)
8. Aber ich werde nicht so schnell aufgeben, Liebste./!   (A/R)
9. Wirst du meine erste Liebes-SMS auch liebevoll erwidern?   (F)
10. Liebe ist, das ganze Telefon-Guthaben für den Schatz zu opfern.   (A)

75

1. <u>Nachdem wir im Hallenbad waren</u>, gingen wir gemeinsam essen.
2. Verrate mir, <u>wo der Schatz versteckt ist</u>!
3. Dort läuft die Katze, <u>die sich die Nachbarn angeschafft haben</u>!
4. Damals, <u>als das Wünschen noch half</u>, lebte ein armer Müllerssohn.
5. Die Kfz-Werkstätte, <u>die du mir empfohlen hast</u>, hat gut gearbeitet.
6. Weiß sie, <u>was hier auf dem Spiel steht</u>?
7. Sag ihm doch einfach, <u>dass das so nicht geht</u>!
8. <u>Weil du mich befreit hast</u>, möchte ich dir drei Wünsche erfüllen.
9. Wirst du mir Bescheid geben, <u>wenn du angekommen bist</u>?
10. <u>Obwohl ich eher vorsichtig bin</u>, habe ich den Sprung gewagt.
11. <u>Wer jetzt noch nicht genug hat</u>, der soll anderes durcharbeiten!

76

1. Kurt belegte beim 500-m-Lauf den 3. Platz.
2. Die Heimstätte des 1. FC Kaiserslautern ist das Fritz-Walter-Stadion.
3. Als Zeitalter der Aufklärung gilt das 18. Jahrhundert.
4. Der Bäcker dachte: „Kreide braucht ein Wolf nur selten."
5. Sie wurde am 20. 10. 1946 in Mürzzuschlag geboren.
6. Das Sprichwort „Morgenstund hat Gold im Mund" kennt jeder.
7. „Er betritt jetzt die Bank", diktiert er leise.
8. Sie erwiderte: „Du hast mich nicht gefragt."
9. „Eine Spielkonsole erobert Europa" (Schlagzeile aus der Zeitung)

77

Ein Fuchs schlich um einen Weinstock. Seine Blicke hingen sehnsüchtig an den dicken, blauen, überreifen Trauben. Und so unternahm er mehrere Versuche, die süßen Früchte zu erwischen, doch jeder schlug fehl. Er landete schließlich ohnmächtig auf dem Rücken.
Ein Spatz hatte dies belustigt verfolgt und meinte nur: „Herr Fuchs, Ihr wollt zu hoch hinaus." „Gib dir keine Mühe, die Trauben bekommst du nie!", kommentierte frech die Maus, die auch dabei war. Der Fuchs aber versicherte hochmütig: „Die sind mir noch nicht reif genug, ich mag keine sauren Trauben", und verschwand schnell.

78

1. Dann schrie der Lehrer ungeduldig: „Schlagt endlich Seite 130 auf!"
2. „Das ist ja großartig!", war von Max in der zweiten Reihe zu hören.
3. Der Lehrer fragte, was daran großartig sein soll.
4. „Ja, endlich!", sagte Max wieder zu sich selbst.
5. „Max, weshalb bist du auf einmal so motiviert?", fragte der Lehrer.
6. Max´ Nachbar stieß den Jungen, der ganz offenbar nicht bei der Sache war, in die Seite, dass dieser sich endlich dem Lehrer widme.
7. „Wow, ich habe endlich den Endgegner in Level 10 besiegt", gab Max unumwunden und freudig zur Antwort.
8. „Ich hätte wohl das Computerspiel zu Hause lassen sollen, oder?", setzte Max mit gespielter Naivität nach.
9. „Weg damit jetzt! Sonst hast du mit mir einen neuen Endgegner!", darauf der Lehrer streng, aber mit einem Augenzwinkern.
10. Wer hätte gedacht, dass der Lehrer so locker reagieren würde?

79

1. Im Prater befindet sich eines der bekanntesten Wahrzeichen von Wien, das Riesenrad.
   Wo befindet sich eines der bekanntesten Wahrzeichen von Wien?
2. Christine Nöstlinger hat den Roman „Gretchen Sackmeier" geschrieben.
   Was hat Christine Nöstlinger geschrieben?
3. Wir fliegen in den Ferien nach Sizilien.
   Wann fliegen wir nach Sizilien?
4. Meerestiefen nennen Geologen auch Tiefsee-Rinnen.
   Wer nennt Meerestiefen auch Tiefsee-Rinnen?

80

1. In die Badetasche müssen noch die Schwimmflügel, die Schwimmbrillen, das Wasserspielzeug und das Sonnenöl.
2. Gundula, Andreas, Paul sowie Gerda, Thomas und Vinzenz sind vor Kurzem ausgezogen.
3. Für eine Schnitzelpanier braucht es Milch, Eier, Semmelbrösel.
4. Der Kater stieg aufs Dach der Hütte, ärgerte den Stier auf der Weide und wartete auf dessen wildes Anrennen gegen den Zaun.
5. Ich liebe selbst gekochte Mahlzeiten, nette Freunde um mich und viel Zeit für gemeinsames Essen und Plaudern.
6. Sie wollte alles einpacken, sich von den anderen verabschieden und endlich den Urlaub beginnen lassen.

81

1. Der Unternehmer sammelt wertvolle französische Oldtimer.
2. Da lag das lang ersehnte, spannende Computerspiel!
3. Die allgemeine wirtschaftliche Lage stimmt uns wieder optimistisch.
4. Das ist wirklich ein preiswertes, leistungsfähiges Gerät.
5. Auf der Messe werden wieder viele neue Modelle vorgestellt.
6. Wer mag bei regnerischem, stürmischem Wetter wandern gehen?

82

1. Wir hatten wenig Geld, aber wir waren ohne Sorgen.
2. Ich möchte weder wandern noch ein Museum besuchen.
3. Das hast du jetzt nicht unhöflich, sondern richtig grob gesagt!
4. Sie wollte in der Früh nicht nur ein Müsli, sondern auch ein Butterbrot.
5. Der Neue kommt mit den Kollegen wie mit dem Chef gut aus.
6. Wir kennen uns sowohl von der Schule als auch vom Sportverein her.

83

1. Schönheitsideale sind vergänglich, denn sie hängen vom Zeitgeist der jeweiligen Epoche ab.
2. In der Steinzeit galt die üppige Venus von Willendorf als Vorbild(,) und in unseren Tagen sind Models vielfach magersüchtig.
3. Bei den Griechen gaben Bildhauer ideale Maße vor, außerdem musste fortan auch der Mann stark und schön sein.
4. Im späten Mittelalter trugen Männer wie Frauen gerne seidig gelocktes Haar, sogar der Rock stand bei Männern hoch im Kurs.
5. Man mag es heute kaum mehr glauben, aber es waren durch die Jahrhunderte Männer stets an farbig auffälliger Kleidung interessiert.
6. Das Korsett erscheint uns heute als mittelalterliche Folter, dabei arbeiten Schönheitschirurgen heute nicht viel anders.
7. Früher waren es Adelige, heute machen die Stars damit Schlagzeilen.
8. Kulturelle Unterschiede gibt es auch, das zeigt die ungebrochene Beliebtheit der blass-weißen Haut in Japan.
9. Man spricht oft vom Modediktat und meint damit die von der öffentlichen Meinung vorgeschriebenen Ideale der Schönheit.
10. Gerade die Medien beeinflussen unser aller Denken „maßgeblich", daher ist kritisches Denken wichtiger denn je.

84

1. Manch einer orientiert sich nur an anderen und baut sein Selbstbewusstsein auf deren Urteil, so lebt er ständig im Ungewissen.
2. Das versichern Persönlichkeitsratgeber ebenso wie Sozialpsychologen.
3. Zufriedenheit muss von innen kommen, aber wo ist sie dort zu finden?
4. Zuerst sollte man seine eigenen Bedürfnisse kennen, dann erst kann man sich um deren Erfüllung kümmern.
5. Wer sich selbst ernst nimmt, wer auf sich selbst achtet, der wird auch von den anderen beachtet!
6. Sei also eine Person, die sich selbst mag und die ihre eigenen Stärken kennt!

85

1. Viele Philosophen gehen davon aus, <u>dass</u> alle Menschen in ihrem Leben nach Glück streben.
2. In Regalen, <u>die</u> in den Buchhandlungen an zentraler Stelle aufgestellt sind, finden sich viele Ratgeber, <u>die</u> zum Glücklichsein anleiten wollen.
3. Vielleicht ist das Glück nur zu erreichen, <u>wenn</u> man völlig im Jetzt lebt.
4. Andere wieder meinen, <u>dass</u> es ein Zustand intensivster Zufriedenheit ist, <u>der</u> immer andauern soll.
5. <u>Wer</u> Glück hat, erreicht auch manchmal etwas ohne eigenes Zutun.
6. Oft aber ist Glück, <u>wenn</u> einem gut gelingt, <u>was</u> man sich selbst vorgenommen hat.
7. Sigmund Freud meinte einmal, <u>dass</u> es Glück sei, <u>wenn</u> man arbeiten und lieben darf.
8. Ohne Zweifel wichtig für das Lebensglück ist, <u>dass</u> man Menschen um sich hat, <u>die</u> einem nahestehen und <u>mit denen</u> man lachen kann.

86

1. Ich bedaure sehr, wenn du glaubst, dass ich deinen Geburtstag vergessen hätte.
2. Bald wissen wir, wer das Gold gefunden hat, das versteckt wurde.
3. Jeder weiß, dass man besser wird, wenn man häufig übt.
4. Manchmal hofft man, der Lehrer habe die Schularbeit vergessen, die man schreiben soll.
5. Sie freute sich sehr, als sie die Kollegen sah, welche ihr ein Ständchen sangen.

87

1. Sie mag nichts anderes, als mit einem Buch in der Hängematte zu liegen und zu lesen.
2. Anstatt immer nur zu meckern, könntet ihr ruhig selbst Hand anlegen!
3. Der Taxi-Lenker weigerte sich(,) den Betrunkenen einsteigen zu lassen.
4. Das neue Jahr verspricht(,) ein erfolgreiches und schönes zu werden.
5. Sie haben alle ihre Zelte abzubrechen beschlossen.
6. Meine Idee, für die beiden sammeln zu gehen, wurde sehr begrüßt.
7. Das ist manchmal das Beste, einfach müßig zu sein und Tee zu trinken.
8. Diese Beispiele sollt ihr jetzt zu lösen versuchen.
9. Der Gedanke, nie mehr in die Arbeit gehen zu müssen, ist aufregend.
10. Wir raten ihnen(,) eine Spende zu geben.
11. Er kam, ohne vorher anzuklopfen, in mein Zimmer.
12. Sie drohte grinsend(,) meine Wurstsemmel aufzuessen.
13. Anstatt immer nur zu reden, möchte ich jetzt Taten setzen.
14. Ich habe dir versprochen(,) nie mehr eine Zigarette anzurühren.

88

1. Du hast damit(,) grob gerechnet(,) 10 Euro Gewinn gemacht.
2. So, entspannt auf einem Sofa liegend, pflegten die Römer zu speisen.
3. Der Junge, frech in die Kamera grinsend, brachte mich zum Lachen.
4. Sie saß(,) die Kaffeetasse vornehm zwischen den Fingern(,) bei Tisch und las.
5. Ihre Bestellung vom 15. 12. betreffend(,) können wir Ihnen eine verkürzte Lieferzeit mitteilen.

89

1. Sie kann schneller Rad fahren als du.
2. Mach es doch genauso, wie ich es dir letztes Mal gezeigt habe!
3. Weißt du nicht mehr, wie das ging?
4. Hier riecht es wie in einer verrauchten Gaststube.
5. Das kam aber dann doch ganz anders, als sie es sich gedacht hatte.
6. So geistesgegenwärtig wie dieser Lebensretter müsste man sein!

90

Auf der Party stand der Minister, auf dem Kopf einen Zylinder, an den Füßen schwarze Lackschuhe, auf der Nase eine riesige Hornbrille, ins eifrige Gespräch vertieft. „Herr Minister, sind Sie nicht etwas altmodisch, um nicht zu sagen, unpassend gekleidet für unsere Zeit?", fragte einer der Gäste. Diesen beunruhigte die Frage nicht. „Tradition verpflichtet", entgegnete dieser trocken, das Glas Sekt leerend, das ihm der Ober in die Hand gedrückt hatte.

91

Kommt, Kinder,

dort im Wald

schreit einer,

kommt, bald

seh'n wir den,

der dort gar nicht weit

kuckuck, kuckuck,

kuckuck schreit!

(Nach: Josef Guggenmoos; Komma: Winfried Ulrich, Sprachspiele für jüngere Leser und Verfasser von Texten: Texte und Kommentare. Hahner Verlagsgesellschaft, Aachen 2004)

92

1. Sie kaufte ihm viele Luftballons, rote, grüne und blaue.
2. Der Sänger dieser Gruppe(,) Robbie Williams(,) wurde solo zum Superstar.
3. Der Nettolohn(,) abzüglich aller Abgaben(,) macht knappe 1000 Euro aus.
4. Deine Sommerjacke, die grüne, muss in die Reinigung.
5. Wir werden am Montag, den 19. März(,) Näheres wissen!
6. Er zitierte aus Wedekinds „Frühlings Erwachen", 1. Akt, 2. Szene.
7. Meerschweinchen, ob klein oder groß, liebt Astrid über alles.
8. Ivo C., Technikstraße 7, Legoland – das ist seine Traumadresse!
9. Der Hauptdarsteller des Films(,) Henry Fonda(,) brilliert als Geschworener.
10. Brutale Videospiele(,) wie „Killerstrike"(,) sollten streng verboten werden.
11. Die Lieferung ist für Freitag, den 17. August(,) angekündigt.
12. Die Sammelleidenschaft junger Leute, von Diddl bis zu Magic Cards, und die Spielzeugindustrie ergänzen einander auf magische Weise.

93

1. Silvia, gib mir schnell deinen Taschenrechner!
2. Oje, liebster Bruder, hast du mir mein Geo-Dreieck schon zurückgegeben?
3. Diese Dinge, dein Lineal und deinen Taschenrechner, bekommst du beide wieder zurück, sicher!
4. Bitte, sei doch nicht so gemein!
5. Schlampig sein und dann noch frech werden, das ist unverschämt.
6. Ohne meine Ordnung auf dem Schreibtisch, im CD-Regal oder im Badezimmerschrank wärest du doch verloren, mein Lieber!
7. Also gut, bitte leih mir deinen Taschenrechner, liebe Silvia!

94

1. Du kannst noch was haben; (oder ,) aber es wäre besser, du würdest weniger essen!
2. Das Auto ist wieder repariert; (oder ,) daher wollen wir nun nicht wieder vom Unfall reden.
3. In der Küche standen Kartons mit Kleidern und Schuhen; Lebensmitteln und Gewürzen; Küchengeräten und -geschirr und ein Koffer, in dem die Bücher waren.
4. Wir kamen in die Gaststube und nahmen Platz; (oder ,) niemand aber kam, um unsere Bestellung aufzunehmen.
5. Gemeinnutz vor Eigennutz heißt es so oft; (oder ,) so mancher weiß aber nicht mehr, was „gemein" hier bedeutet.
6. Jetzt dreht er mit dem Rad seine Runden; (oder ,) bald aber wird er sich wieder dem Hund widmen, der dem Radakrobaten neugierig zusieht.

95

1. Wenig später entdeckt der Vater in der Garage den Schulrucksack, samt allem: Federpennal, Malstiften und einem Schularbeitenheft.
2. Der Vater denkt sich: „Wenn er die Tasche mit dem Schularbeitenheft nicht hineintragen will, heißt das sicher nichts Gutes."
3. Er ruft in den Garten: „Gab es in der Schule etwas Besonderes?"
4. Nikolaus darauf: „Ach ja, hätte ich fast vergessen: einen Einser in Mathe. Der ist auch im Schulrucksack, den ich gerade nicht finde!"
5. Jeder kennt den Ausspruch: „Durchs Reden kommen die Leute zusammen."
6. Ordinationstage: Mittwoch, Donnerstag, Freitag
7. „Kannst du wirklich diese Nahrung essen?", frage ich dich.
8. Du denkst dir bestimmt: „Was weiß der von gesunder Ernährung?"

96

1. Bären sind beliebte – wer kennt nicht Pu den Bären? – und sympathische Comic-Figuren.
2. Zum Glück begegnet man einem Bären „seltener" auf der Straße als anderen Tieren (zB Hunden, Katzen oder Kühen).
3. Viele kennen die Signale für Angriffslust beim Hund (gesenkter Kopf, starrer Blick und gesträubte Nackenhaare) und bleiben dann ganz ruhig.
4. Die zwei Tipps – kein Augenkontakt mit dem Hund und nicht davonlaufen – solltest du auf jeden Fall beherzigen.
5. Als Hundehalter (also als Besitzer eines Hundes)* musst du aber auch dafür sorgen, dass er gut erzogen ist.
6. Auch Kühen (etwa auf der Alm oder auf der Weide)* sollte man mit Respekt und Ruhe begegnen.

*Hier passten auch zwei Beistriche sehr gut. (▸ Regel 81, Seite 76)

97

1. Da – ein lauter Schrei in der Ahnengalerie!
2. Das Gemälde – ein echter Monet – ist Millionen wert.
3. Und dann kam das Unerwartete – sie küsste ihn.
4. Gib sofort den MP3-Player her, sonst – !
5. Sie – eine kräftige Person – überwältigte den Täter.
6. Letztes Jahr – erinnerst du dich? – gab es grüne Weihnachten.
7. „Wie fanden Sie unser Schnitzel?" – „Ganz leicht. Ich schob die Kartoffeln ein wenig zur Seite."

98

´s war damals eine andre Zeit.
Ihm geht´s gut.
Red´ nicht immer so viel! (auch: Red ...)
Jetzt schaut´s doch einmal unterm Tisch!

Hast aber ´ne Menge CDs gekl... ähm gekauft!
Fritz´ Bruder hätt´ ihn fast nicht erkannt.
Jetzt schlägt´s dreizehn!
Komm näher ´ran, kannst dich ruhig trau´n.

A12

Susis Mutter sagt, ihretwegen muss der Muttertag nicht gefeiert werden. Sie sagt, der Muttertag ist hauptsächlich für Geschäftsleute da, für die Zuckerbäcker und für die Blumenhändler. Und für alle Übrigen, die daran verdienen. Sie sagt, sie feiert ihre Muttertage übers Jahr hin verstreut, denn ein Tag allein wäre ihr viel zu wenig. Sie hat – sagt sie – jedes Mal Muttertag, wenn die Susi ihr eine Zeichnung schenkt, einfach so, oder wenn der Vater ihr einen Blumenstrauß bringt, einfach so, weil es ihm gerade eingefallen ist. Oder wenn sie zu dritt beschließen: „Heute wird nicht gekocht!", und sie marschieren vergnügt ums Eck in die kleine Pizzeria. Dann, sagt Susis Mutter, findet jedes Mal Muttertag statt und sie muss auch deshalb vorher nicht extra zum Friseur gehen. Trotzdem feiert Susis Familie Muttertag nicht wegen der Mutter, sondern wegen der Omama. Die Omama legt Wert darauf. Sie will diesen Sonntag speziell feiern, auch wenn sie sonst jeden Sonntag etwas mit der Familie unternimmt. Sie geht auch extra vorher zum Friseur und lässt sich frische Dauerwellen machen, wunderschöne große, weiße Locken mit einem silbergrauen Schimmer. Weil sie aber weiß, dass Susis Mutter keinen Wert auf den Muttertag legt, ruft sie vorher an und sagt: „Kinder, also ich komme wie üblich am Sonntag zu Mittag, aber bitte tut euch nichts an! Keine Großkocherei! Eine Suppe, sonst nichts! Schwört ihr mir das?" Susis Mutter schwört, Susis Vater schwört. Susi schwört nicht, weil sie genau weiß, dass dieser Schwur nie, nie, nie gehalten wird.

(Lene Mayer-Skumanz; Muttertag: JÖ, Ausgabe Mai/2000. JUNGÖSTERREICH Zeitschriftenverlag GmbH & CO KG, Innsbruck)

A13

1. Es ist wenig sinnvoll, zu zehnt eine Fußballmannschaft zu gründen.
2. Um als Mannschaft spielen zu können, braucht es bekanntlich elf Leute.
3. Anstatt nur auf dem Feld herumzustehen, müssen Spieler auch laufen.
4. Nur einer, das sogenannte Tor hütend, bleibt meistens auf seinem Platz.
5. Sein Tor ist(,) grob gerechnet(,) viermal so lang wie er.
6. Er bekämpft alle gegnerischen Versuche, den Ball in sein Tor zu bringen.

A14

1. Wir danken Ihnen, dass Sie mit uns gereist sind, und freuen uns schon auf das nächste Mal.
2. Das ist der Junge, der dort geht, von dem ich dir erzählt habe.
3. Susi dankt Peter, dass er da war, als sie ihn am meisten brauchte.
4. Wir bestellen uns einen großen, fruchtigen und teuren Eisbecher, sofort!
5. Ihr bedauert, dass ihr nicht dabei wart und nicht zusehen konntet, dabei war es so langweilig.
6. Der neue amerikanische Thriller, der gerade in unseren Kinos anläuft, muss wahnsinnig spannend sein.
7. Ach, so hör mir doch mal zu, meine Liebe!
8. Sie sammelte alte Puppen, große wie kleine, und stellt sie im Museum aus.
9. Die einfach gute Idee, wieder neu anzufangen, hat sich bezahlt gemacht.
10. Dieses Auto fährt schnell und sicher, aber ich will trotzdem eines, das billiger ist.
11. Trotz aller Bemühungen konnten wir das Spiel, wie wir hofften, nicht gewinnen.
12. Im Glauben, damit genug verdient zu haben, ging er wieder nach Hause.

A15

1. „Unsere Spezialität ist Schnecken, mein Herr." – „Ich weiß, letztes Mal hat mich eine bedient."
2. „Herr Ober, bringen Sie mir bitte die Karte, ich bin so hungrig." – „Gern, aber das Papier wird Ihnen im Magen liegen!"
3. „Herr Ober, mein Kaffee ist eiskalt!" – „Danke, dass Sie mir das sagen, denn der Eiskaffee kostet 1 Euro mehr."
4. „Einmal Forelle!" – „Für mich auch, aber frisch!" – Der Ober zum Koch: „Zweimal Forelle, eine davon frisch."
5. „Herr Ober, der Teller, den Sie mir gerade serviert haben, ist ganz nass!" – „Nass? Aber das ist doch schon die Suppe!"

99

Vorrangregeln	bedeutendste	Tausendstel	Enttarnung
Alarmsignal	Sackhüpfen	Riesenentdeckung	erregen
zerreißen	Verrenkung	Wandtapete	beeinflussen
letztens	Kärntner Berge	die verschwundenen Buchstaben	

100

Staub (stauben)	Gitterstab (Stäbe)	lüg nicht (lügen)	Mikroskop (Mikroskope)
rieb (reiben)	trüb (trübe)	gab (gaben)	Stirb! (sterben)

101

nummerieren	Nummer	Schlägel	Schlag (Schläge)
täglich	Tag (Tage)	lobst	loben
platzieren	Platz	Gelände	Land
läuten	laut	Raserei	rasen
pflügen	Pflug (Pflüge)	Gärtchen	Garten

102

Der Dichter Äsop schreibt von einem Löwen, der eine kleine Maus auf ihre Bitte hin verschonte. „Wie soll eine Maus mir hilfreich sein?", dachte er sich. Wenig später fand sich der Löwe in einem Netz gefangen. Da zernagte ihm die Maus das Netz und rettete ihm das Leben. Man soll auch den Kleinsten nicht übermütig behandeln.

103

schnell	schneller	am schnellsten
toll	toller	am tollsten
besinnlich	besinnlicher	am besinnlichsten
dumm	dümmer	am dümmsten
dünn	dünner	am dünnsten
auffallend	auffallender	am auffallendsten
dick	dicker	am dicksten
hell	heller	am hellsten
reizend	reizender	am reizendsten

104

1. mit allem Drum und Dran
2. zu Mittag
3. in die Politik gehen
4. die höhere Mathematik verstehen
5. keinen Kredit bekommen
6. sämtliche Spieler kennen
7. ein gutes Geschäft machen
8. ihre Gunst gewinnen
9. dennoch
10. seinen Job verlieren
11. Himbeeren sammeln
12. am Limit sein
13. den Brand löschen
14. auf einen Imbiss gehen
15. Ein Scherz heißt auch Gag.
16. immer dran bleiben und mit der Zeit gehen
17. Das war insgesamt ein Erfolg!
18. Achtung, Kamera!

105

Infinitiv	Präteritum	Partizip 2	Nomen
fallen	du fielst	gefallen	der Fall
erschrecken	ich erschrak	erschrocken	der Schrecken
kennen	ihr kanntet	gekannt	die Kenntnis
rinnen	es rann	geronnen	das Rinnsal
treffen	ich traf	getroffen	der Treffer
kommen	er kam	gekommen	der Ankömmling

106

Verb/Infinitiv	2. P. Sg. Präsens	verwandtes Nomen
backen	du bäckst	das Backpulver
spuken	du spukst	der Spuk
funken	du funkst	der Funke
packen	du packst	die Verpackung
entdecken	du entdeckst	die Entdeckung
schaukeln	du schaukelst	die Schaukel
häkeln	du häkelst	die Häkelnadel

107

karrieresüchtig, dilettantisch, Satellitenempfang, Lotteriespiel, korrekt, Attraktion, Konkurrenz, grammatikalisch, Herr Kollege, skurril (= sonderbar), Immunität, raffiniert, Kannibale, Illusion, Managerinnen, aggressiv, Telefonverzeichnisse, Karussellfahrt, Kassettenrekorder, Sekretärinnen, Fassadenmaler, depressiv

108

Verb/Infinitiv	2. P. Sg. Präsens	verwandtes Nomen
heizen	du heizt	die Heizung
purzeln	du purzelst	der Purzelbaum
kreuzen	du kreuzt	die Kreuzung
schmerzen	du schmerzt	der Schmerz/die Schmerzen
spazieren	du spazierst	der Spaziergang
provozieren	du provozierst	die Provokation
fabrizieren	du fabrizierst	die Fabrik

109

1. Hier hat man eine perfekte Akustik.
2. Das Quartier war eine Baracke.
3. Er erlitt einen Herzinfarkt.
4. Dieses Gemälde ist eher abstrakt.
5. Sie ist Mitglied der Akademie.
6. Die Taktik des Trainers ging voll auf, es wurde mehr attackiert.
7. Einen f-Akkord, bitte!
8. Er hatte einen besonderen Charakter.
9. Hunderte streikten vor der Fabrik.
10. mit Perücke auf dem Kopf
11. Zwei Mokka!
12. Keks kommt vom englischen „cakes".
13. Wollen Sie es als Paket verschicken?

110

1. Susis liebstes Hobby ist Schwimmen, ihr Sternzeichen ist Widder.
2. Bei Ebbe die Küste entlang zu joggen, gefällt Tina am besten.
3. Die Kinder buddeln im Sand und füllen ihn in Puddingformen.
4. Manchmal finden sich Reste von Krabben und schmuddelige Dinge.
5. Tina führt ihre Dogge an der Leine, die krabbelnde Krebse bewundert.
6. Im Hafen jobbt Klaus auf einem Segelschiff mit Piratenflagge.

111

der Duft	die Luft	die Gruft	der Schuft
das Riff	der Pfiff	der Griff	das Schiff
die Kraft	der Saft	die Leidenschaft	dauerhaft
straffe	schaffe!	schlaffe	Giraffe
das Schaf	der Schlaf	der Graf	der Fotograf (Photograph)
offen	hoffen	soffen	getroffen

112

1. ein schmerzvolles Geschwulst am Hals
2. ein lustiger Geselle
3. die Allee entlang bummeln
4. allmählich die Geduld verlieren
5. ein kunstvolles Trillern
6. zwei Knäuel Wolle
7. der Knollenblätterpilz
8. Papier zerknüllen
9. der Propeller

113

1. seine Antenne ausfahren
2. es denen richtig zeigen
3. ins Verderben rennen
4. spannend
5. über große Kenntnisse verfügen
6. sich darin wohlfühlen
7. insgeheim hoffen
8. die Gunst des Kaisers
9. binnen drei Tagen
10. inbrünstig bitten
11. bei Regen drinnen bleiben
12. Sängerinnen
13. der mittelalterliche Minnesang

114

1. **Wen** die Götter lieben, **den** holen sie früh zu sich.
2. Kannst du **denn** gar nicht still sein?
3. **Wenn** du mir einen Gefallen tun willst, dann halte jetzt **den** Mund!
4. Sie fragt sich, **wen** sie zum Sieger wählen soll.
5. Wir lieben **den** Song, **denn** er drückt unser Lebensgefühl aus.
6. **Wen** das erfreut, der kann keinen guten Geschmack haben!
7. Was willst du **denn** noch von mir?
8. **Den** zeigst du mir, dem das gefällt!

115

1. auf dem Teppich bleiben
2. auf Nummer sicher gehen
3. das Terrarium
4. seinen Kommentar abgeben
5. der Hausarrest
6. ein üppiges Mahl
7. die Stoppuhr
8. das Telegramm
9. an einem Hustenkatarr (auch: Hustenkatarrh) leiden
10. auf mein Kommando
11. auf der Terrasse
12. dagegen immun sein
13. Karriere machen
14. zur Gitarre greifen
15. völlig symmetrisch
16. im Parterre wohnen
17. der Stepppolster
18. der Einkaufsbummel
19. die Korrektur
20. der Polizeikommissar

116

Verb/Infinitiv	Präsens	Präteritum
zerren	du zerrst	du zerrtest
tappen	er tappt	er tappte
bummeln	ich bummle	ich bummelte
kommen	ihr kommt	ihr kamt
martern	sie martert	sie marterte
knipsen	sie knipsen	sie knipsten

117

Infinitiv	Präteritum	Partizip 2	Nomen
leiden	sie litten	gelitten	das Leiden
schneiden	du schnittest	geschnitten	der Schneider
gleiten	er glitt	geglitten	der Gleiter
bitten	wir baten	gebeten	die Bitte
streiten	er stritt	gestritten	der Streit
reiten	sie ritt(en)	geritten	der Reiter
schreiten	wir schritten	geschritten	der Schritt

118

1. Die Wissenschaft, die sich mit Pflanzen beschäftigt, ist die **Botanik**.
2. Die Pariser U-Bahn heißt **Metro**.
3. Vielerorts dürfen **Zigaretten** nicht mehr öffentlich geraucht werden.
4. Das unbedachte Schlucken von **Tabletten** ist gefährlich.
5. Wie sollen sich denn heutzutage **artige** Kinder verhalten?
6. Heute **Mittag** hatte ich eine unglaubliche Begegnung.
7. Viele träumen davon, einmal im **Lotto** zu gewinnen.
8. Ich hasse **fetttriefende** Pommes **frites**.
9. Nach diesem Unfall liegt hier alles in **Schutt** und Asche.
10. Wo ist denn hier die **Toilette**, bitte?
11. Eine Pfadfinderin nimmt sich jeden Tag eine gute **Tat** vor.
12. Du bist mein **Retter** in der **Not**!
13. Der Weihnachtsmann sieht schon etwas **mitgenommen** aus.
14. Wir müssen noch **Briketts** zum Heizen kaufen.

119

Brenn	+	Nessel	die Brennnessel
Stoff	+	Fetzen	der Stofffetzen
Ess	+	Störung	die Essstörung
Schritt	+	Tempo	das Schritttempo
Kunststoff	+	Fenster	das Kunststofffenster
still	+	legen	stilllegen
voll	+	laden	vollladen
schnell	+	lebig	schnelllebig
wett	+	turnen	wettturnen

A16

Infinitiv	Präteritum	Partizip 2	Nomen
beginnen	wir begannen	begonnen	der Beginn
schwellen	es schwoll	geschwollen	die Schwellung
brennen	es brannte	gebrannt	der Brand
gewinnen	sie gewannen	gewonnen	der Gewinn
kennen	ihr kanntet	gekannt	die Kenntnis
ernennen	ich ernannte	ernannt	die Ernennung
rennen	du ranntest	gerannt	das Autorennen/ das Rennen
einschreiten	wir schritten ein	eingeschritten	das Einschreiten
quillen	es quoll	gequollen	die Quelle

A17

auf den Millimeter genau
jemandem Modell stehen
Sie demolierten die ganze Einrichtung.
einfach zur Gitarre greifen und spielen
frischer Honig vom Imker
ein kolossales Konzert!
zu Protokoll geben
in der Kolonne fahren
im Speziellen
der Pullover
Lift außer Betrieb!
Das ist alles ein Riesenbluff!
Parallelismus
in die Falle tappen
Das ist eine Fälschung!
Metall statt Plastik
Als Kind wollte ich nie Karussell fahren.
eine deftige Speckjause
die Rollläden herunterlassen
ein Zeitungsabonnement
eine Milliarde Leute
Kollision
Das war ein Salto!
Das sind ja Mafia-Methoden.
die Zigarre paffen
die Stofffarbe aussuchen
der Differenzbetrag auf der Bestellliste
Einfach schrill!
ein schlimmer Vorfall
Wer hat hier Vorrang?
Imbiss
brennbares Dämmmaterial
zerreißbare Kunststofffolien
dennoch

A18

Wörter mit pp	Wörter mit tt	Wörter mit ff
Apparat	Kabinett	Buffet (auch Büfett)
Opposition	Zigarette	Offizier
Applaus	Batterie	Giraffe
Teppich	Ballett	Felsenriff
Tipp	Kassette	raffiniert

A19

1. Opa meint: „Iss mehr Speck, dann hast du mehr Schmalz!"
2. Die Kerze spendet auf kurze Distanz ein helles Licht.
3. Minus 50 Prozent – jetzt purzeln bei uns die Preise!
4. Bei Panikattacken solltest du lieber einen Arzt aufsuchen.
5. Hier ist ein guter Platz für einen Kleiderhaken.
6. Nach all den Strapazen bin ich schrecklich müde.
7. Da hast du aber wirklich etwas Leckeres gekocht!
8. Eine Hektik herrscht hier: Jeder verpackt seine Geschenke.

A20

Am Strand lässt sich bei Ebbe baggern und buddeln. Manchmal findet man auch Schmuggelgut von gesunkenen Piratenschiffen: Schnapsfässer, verschimmelte Zigarrenkisten, funkelnde Schmuckkassetten, astronomische Apparate und verrostete Waffen. Oder vielleicht ein besticktes Bettlaken aus der Kajüte des Kommandanten? Wer gar eine Schatzkarte aus der Karibik entdeckt, der kann sich glücklich schätzen. Es lebe Jack Sparrow!

120

Infinitiv	Präsens	Partizip 2	Nomen
befehlen	du befiehlst	befohlen	der Befehl
spülen	er spült	gespült	die Spülung
einnehmen	ihr nehmt ein	eingenommen	die Einnahme
fühlen	ich fühle	gefühlt	das Gefühl
quälen	es quält	gequält	die Qual
nachahmen	du ahmst nach	nachgeahmt	die Nachahmung
entleeren	wir entleeren	entleert	die Entleerung
dehnen	du dehnst	gedehnt	die Dehnung
fahnden	ihr fahndet	gefahndet	die Fahndung

121

1. Er machte es sich bequem und gab keinen Ton von sich.
2. Mein lieber Schwan! Das war eine schöne Bescherung!
3. Keiner wagte, sich über diese Qual zu beschweren.
4. Er wollte gar nichts tun.
5. Das Löffelchen Lebertran hätte man sich sparen können.
6. Er ließ sich nicht stören beim Hören seines Lieblingssongs.

122

„a": Ich wage es gar nicht auf die Waage zu steigen!
„o": Im Zoo bin ich noch nie Boot gefahren.
„e": Hätte Caesar ohne Siegeslorbeer einen seelischen Knacks gehabt?
„a"/„e": Im Zaubertal lud eine Zauberfee zum Kaffee.
„e": Er ist ganz selig, dass trotz des Regens kein Platz leer blieb.
„o"/„e": Einfach so im weichen Moos liegen und vom Meer träumen!

123

1. Bei **kühlem** Wetter bleibt man **lieber** zu Hause.
2. Ihm **gebührt** höchster **Ruhm** für seine edle Tat.
3. Schöne Leute meinen oft, sie stünden ständig auf einer **Bühne**.
4. Im Inneren der **Höhle** fanden sich urzeitliche Felsmalereien.
5. Die anderen blickten **argwöhnisch** und voller Misstrauen.
6. Ich **fiel** vor Lachen fast vom **Stuhl**.

124

1. Gemeinsam lässt sich oft kl**ü**ger handeln.
2. Ist dir f**a**d?
3. Gesegnete M**a**hlzeit wünschte uns der L**eh**rer.
4. Im Herbst dürfen wir den Präsidenten w**äh**len.
5. Kannst du dich denn nicht ben**eh**men und etwas folgsamer sein?
6. I am from Austria: Wir haben keine Känguru**s**!
7. Danke, das ist Balsam in meinen **Oh**ren.
8. Ist dieser **U**rlaub denn leistbar für uns?
9. Der Regen prasselt auf die Dachl**u**ke.
10. Der Film zeigt gut das r**au**e Leben am Berg.

125

das Tal	die Qual	der Schal	schmal
der Zahn	der Wahn	der Hahn	die Bahn
das Gewehr	der Verzehr	der Verkehr	sehr
die Liebe	die Siebe	die Hiebe	die Diebe
das Vieh	er lieh	es gedieh	sieh!

126

1. Probieren geht über Studieren.
2. Stille Wasser sind tief.
3. Er ist ein Genie im Programmieren.
4. Vater, siehst du den Erlkönig nicht?
5. Wer hat sich hier so stark parfümiert?
6. Gib acht (oder: Acht) beim Tigergehege!
7. „Kann ich Ihnen aus dem Mantel helfen?", fragte er höflich.
8. Gulliver besuchte wieder das Land der Riesen.
9. Die kleinen Biber sind aber niedlich!
10. „Der Doktor und das liebe Vieh" war ihre Lieblingsserie.

127

1. Der Skandal zieht weite Kreise.
2. Die Bratkartoffeln liegen direkt in der Glut.
3. Was blüht denn da?
4. Alle Bäume stehen schon in voller Blüte.
5. Ich sehe hier keine große Gefahr.
6. Das geht mir dann doch entschieden zu weit!
7. Sie zogen schließlich das Angebot zurück.
8. Nach Mittag ruht er immer in der Hängematte.
9. Fahrt ganz beruhigt auf Urlaub und nehmt mir ein Souvenir mit!
10. Die Gefangenen brachen aus und flohen in die Berge.
11. Er lehrt die Schüler Maschinenbau.
12. Ich möchte einen Vampirfilm sehen.

128

a	o	ö	u	ü
Dame	Dom	empören	Blume	Blüte
Gram	geboren	hören	Flur	Geschwür
Haken	holen	König	pur	grün
Kram	Krone	Öl	Rute	schnüren
Leichnam	Mond	persönlich	Schwur	schwül
Plan	Person	schwören	Spule	schüren
Sandale	Pistole	stören	Spur	Tüte
Schar	Sporen	strömen	stur	ungestüm
Untertan	Tor	töricht	tun	Ungetüm

129

1. Da fällt ihm kein Zacken aus der Krone.
2. Sie hatte eine Schar Kinder um sich.
3. Er schenkte der vornehmen Dame einen Strauß Blumen.
4. Der Kaiser wollte brave Untertanen.
5. Das schnürt mir richtig die Kehle zu!
6. Hunderte Fans strömten durch das Tor des Filmstudios.
7. Keine Spur vom Täter?

130

die Gerbäde: die Gebärde
das Märechn: das Märchen
die Tärne: die Träne
die Bwescherde: die Beschwerde
ein Letir: ein Liter

die Fieren: die Ferien
die Schree: die Schere
der Teigr: der Tiger
du gsibt: du gibst
nimälch: nämlich

131

1. Sie heißen auch Paradeiser: TEN-MA-TO   Tomaten
2. Es ist furchterregend: TÜM-GE-UN   Ungetüm
3. Kein Geschirrwaschen ohne: MIT-SPÜL-TEL   Spülmittel
4. Es läuft wie am ...:   CHEN-SCHNÜR   Schnürchen
5. Lasst euch nur nicht ...:   REN-STÖ   stören
6. Er fand des Rätsels ...:   SUNG-LÖ   Lösung
7. In der Gefahr nicht ...:   GERN-ZÖ   zögern

132

1. James Bond ist ein britischer **Spion** (Nation).
2. Sie **verlor** (erkor) sofort das Bewusstsein.
3. Leih mir doch kurz mal die **Schere** (Schwere)!
4. Ich trinke den Orangensaft gerne **pur** (stur).
5. Dafür muss man sich doch nicht **schämen** (grämen)!
6. Sein Leben hängt am seidenen **Faden** (Laden).
7. Wir hörten keinen **Ton** (schon).
8. Du solltest dich jetzt ein wenig **schonen** (klonen)!
9. Diese Uhr ist viel **wert** (Schwert)!
10. Sie paddeln im **Kanu** (nanu!).
11. Öffne die **Tür** (für)!

A21

Ihm werde ich noch Manieren beibringen!
Er heißt Johann. Mit **ihm** hatte ich **im** vergangenen Monat unzählige Auseinandersetzungen. Mehrmals habe ich **ihn in** Wut gebracht, weil ich **ihn** einfach links liegen lassen habe. Es ärgerte **ihn** sehr, dass **ihm** dabei auch kein Klagen und Winseln half. **Ihm** wäre es am liebsten, wenn alle rund um **ihn** so um sein Wohl besorgt wären wie Oma. Egal ob die Spiellust mit **ihm** durchgeht oder er **im** Halbstundentakt hinaus will, Oma erfüllt **ihm** jeden Wunsch und lässt sich alles von **ihm** gefallen. Ich muss **ihn** dann wieder **in** die Schranken weisen und **ihn** an die guten Manieren erinnern. Freilich, wer mag **ihn** denn nicht, meinen Terrier? Es lieben **ihn** doch alle, **im** Besonderen ich!

A22

1. Offenbar lockt das **Aa**s die vielen Raubv**ö**gel an.
2. Du hast die **Wah**l: beim Ausm**a**len der Wände zu helfen oder das **Ba**d zu putzen.
3. Die Arm**ee** besteht aus kleineren **Hee**ren und deren Offiz**ie**ren.
4. In der Kl**i**n**i**k infiz**ie**rte er sich mit einer langw**ie**rigen Krankheit.
5. Nur in der Nase zu b**oh**ren und nichts zu t**u**n, dafür ist es jetzt schon zu sp**ät**!
6. Mein **U**rteil steht fest: Alkoh**o**l macht Birne h**oh**l.
7. Der Verkehr war l**ah**mgelegt, auch die Straßenb**ah**n f**uh**r nicht.
8. Auf der B**üh**ne des Theaters stand der ber**üh**mte Schausp**ie**ler.

A23

Infinitiv	Präsens	Präteritum	2. Partizip
stehlen	er stiehlt	er stahl	gestohlen
fliehen	ihr flieht	ihr floht	geflohen
verzeihen	er verzeiht	er verzieh	verziehen
geben	du gibst	du gabst	gegeben
(von etwas) zehren	du zehrst	du zehrtest	gezehrt
erwähnen	ich erwähne	ich erwähnte	erwähnt
spazieren	wir spazieren	wir spazierten	spaziert
fühlen	es fühlt	es fühlte	gefühlt

A24

1. Der Floh **biss** mich ins **Ohr**.
2. Gib mir doch **mal** ein paar **Kekse** herüber!
3. Ein vierblättriges Kleeblatt bringt Glück, vielleicht.
4. Vorm **Säen** musst du die Beete machen.
5. Damit **bewies** er Coolness.
6. Gib mir die Zange, die neben dir **liegt**!
7. Ein **paar Vitamine** werden dir nicht schaden!
8. Nimm mir bitte noch zwei Würfel **Margarine** mit.
9. So etwas **spürt** doch ein jeder.
10. Der Schornsteinfeger besichtigt den Kamin.
11. Das ist alles **Routine für** mich.
12. Ich bringe Ihnen den **Artikel** hinüber.
13. Er **las abends** im Buch.

A25

sehnen	die Sehnsucht	stören	die Störung
holen	die Abholung	wagen	das Wagnis
kühlen	die Kühlung	mahnen	die Mahnung
ehren	die Ehrung	führen	die Führung
rufen	die Anrufung	lesen	die Lesung

133

beschädigen	der Schaden	längst	lange
verfälschen	falsch	die Trägheit	tragen
die Tretmühle	treten	tatsächlich	die Tatsache
das Rädchen	das Rad	quellfrisch	die Quelle

134

1. Schnauze, liebe Leute, sonst Beule!
2. Ich hätte gerne noch ein Stück Streuselkuchen.
3. Heute sehne ich mich sehr nach häuslicher Stille und knisterndem Kaminfeuer.
4. Die Imitation ist täuschend echt.
5. Ein Säugling kann sich noch nicht räuspern.
6. Aus Tierhäuten gerbt man Leder.
7. Hörst du die Glocken läuten?
8. Du räucherst ja das ganze Gebäude aus!
9. Er ist noch ein Neuling.

135

1. Mir reicht es, jetzt ziehe ich hier andere **Saiten** auf!
2. Aber, das sehen doch sogar **Laien**, dass da etwas falsch ist!
3. Sing mir noch ein **Lied**, sing noch ein einziges **Mal** für mich!
4. Mit starrer **Miene** blickte er durchs Fenster.
5. Auf diese Weise konnte dem **Waisen**haus sehr geholfen werden.
6. Am besten Sie nehmen sich einen Balkon aus **Lärchen**holz.
7. Das geht nicht. Das ist **wider** (= gegen) unsere Abmachung.
8. „Gib mir mein **Heer** zurück, Varus!"
9. Wer weiß, dass die Eier von Fischen als **Laich** bezeichnet werden?
10. Ich kann das nicht **mehr** sehen.

136

1. Das Klavier zählt zu den Saiteninstrumenten.
2. Wer kennt nicht das Märchen „Des Kaisers neue Kleider"?
3. Vor Taifunen fürchten sich die Leute mehr als vor der Schwanzflosse eines weißen Hais.
4. Was macht der Froschlaich?
5. Popcorn besteht aus Mais.
6. Dank des Trainings errang Ivo zwei Medaillen.
7. Helau und Alaaf: Mainz, wie es singt und lacht!

137

1. Schneidet sich ein Fakir auch die Nägel?
2. Hat ein Vampir immer einen Bierbauch?
3. Gute Manieren sind ein Zierde für die, die sich schlechte nicht leisten können.
4. „Juwelier stellt glänzenden Polier und gefassten Edelsteinmetz ein"
5. Lieber multiplizieren und dividieren als rechnen!
6. Zur guten Miene gehört kein betretenes Gesicht.

138

1. Kannst du das noch einmal **wieder**holen?
2. Das spiegelt die ganze Situation der Hauptfigur **wider**.
3. **Wider** den Strom zu schwimmen, bringt einen oft zur Quelle.
4. Das steht klar im **Wider**spruch zu deiner Absichtserklärung.
5. Auch in diesem Jahr ging es **wieder** nach Kitzbühl.

6. Nur **wider**willig erhob sich Susanne von der weichen Couch.

7. „Jeder **Wider**stand ist zwecklos!", rief er durchs Megafon.

8. Komm doch **wieder** einmal zu uns!

9. Das erscheint mir doch ziemlich **wider**sinnig zu sein.

10. Er konnte das Gedicht vollendet **wieder**geben.

11. Manches lässt sich nicht **wieder**gutmachen.

12. Trotz **widriger** Verhältnisse wurde das Rennen abgehalten.

139

1. Jetzt hast du dich aber **v**erplappert!

2. In den Ferien waren wir auf einem **V**olks**f**est.

3. **V**iolett ist die **F**arbe des Advents.

4. Er geht mir gehörig auf die Ner**v**en.

5. Das ist **v**ielleicht die schönste Sin**f**onie (oder: Symphonie) Beethovens.

6. Sei bloß **v**orsichtig!

7. Der **V**orschlag gefällt mir.

8. Du kannst mich einfach nicht **v**erstehen!

9. Dieser **F**otoapparat (oder: Photoapparat) lie**f**ert schöne Bilder.

140

rund	rundlich	Norden	nördlich
Morgen	morgendlich	Land	ländlich
Kind	kindlich	Abend	abendlich
Jugend	jugendlich	Bild	bildlich

141

blind**lings**	blinde	Gedul**ds**faden	dulden
Geld**mangel**	(des) Geldes	neid**voll**	neiden
Bered**samkeit**	bereden	Schal**t**jahr	schalten
Rind**s**suppe	(die) Rinder	deu**t**lich	deuten
röt**lich**	das Rote	Grun**d**stück	(des) Grundes

142

1. Im Umgang mit Kunden ist er ein **gewandter** Verkäufer.

2. Das Paket ist rechtzeitig **versandt** worden.

3. Ja, sie ist weitschichtig mit mir **verwandt.**

4. Wie viele Groß**städte** gibt es in Österreich?

5. Sie spricht **beredt** über das staatliche Gesundheitswesen.

143

Todesangst	todsicher	der weiße Tod (auch: der Weiße Tod)
todunglücklich	Totenstille	ein toter Hase
sich totlachen	todstill (aber: totenstill!)	tödlich
Tötung	sich tot stellen (!)	Todsünde

144

1. Es war eine end**l**ose Geschichte.

2. Die Schüler wurden namen**t**lich aufgerufen.

3. Sie en**t**ließ den Falken in die Freiheit.

4. Lau**t** pfeifend spazierte ich durch die Dunkelheit.

5. Das machen wir lieben**d** gerne.

6. Ein unen**t**geltliches Service ist gratis.

7. Die stä**dt**ische Müllabfuhr hat nach Silvester viel zu tun.

8. Er ent**l**edigt sich seiner Socken.

9. Du kommst wie vom Himmel gesan**d**t.

10. Sie verfügt über ein sta**tt**liches Vermögen.

11. Es gibt hier eine staa**t**liche Förderung.

12. Es wurde zu einem morgen**d**lichen Ritual.

13. Schlussend**l**ich kam ich beim letzten Satz an.

145

1. **Seit** Kurzem (auch: kurzem) interessieren sie Barbie-Puppen nicht mehr.
2. **Seid** ihr mit dem Tischdecken schon fertig?
3. Ihr **seid** jetzt bestimmt schon **seit** drei Jahren nicht mehr bei uns gewesen!
4. **Seit** sie Judo lernt, wirft sie nichts so schnell um.
5. **Seit** ich dich kenne, bin ich glücklich.
6. **Seid** jetzt endlich still!
7. **Seit** zwei Tagen fehlt etwas.

146

leuchten	leuchtend	am leuchtendsten
strahlen	strahlend	am strahlendsten
beeindrucken	beeindruckend	am beeindruckendsten
überzeugen	überzeugend	am überzeugendsten

147

Textverarbeitung – fix – Ochse – **Praxis** – **mixen** – **Jux** – **boxen** – Felix – **zwecks** – Lexikon – **exerzieren** – **flugs** – Echse – **Experte** – **Dachs** – **sechs** – halbwegs – **mittags** – Koks – schnurstracks – **Flachs** – trinkst – links

148

1. Also anfa**gs** war ich noch ein wenig skeptisch.
2. Ri**ngs** um den Bergsee standen zauberhafte Ni**x**en.
3. Ich werde dir unterwe**gs** meinen Te**x**t mailen.
4. Der Preis versteht sich e**x**klusive Flughafenta**x**en.
5. Wir haben schon se**chs** Euro und achtzig Cent in der Bü**chs**e!
6. Dazu braucht man das Wa**chs** einer großen Kerze.
7. Du blö**kst** wie ein Schaf.
8. Sie kamen ta**gs** darauf in meine ärztliche Pra**x**is.
9. Da kam von li**nks** ein Esel des We**gs**.
10. Du kleiner Frechda**chs**!
11. Man sollte allerdi**ngs** ein wenig fle**x**ibel sein.
12. Die Schokoladeke**ks**e schmecken e**x**zellent!
13. Also, wenn du mich fra**gst**, das ist ein Mur**ks**.
14. Er wu**chs** mit seinen Herausforderungen.
15. Du mer**kst** aber auch alles, du schlauer Fu**chs**!

A26

gemächlich	machen	Glockengeläute	laut
spärlich	sparen	Kaufleute	Leute
Geräusch	rauschen	schlängeln	Schlange
Hundemeute	Meute (frz. Fremdwort)	zerstäuben	Staub

A27

kalt	kälter	am kältesten	die Kälte
hell	heller	am hellsten	die Helligkeit
arg	ärger	am ärgsten	der Ärger/das Ärgernis
scharf	schärfer	am schärfsten	die Schärfe
nahe	näher	am nächsten	die Nähe/der Nächste

A28

nämlich	Name	reuig	Reue
mächtig	Macht	seitlich	Seite
wendig	Wende	gefährlich	Gefahr
überschwänglich	Überschwang	beständig	Bestand
hässlich	Hass	zufällig	Zufall

A29

Kraft	kräftig	Fall	fällig
Sache	sächlich	Angst	ängstlich
Verstand	verständig/verständlich	Maß	mäßig/maßlos/messbar
Pracht	prächtig	Tag	täglich
Anfang	anfänglich	Land	ländlich

A30

1. „Der weiße Hai" – Teil 5
2. „Kaiser Augustus schickt Soldaten aus"
3. „Ein Bett im Maisfeld"
4. „Pinocchio und die Keule des trainierten Straßenkaters"
5. „Im Mai schick ich Eulen nach Athen"
6. „Der Waidmann und das schöne Wild"
7. „Fräulein Smillas Gemüse der Saison"
8. „Reisig und der Hauch des Feuers"
9. „Taifun des Grauens"
10. „Kommissar Bruni rettet Mailand"
11. „Harry P. und der lecke Airbag"
12. „Oetker Wallace und der Laib des Brotes"
13. „Der Teufel im Detail"

A31

1. Sie wurde bei dieser Botschaft totenbleich.
2. Man darf dieses Übel niemals totschweigen.
3. Seine Geburtstagsparty war für die meisten todlangweilig.
4. Also dieser Jogging-Anzug ist einfach todschick!
5. Wir mussten uns fast totlachen bei diesem tödlichen Witz.
6. Es war bereits die Totenstarre eingetreten.

A32

1. Das war die packendste Geschichte seit Langem!
2. Das Auffallendste an dieser Gaststätte waren die Bierkrüge aus Ton.
3. Nirgends konnte man einen neidvollen Blick erkennen.
4. Der Prophet gilt nichts in seinem Land, heißt es.
5. Hier können Sie auch bargeldlos modisches Jagdgewand kaufen.
6. Sie verzichtet nie auf das morgendliche Lauftraining.
7. Der Fußballverband reagiert auf die gewaltvollen Ausschreitungen.
8. Im städtischen Park kam es endlich zum ersten Kuss.
9. Sie lud fast die ganze Verwandtschaft ein.
10. Der Bürgermeister sprach beredt über die Altstadtsanierung.

A33

1. Erfolg heißt in unserem Betrieb mehr verkaufte Produkte.
2. Mein Großvater dachte sein Lebtag an die Hiebe seines Vaters.
3. Wir pumpen hier täglich 130 000 Barrel Rohöl aus der Nordsee.
4. Er beugte sich vor und sah einen Goldklumpen in seinem Sieb.
5. Sie legte das Buch weg und dachte an ihr Kind.
6. Der Vogel singt und das Schiff sinkt.
7. Der Fang wiegt 5 Kilo und 90 Dekagramm.
8. Die Bäuerin hatte das Feld schon gepflügt.
9. Im Herbst sind die Blumen wieder verwelkt.
10. Sie gab Peter das Rezept und verbot ihm jeglichen Stress.
11. Die Eltern beklagen sich über ihre pubertierende Tochter.
12. So habt Mitleid und gebt mir mein Kind wieder zurück!
13. Und er machte aus einem kleinen Reiskorn ein hübsches Vermögen.
14. Du sollst auch Obst essen, nicht nur Lebkuchen und Kaugummi.

A34

1. **Violine** sucht gleichgesinnten Bass.
2. Feine Rezepte retten vorm **Verhungern**.
3. Das Vorderrad war **defekt**.
4. Schön langsam verfluche ich diesen Verband!
5. Nach Paragraf (oder: Paragraph) 43, 2, Absatz 1 darf ich so lange fernsehen, wie ich will.
6. Holen Sie sich den neuen **Versandhauskatalog**!
7. Der Vulkan auf Sizilien heißt Ätna.
8. Der Vesuv **verschüttete** Pompeji mit seiner Lava.
9. Ich habe auf meinem Bauernhof **viele** Tiere.
10. Physik ist mein **Lieblingsfach**.

A35

1. Dieses Tischbein ist gut gedre**chs**elt.
2. Die A**x**t im Haus erspart den Zimmermann.
3. Und flu**gs** war der Knabe verschwunden.
4. Ich möchte das Paket e**x**press versenden.
5. Wir heizen nicht mehr mit Ko**ks**, mein lieber Ma**x**.
6. Es ist Zeit für einen We**chs**el.
7. E**x**istiert eine Kopie von diesem Fa**x**?

149

Formular	Akte	**professionell**	**permanent**
sortieren	**Prozessor**	Hardware	automatisch
Kalender	mobil	Grafik	Kopie
Büro	optisch	interaktiv	Sound
präsentieren	Station	Programmierung	**Option**
Monitor	**Konsole**	**definieren**	Action
Garderobe	**System**	**stabil**	**E-Mail**

150

TIZ-NO (lat.):	die Notiz	PU-ZE-KA (lat.-it.):	die Kapuze
PA-ZEN-STRA (it.):	die Strapazen	FORT-KOM (lat.-fr.-engl.):	der Komfort
RANZ-TO-LE (lat.):	die Toleranz	STIZ-JU (lat.):	die Justiz
ZEP-TI-RE-ON (lat.):	die Rezeption	MA-TZE-TRA (arab.-roman.):	die Matratze

151

1. Unsere Lehrerin unterrichtet Ma**th**ematik und **Ph**ysik.
2. **Th**eoretisch müsste die Kugel hier herauskommen.
3. Es endet mit A und schließt mit Z, das Al**ph**abet.
4. Medikamente bekommst du in der Apo**th**eke, Bücher in der Biblio**th**ek.
5. Die Redekunst heißt auch **Rh**etorik.
6. Der **Ph**iloso**ph** Diogenes soll in einem Fass gelebt haben.
7. Wechseln wir nun das **Th**ema!

152

Cup	**Cocktail**	Beat	**Swimmingpool**	Mountainbike
Make-up	Trainer	Dealer	Zoom	Download
Slum	Container	Hearing	Boom	Foul
Fun	Trailer	**Jeans**	**Fastfood**	Layout
Run	Mailadresse	Team	Goodwill	**Soundcheck**
Bungeejumping	**Playback**	**Teenager**	Notebook	Tower

153

das Baby	die Babys	der Dandy	die Dandys
die Story	die Storys	die Lobby	die Lobbys
das Hobby	die Hobbys	der Rowdy	die Rowdys
die Party	die Partys	das Pony	die Ponys

154

1. der	Drink	alkoholisches Mischgetränk
2. der	Kick	Hochgefühl, Nervenkitzel, Stoß
3. der	Job	(meist: vorübergehende) Arbeit
4. der	Gag	witziger Einfall (zB in Filmen)
5. das/der	Event	Veranstaltung, Ereignis, Fest
6. der	Snack	Imbiss, kleine Zwischenmahlzeit
7. das	Meeting	offizielles Treffen (zB beruflich)
8. das	Team	Mannschaft, Gruppe von Mitarbeitern

155

die Collection	Nr.: 2	das/der Poster	Nr.: 1
der Remix	Nr.: 10	der Videoclip	Nr.: 5
die Charts	Nr.: 9	der Newcomer	Nr.: 4
das Voting	Nr.: 8	die Performance	Nr.: 6
das Comeback	Nr.: 7	der Song	Nr.: 3

156

Stailing	Styling	Smol-tok	Small Talk (oder Smalltalk)
Bjuti	Beauty	Bisness-Luk	Business-Look (oder: Businesslook)
Tühp	Typ	Me/ik-ap	Make-up
Louschn	Lotion	Schou	Show
Autfitt	Outfit	Spre/i	Spray

157

1. groovy (rhythmisch) – **cool** (lässig) – simpel (unkompliziert) – **easy** (einfach)
2. **heavy** (schwer) – out (nicht gefragt) – **smart** (schick) – fair (gerecht)
3. straight (geradlinig) – hip (zeitgemäß) – **crazy** (verrückt) – **fit** (trainiert) – stylish (stilvoll)

158

1. Steht es in einem Tennis-Satz 6:6, entscheidet der **Tie-Break**.
2. Ein spielentscheidender Ballwechsel heißt **Matchball**.
3. Mit einem **Freestyle-Board** kann man kühne Sprünge über die Schanze wagen.
4. Die Polizei soll die Zuschauer vor den gewalttätigen **Hooligans** abschirmen.
5. Er startet beim Rennen als Erster, also aus der **Poleposition** (oder: Pole-Position).
6. Jedes Jahr um Silvester wird die **Rallye** Paris–Dakar veranstaltet.
7. **Mountainbiker** (oder Mountain-Biker) und Förster liegen manchmal miteinander im **Clinch**.

159

optische Datenanzeige	**Display**	Distrikt, Display, Diskette
wirtschaftliche Ächtung	**Boykott**	Boygroup, Boss, Boykott
Software fürs Internet	**Browser**	Browser, Break, Brand
Internet-Seite	**Homepage**	Ham, Hotline, Homepage
Programm-Neuversion	**Update**	Upgrade, Update, Upload
Beilage einer/s E-Mails	**Attachment**	Attachment, Rallye, Cop
im Netz (Internet) sein	**online**	on air, open end, online
Tratsch-Eck im Internet	**Chatroom**	Chatroom, Carver, clever

160

Akustik, Asyl, Athlet, Atmosphäre, Bibliothek, Demokratie, Hydrokultur, Hygiene, Lyrik, Methode, neoliberal, Physiologie, Rhythmus, Sympathie, Symptom, Synthese, Theorie

161

1. Sie **prophezeien** (voraussagen) uns eine glückliche Zukunft.
2. Caesar **triumphierte** (Erfolg feiern) über Vercingetorix.
3. „Father's car" schreibt man mit **Apostroph** (Auslassungszeichen).
4. 1876 meldet Alexander Bell seine neue Erfindung an, das **Telefon/Telephon** (Fernsprecher).
5. Die meisten Gedichte sind in **Strophen** (Abschnitte) unterteilt.
6. Gesund leben und viel Bewegung gehört zu unserer Lebens**philosophie** (-einstellung).
7. Sie ist in dieser **Phase** (Zeit) schwierig.
8. Das ist der **Rhythmus** (Takt, Gleichmaß), bei dem ich mit muss.

162

Die richtige Schreibweise der fünf falsch geschriebenen Wörter lautet:
rhythmisch, akustisch, hysterisch, elektrisch, mikroskopisch

163

v wie „f" gesprochen (8)	v wie „w" gesprochen (8)
Nerven	Advent
brav	Vegetation
lukrativ	Revier
Lokomotive	privat
primitiv	Vandalismus
Stativ	Revolution
Motiv	nervös
Konserve	eventuell

164

aktiv – akzeptieren – Detektiv – Detonation – dezent – fatal – Injektion – Insekt – Intelligenz – international – irritieren – Isolation – Kassette – Klavier – Konkurs – konservativ – Korrektur – Kriminalität – Korruption – Lokomotive – Loyalität – Medizin – Motiv – nominieren – Operation – perfekt – Präsident – steril

165

RAS-TER-SE	(die) Terrasse	AG-GAT-GRE	(das) Aggregat
PE-TEM-RA-TUR	(die) Temperatur	DIF-RENZ-FE	(die) Differenz
GRES-PRO-SIV	progressiv	AG-ON-GRES-SI	(die) Aggression
DI-KAN-DAT	(der) Kandidat	DI-ON-TI-AD	(die) Addition
TI-ON-NA	(die) Nation	FEKT-DE	defekt (oder: der Defekt)
TEN-TI-PO-AL	(das) Potential	TI-IDEN-TÄT	(die) Identität

166

öffentlich	privat	unrationell	rationell
konstruktiv	destruktiv	real	irreal
importiert	exportiert	aktiv	passiv (oder: inaktiv)
monokulturell	multikulturell	infiziert	desinfiziert
rational	irrational	optimistisch	pessimistisch
negativ	positiv	labil	stabil

167

1. Wir **akzeptieren** alle Kreditkarten.
2. **Detektive** sind oft ehemalige Polizisten.
3. Schwester, holen Sie ein **steriles** Besteck und bereiten Sie eine **Operation** vor.
4. Er soll einen **Intelligenz**quotienten von 170 gehabt haben!
5. Das hat mich in dieser Situation etwas **irritiert.**
6. Die hohe **Kriminalitäts**rate in manchen Ländern ist auch auf die **Korruption** innerhalb der Exekutive zurückzuführen.
7. In einer Novelle von Stefan Zweig liest man von den schrecklichen Konsequenzen der **Isolation**, also dem Umstand, mit niemandem kommunizieren zu dürfen.
8. Mir fehlt das **Motiv** für diese aggressive Tat.
9. Dann war eine immense **Detonation** zu hören.

168

Kreditkarten, Polizisten (gr.-lat.), -quotienten, Situation, -rate, Exekutive, Novelle, Konsequenzen, kommunizieren, aggressive, immense

Das Fremdwörterbuch gibt dazu sehr interessante Informationen. Schau mal rein!

169

Endung auf -al	Endung auf -iv	Endung auf -ell	Endung auf -nt
sozial	ultimativ	offiziell	exzellent
international	selektiv	informell	relevant
radikal	informativ	rationell	präsent
digital	defensiv	traditionell	interessant
kommunal	offensiv	kriminell	konsequent

170

konkret	konkretisieren	Referat	referieren
Konstrukt	konstruieren	integrativ	integrieren
aktiv	aktivieren	Inserat	inserieren
Reaktion	reagieren	informativ	informieren

171

Minderzahl	**Minorität**	Minorität, Emigration, Maschine
bürgerlich	**zivil**	zivil, zensuriert, zentriert
Neugestaltung	**Reform**	Referat, Reform, Reserve
(Schadstoff-)Ausstoß	**Emission**	Emission, Eminenz, Extrem
Schrecken, Zwang	**Terror**	Termin, Terrasse, Terror
feierliche Einleitung	**Präambel**	Prozent, Präsens, Präambel
polit. Widerstand	**Opposition**	Opposition, Operation, Omen
Übereinkunft	**Kompromiss**	Konnex, Kompromiss, Konflikt

172

die Zimmerdecke:	der Plafond
die Zeitungsanzeige:	die Annonce
die Vergeltung, die Rache:	die Revanche
das soziale Umfeld:	das Milieu
Gruppe von Künstlern:	das Ensemble
entschieden, interessiert:	engagiert
ein Wirtschafts-/Geschäftszweig:	die Branche
mutwilliger Streich:	die Eskapade
Haushalts-/Finanzplan:	das Budget
Stufe, Rang, Grad:	das Niveau

173

- **Pommes frites** – Sauce – **Ragout** – Parfait – Fond – Creme – Püree
- Brie – Karamell – Gelee – **Omelett**(e) – **Aspik** – Roulade
- Roquefort – Frikassee – Porree – **Gourmet** – Gourmand – **Filet**
- Poularde – Brioche – **Marinade** – **Serviette** – Haschee
- Mousse – Soufflé – **Crêpes (oder Krepp)** – flambieren – **Fondue** – Karree

174

annehmbar	**passabel**	auserlesen, lecker	**delikat**
liebenswürdig, nett	**charmant**	glänzend, perfekt	**brillant**
eitel, selbstgefällig	**kokett**	explosiv, aktuell	**brisant**
gerissen, schlau	**raffiniert**	verblüffend, treffend	**frappant**

175

1. In der **Clique**, in der sie jetzt ist, hat sie keine guten Zukunfts**chancen**.
2. Ein herrenloser Hund **attackierte** mich vor der **Garage**.
3. Der **Camembert** auf der Käseplatte war besonders **delikat**.
4. Sie **genierte** sich sich für dieses **Detail** in ihrer Lebensgeschichte.
5. Dieser Artikel der **Journalistin** ist **brillant** geschrieben.
6. Räumen Sie bitte den **Champagner** in die **Stellage** für edle Getränke!
7. Deine Star**allüren** bringen mich allmählich in **Rage**.

176

die Marmelade, der Conférencier, der Ingenieur, das Plateau, das Abonnement, die Broschüre, die/das Etikette, die Balletteuse, die Toilette, der Legionär, der Kavalier, die Renaissance, die Quarantäne, die Bagatelle

177

Die richtige Schreibweise der sieben falsch geschriebenen Wörter lautet:
Salami, Diavolo, Quattro Formaggi, Spaghetti (oder: Spagetti), Cappuccino, Mortadella, Polenta

178

Bank (Anstalt für Geldgeschäfte), **Konto** (Bankverbindung) **Polizze** (Versicherungsurkunde), **Girokonto** (Konto, über das Überweisungen abgewickelt werden), **Rabatt** (Preisnachlass), **Spesen** (Auslagen, Unkosten)

179

Orchesterleiter	**Dirigent**	langsame Spielweise	**andante**
Musikaufführung	**Konzert**	schnelle Spielweise	**allegro**
Streichinstrument	**Cello**	„kleine" Oper	**Operette**
Sänger; Stimmlage	**Tenor**	Vortrag zweier Sänger(innen)	**Duett**

180

Differenz	differenziell (oder: differentiell), different	Essenz	essenziell (oder essentiell)
Provinz	provinziell	Vehemenz	nur: vehement (!)
Existenz	existenziell (oder: existentiell), existent	Virulenz	nur: virulent (!)
Potenz	potenziell (oder: potentiell), potent	Demenz	nur: dement (!)

181

Die richtige Schreibweise der sieben falsch geschriebenen Wörter lautet:
Routine, existentiell, international, Philosophie, Souvenir, Parcours, Fotosynthese (oder: Photosynthese)

182

Sketch	**Sketsch**	gespielter Witz
Ketchup	**Ketschup**	dickflüssige Tomatensauce
Mayonnaise	**Majonäse**	Sauce aus Eigelb, Öl und Gewürzen
Portemonnaie	**Portmonee**	Geldbörse
Bravour	**Bravur**	Mut, Können
Katarrh	**Katarr**	Schleimhautentzündung
Exposé	**Exposee**	Bericht, Skizze

A36

„messedsch"	Nachricht	die Message
„ooltaima"	altes Auto	der Oldtimer
„njusletta"	regelm. Internetpost	der Newsletter
„Bransch"	spätes Frühstück	der Brunch
„Beszälla"	viel verkauftes Produkt	der Bestseller

A37

analytisch	die Analyse	sympathisch	die Sympathie
hierarchisch	die Hierarchie	thematisch	das Thema
atmosphärisch	die Atmosphäre	theoretisch	die Theorie
hygienisch	die Hygiene	therapeutisch	die Therapie
praktisch	die Praxis	symbolisch	das Symbol

A38

1. Es ist eine gute **Tradition**, das Jubiläum im **familiären** Kreis zu feiern.
2. Die **hygienischen** Verhältnisse im **Lokal** waren **desolat**.
3. Das Gerät **funktioniert** nicht mehr, es ist **defekt**!
4. Unter den Gästen war die **Panik** groß, viele reagierten **hysterisch**.
5. Sie **triumphierte**, weil sie die Cheops-**Pyramide** gleich erkannte.
6. Schließlich gelang es ihm, den **Panther** aus der **Reserve** zu locken.

A39

das italienische Nudelgericht:	Spaghetti (oder: Spagetti)
zusammengeklappte Pizza:	Calzone
edler französischer Schaumwein:	Champagner
die italienische Nachspeise:	Tiramisu
Nuss-Kakao-Masse:	Nougat (oder: Nugat)
im Fett gebackene Kartoffelstäbchen:	Pommes frites

Fleischwürfel in heißem Öl garen (Silvester!): Fondue
Brei, zB aus Kartoffeln (auch in Ö beliebt): Püree
dünnes Omelette, süß oder sauer (frz.): Crêpe
Milcheissorte mit Schokoladestückchen: Stracciatella

A40

„doltsche wita"	süßes Leben (ital.)	(das) **Dolce Vita**
„briljant"	glänzend, hervorragend	**brillant**
„schornalistin"	Zeitung: Mitarbeiterin	(die) **Journalistin**
„di/sein"	Formgebung; Entwurf	(das) **Design**
„sinjora"	Frau (ital.)	(die) **Signora**
„garasche"	Kfz-Einstellraum	(die) **Garage**
„mo/sjö"	Herr (frz.)	(der) **Monsieur**
„dschuiseppe" (Verdi)	Josef (ital.)	**Giuseppe**
„pastaschutta"	Spaghetti/Fleischpasta	(die) **Pasta asciutta** (oder: Pastasciutta)
„patruije"	Gruppe von Soldaten	(die) **Patrouille**
„tschau"	Grußformel (ital.!)	**ciao**! (auch: tschau)

183

Diebe sprec hung
D er sinn ein erbe sprech un gist,
das sall es durch ein anders pr ich t.
Mank ann somitgl eich viel ethem en
zurs elbe nzei tinan griff neh men.
In demm anreden zeit lichst reckt,
dad ur ch dascha oswird per fekt.
Nurv omprot o koll dersch reib er
hatd adurch schwier igkeiten – lei der.

Die Besprechung
Der Sinn einer Besprechung ist,
dass alles durcheinanderspricht.
Man kann somit gleich viele Themen
zur selben Zeit in Angriff nehmen.
Indem man Reden zeitlich streckt,
dadurch das Chaos wird perfekt.
Nur vom Protokoll der Schreiber
hat dadurch Schwierigkeiten – leider.

184

1. Werdet ihr wieder mit uns **Ski laufen**? (das Skilaufen)
2. Ich war heuer noch nie **eislaufen**. (das Eislaufen)
3. Seit wann kann sie denn **Rad fahren**? (das Radfahren)
4. Im Winter **Schlitten zu fahren**(,) ist bei Alt und Jung beliebt. (das Schlittenfahren)
5. Auch wenn du da **kopfstehst**, hier ist nichts zu machen! (das Kopfstehen)
6. Es würde mir sehr **leidtun**, wenn wir heuer keine Zeit fürs Bergsteigen hätten. (das Leidtun)
7. Wenn du **Motorrad fährst**, kannst du mehr von deiner Umwelt wahrnehmen als im Auto. (das Motorradfahren)
8. Ich mag jetzt nicht **Auto fahren**, fahr du bitte! (das Autofahren)
9. Er wollte das Geheimnis nicht **preisgeben**. (das Preisgeben)

185

1. Keiner ist heuer durchgefallen: Keiner fällt heuer durch.
2. Er hat das Lied ins Deutsche übersetzt: Er übersetzt das Lied ins Deutsche.
3. Es tut uns sehr leid: Es hat uns sehr leidgetan.
4. Da ist wirklich alles kopfgestanden: Da steht wirklich alles kopf.
5. Noch ist keiner heimgegangen: Noch geht keiner heim.
6. Jeder nimmt an dem Fest teil: Jeder hat an dem Fest teilgenommen.

186

1. Du musst jetzt den Gameboy **beiseitelegen** und endlich deine Spaghetti essen!
2. Der Wohnungsumzug konnte bestens **vonstattengehen**, da so viele Freunde mithalfen.
3. Ich glaube, mir ist mein Portmonee **abhandengekommen**!
4. Wir sind in der Konferenz darin **übereingekommen**, dass wir in Zukunft mehr zusammenarbeiten wollen.
5. Warum ist mir solche hohe Ehre **zuteilgeworden**?
6. „Wenn das Schummeln bei Schularbeiten **überhandnimmt**, kann ich für nichts mehr garantieren!", krächzte der Lehrer verzweifelt.
7. Der Dauerregen hat unsere Hoffnung auf eine lustige Wanderwoche bald **zunichtegemacht**.
8. Weil der Reinerlös dem Kinderheim **zugutekommt**, spende ich gern mehr.

187

1. Wie immer wird bei der Organisation des Balls jede helfende Hand **vonnöten sein**, wir brauchen jeden Helfer!
2. Du kannst mit deiner Leistung wirklich **zufrieden sein**.
3. Vergiss nicht, das muss bis zur nächsten Woche **fertig sein**!
4. Im Einkaufscenter wird Samstagnachmittag viel **los sein**.
5. Ich werde immer für dich **da sein**, meine Liebste!
6. Morgen werden bestimmt keine Gratisbälle mehr **vorhanden sein**.
7. Keine Sorge, in 36 Stunden wird schon alles **vorbei sein**.
8. Wie wird ihm jetzt im Krankenhaus wohl **zumute sein**?

188

1. Du kannst doch nicht einfach auf dem Boden **liegen bleiben**!
2. Du darfst dieses Tablett nicht **liegen lassen** (oder: liegenlassen = vergessen)!
3. Bei dieser Überschrift kann ein Leser leicht **hängenbleiben** (oder: hängen bleiben = abgelenkt werden).
4. Sie hat ihn mit seinem neuen Cabrio einfach wieder nach Hause **fahren lassen**.
5. Willst du ewig in der Kindheit **steckenbleiben** (oder: stecken bleiben = sich nicht weiterentwickeln)?
6. Du solltest diesen Blödsinn lieber **bleibenlassen** (oder: bleiben lassen = unterlassen)!

189

Die richtige Schreibweise der fünf falsch geschriebenen Wörter lautet:
lauwarm machen, schmutzig machen, himmelblau streichen, ganz klein schneiden, kälter stellen

190

1. Der See ist <u>kalt wie Eis</u>. Ich hüpfe nicht in den **eiskalten** See.
2. Die Schutzschilder sind <u>gegen Hitze beständig</u>. Wo sind die **hitzebeständigen** Schutzschilder produziert worden?
3. Sie <u>strahlte vor Freude</u>. Hast du ihr **freudestrahlendes** Gesicht gesehen?
4. Diese Pauschale <u>deckt alle Kosten</u>. Heuer wird erstmals diese **kostendeckende** (oder: Kosten deckende) Pauschale verrechnet werden.
5. Er hatte <u>mehrere Jahre lang</u> Freude an diesem Hobby. Die **jahrelange** Freude an diesem Hobby gab ihm viel Kraft.
6. Diese Sitzung ist <u>nicht öffentlich</u>. Die Ergebnisse dieser **nicht öffentlichen** (oder: nichtöffentlichen) Sitzung unterliegen dem Amtsgeheimnis.

191

Die richtige Schreibweise der drei falsch geschriebenen Wörter lautet:
höllisch heiß, nasskalt, nervenstark

192

1. allein erziehen: eine alleinerziehende (oder: allein erziehende) Mutter
2. jährlich stattfinden: die jährlich stattfindenden Feiern
3. Erdöl fördern: die erdölfördernden (oder: Erdöl fördernden) Länder
4. großen Gewinn bringen: die großen Gewinn bringende Anlage
5. eng schneiden: das eng geschnittene (oder: enggeschnittene) Kleid
6. selbst backen: die selbstgebackenen (oder: selbst gebackenen) Kekse
7. langsam vortragen: das langsam vorgetragene Gedicht
8. Not leiden: das notleidende (Not leidende) Volk

193

1. Das Problem ist aber ein **schwerwiegendes** (oder: schwer wiegendes).
2. Diese Schokopralinen schmecken einfach **verführerisch leicht**.
3. Nehmen Sie in den nächsten Wochen nur **leicht verdauliche** (oder: leichtverdauliche) Speisen zu sich.
4. Die Bürgerinitiative kann an der **nicht öffentlichen** (oder nichtöffentlichen) Sitzung leider nicht teilnehmen.
5. Zum Glück war nur ein **sehr leicht verletzter** Kater zu beklagen.
6. Sie hatte ihm die Eier wie immer **weichgekocht** (oder: weich gekocht).

194

1. **Aufgrund** (oder: Auf Grund) der präzisen Ermittlung konnte der Täter bald überführt werden.
2. Wer will, kann auch **zu Fuß** kommen.
3. Du solltest **anstatt** ständiger Klagen lieber selbst tätig werden.
4. Er stellt damit die ganze Expedition **infrage** (oder: in Frage).
5. Ja, ist er denn ganz **von Sinnen**?
6. Unseren Informationen **zufolge** ist sie noch im Lande.

195

3498:	dreitausendvierhundertachtundneunzig
2 824000:	zwei Millionen achthundervierundzwanzigtausend
1/2000000stel Teil:	ein zweimillionstel Teil
9,35:	neun Komma fünfunddreißig

196

1. Ich weiß nicht, **wie lange** ich noch bleiben kann.
2. Es ist alles gut, **solange** du wild bist!
3. Wir bleiben **so lange**, bis uns das Geld ausgeht.
4. Hier ist kein Auto, **so weit** das Auge reicht.
5. Du kannst haben, **so viel** du willst.
6. **Soviel** ich weiß, ist er Ski fahren in den Bergen.
7. Sie lief die Strecke durch, **sodass** (oder: so dass) sie völlig außer Atem ankam.
8. Du wirst **allzu bald** sehen, was ich damit gemeint habe.

197

1. Kann mir **irgendjemand** helfen?
2. Und das war also ihre **sogenannte** (oder so genannte) Gastfreundlichkeit?
3. Aber **irgendeiner** von euch muss doch den Hahn aufgedreht haben!
4. Wir klopfen noch **ein paarmal** (oder: ein paar Mal).

198

1. **Indem** Sie an dieser Lasche ziehen, aktivieren Sie den Schirm.
2. **Nachdem** du gestern gegangen warst, erschien wütend der Nachbar.
3. Das Stück, **in dem** Julia mitspielte, war sehr unterhaltsam.
4. **Nach dem** Brunch gab es ein kleines Kammerkonzert.
5. **Nachdem** der Greißler zugesperrt hat, fahren wir mit dem Auto in den Supermarkt, **in dem** man fast alles kaufen kann.
6. **Seit dem** letzten Hochwasser steht der Keller leer.

A41

1. Es wird empfohlen, eigene Golfschuhe **anzuziehen**.
2. Die Idee, den Text in vier Sprachen **zu übersetzen**, ist gut.
3. Sie stürzte in die Klasse, ohne die Türe **zuzumachen**.
4. Dein Einsatz ist jedenfalls **anzuerkennen**.
5. Ich plane mich fürs Wochenende zu **verabreden**.
6. In seinem Ehrgeiz kam der Stürmer nicht auf den Gedanken, den Ball **abzuspielen**.
7. Es ist nicht immer möglich, ein Auge **zuzudrücken**.
8. Sie ging daran, die Bananen zu **zerdrücken**.
9. Ich habe hier Blumen für Fräulein B. **abzugeben**.

A42

1. Glaub mir, er kann keiner Fliege etwas **zu Leide/zuleide tun**!
2. Wir werden heuer den alten Gartenschuppen wieder **instand setzen/in Stand setzen**.
3. Dir **ist** jetzt bestimmt ganz furchtbar **zu Mute/zumute**.
4. Die Befragung **brachte** witzige Details **zu Tage/zutage**.
5. Die Kinder lernen spielerisch, im Verkehr besonders **Acht zu geben/achtzugeben**.
6. Ohne **Halt zu machen/haltzumachen**, legte er die Strecke in Rekordzeit zurück.

A43

1. Wir haben uns **furchtbar gelangweilt!**
2. Kannst du das noch einmal **wiederholen?**
3. Er möchte den Nachbarn für ihre Hilfe feierlich **danksagen** (oder: Dank sagen).
4. Gib mir einfach Bescheid, wenn du **fertig bist.**
5. Du musst zuerst mit diesem Zimmer **vorliebnehmen** (= sich begnügen).
6. Wir werden nicht **umhinkommen**, ihm ein Moped zu kaufen.
7. Am Flohmarkt kann jeder seinen Ramsch **feilbieten.**
8. Er schaffte es wieder, sich beim Spielen **schmutzig zu machen.**
9. Sie musste da etwas **richtigstellen** in seinem Bericht.
10. Die Einsatzkräfte konnten den Täter bald **dingfestmachen.**
11. Wir werden dich sicher nicht **hängenlassen** (oder: hängen lassen = im Stich lassen)!
12. Du wirst viele nette Leute **kennenlernen** (oder: kennen lernen = die Bekanntschaft machen).

A44

Die richtige Schreibweise der acht falsch geschriebenen Wörter lautet:
zum ersten Mal, irgendwo, heruntergefallen, ultralang, überaus erfreulich, Herrenschuhe, gar kein, so viel wie möglich

199

Beifalls-türme	Beifallsstürme	Baut-eile	Bauteile	Fass-ade	Fassade
Aufs-teller	Aufsteller	Überm-acht	Übermacht	Wohnt-raum	Wohntraum
Schreib-ende	Schreibende	Häkelt-asche	Häkeltasche	Drucker-zeugnis	Druck-Erzeugnis

200

Muster	Mus-ter	witzig	wit-zig
Gäste	Gäs-te	Kirche	Kir-che
es brannte	es brann-te	Schüssel	Schüs-sel
Ostern	Os-tern	Mappe	Map-pe
Wecker	We-cker	brave	bra-ve
backen	ba-cken	(das) Schlimmste	Schlimms-te

201

Fetttropfen	Fett-trop-fen	Zuckerstücke	Zu-cker-stü-cke
Flaschenpost	Fla-schen-post	unzählige	un-zäh-li-ge
erhebliche	er-heb-li-che	Ofenrohr	Ofen-rohr
Zeilensprung	Zei-len-sprung	Lückenbüßer	Lü-cken-bü-ßer
Altersheim	Al-ters-heim	Goldschätze	Gold-schät-ze
Eselsohr	Esels-ohr	vergessen	ver-ges-sen

202

Zitrone	Zi-tro-ne (oder: Zit-ro-ne)	Strophe	Stro-phe
Hydrant	Hy-drant (oder: Hyd-rant)	Asphalt	As-phalt
Bibliothek	Bi-blio-thek (oder: Bib-lio-thek)	Lexikon	Le-xi-kon
parallel	par-al-lel (pa-ral-lel)	Republik	Re-pu-blik (oder: Re-pub-lik)

9. Auflage 2023
ISBN 978-3-7058-7806-8

A9   **Überprüfe mittels der Ersatzprobe, welche *das/dass*-Schreibung in folgenden Sätzen korrekt ist, und setze dann ein.**

1. .... sie zu spät in die Schule kommen würden, daran dachten sie nicht.

2. So mancher betreibt Sport, ... der Schwimmreifen um die Taille verschwindet.

3. Sie hob das Messer auf, ... vom Tisch gefallen war.

4. Pippi hoffte sehr, ... auch Timmi und Annika kommen würden.

5. Wo ist .... Fahrrad, ... du dir von mir geliehen hast?

6. Der Lehrer meinte, ... könne er nicht zulassen.

7. Ich weiß sehr wohl, ... Ende der Geschichte ein trauriges ist.

8. .... du bei mir bleibst, finde ich sehr lieb von dir.

A10   **Lies folgenden Text auf Fehler in der *das/dass*-Schreibung durch und stelle richtig, wo es nötig ist!**

... Da erkannte ich, dass müsste jetzt gemacht werden. Ich nahm also schnell das Zelt aus meinem Rucksack und stellte es auf. Das war bei diesem heftigen Sturm gar nicht leicht. Das mir dabei ein zufällig vorbeikommender Wanderer half, dass ist als Glück zu bezeichnen. Das hätte ich nie zu hoffen gewagt! Das dass Ganze dann noch ziemlich glimpflich ausging, das lag wohl auch daran, dass der Sturm schnell vorüberzog und das nächste Tal heimsuchte. Ich wartete also, bis das das Unwetter wieder vorbei war ...

A11   **Verbinde folgende Sätze mit dem richtigen *das/dass* zu einem Satzgefüge, so dass der erste Satz zum Gliedsatz wird:**

Die Aktienkurse steigen. Die Zeitungen berichten. ▶
Die Zeitungen berichten, **dass** *die Aktienkurse steigen.*

1. Sie half ihm beim Lernen. Peter war darüber sehr froh.

....

2. Es hat einen dottergelben Anstrich. Das Haus haben wir uns gekauft.

....

3. Tim soll stets seine Fähigkeiten nützen. Der Vater hat den Wunsch.

....

4. Ich habe dir ein Lineal geborgt. Wo ist das Lineal?

....

Mit Satzzeichen werden Sätze und Texte grammatisch gegliedert. Sie können so für die Lesenden überschaubarer und eindrücklicher gestaltet werden.

REGEL 62	**Als Satzzeichen hat das Deutsche den Punkt, das Rufzeichen, das Fragezeichen, das Komma/den Beistrich, das Semikolon/ den Strichpunkt und den Doppelpunkt. Nach den ersten drei (= Satzschlusszeichen) wird großgeschrieben, nach dem Komma und dem Semikolon klein. Nur nach dem Doppelpunkt sind beide Schreibungen möglich.**

Bernhard versucht wirklich, „Stille Nacht, heilige Nacht" auf Koreanisch zu singen? Ja, ihm ist ziemlich langweilig! Hoffentlich hat er bald etwas zu tun, seine Langeweile tut in den Ohren weh.

Von der Freiheit, Zeichen zu setzen
Es gibt bei der Interpunktion stilistische Freiheiten – Dichter haben sie und die Werbung nimmt sie sich. Schülerinnen und Schülern bleibt es aber meist verwehrt, die Satzzeichen nach Belieben zu setzen. Der Beistrichfehler bei Schularbeiten und Zensuren ist immer wieder „beliebt". Im Übrigen gibt es seit den Anpassungen der Rechtschreibung im Jahre 2006 wieder mehr ver-pflichtende Kommas. Daher: Intuition stärken und Komma-Fallen vorbeugen!

Wer die Interpunktion, also die Setzung der Satzzeichen, verstehen möchte, kann das nicht, ohne vom Bau der Sätze Grundsätzliches zu wissen. Das gilt im Besonderen für die Setzung von Kommas/Beistrichen. Folgendes Grammatikwissen brauchst du für eine sichere Zeichensetzung:

A **Wir kennen drei Satzarten:**
- **den Aussagesatz:** *Ich habe heute keine Lust auf Chinesisch.*
- **den Fragesatz:** *Warum essen wir eigentlich nicht zu Hause?*
- **den Ausrufe- oder Aufforderungssatz:** *Du hast völlig Recht!*

B **Wir unterscheiden zwischen:**
- **Hauptsatz (hat die Personalform an 2. Stelle):** *Ich möchte Pizza backen, …*
- **Nebensatz (hat die Personalform an letzter Stelle):** *…, weil mir Italien so gefällt.*

C **Wir nutzen:**
- **die Reihung von Hauptsätzen und die Aufzählung von Satzteilen:**
  Ich möchte Pizza backen, du sorgst für die Getränke, Kerzen und Gläser.
- **die verschiedenen Arten von Nebensätzen:**
  Ich möchte zuhause essen, weil/wenn/obwohl ich großen Hunger habe.
- **die Möglichkeit satzähnlicher Konstruktionen mit Infinitiven/Partizipien:**
  Sie begann nun auch, nur mehr vom Essen zu reden und zu schwärmen.
- **die wörtliche (direkte) Rede:**
  Sie sagte: „Wie gut, dass du damals den Kochkurs besucht hast!"

Setze die Satzschlusszeichen und bestimme die Satzarten: Aussagesatz (A), Fragesatz (F), Ausrufesatz (R)

1. Hätte ich doch vom Christkind ein Mobiltelefon bekommen...   (.....)

2. Wer telefoniert denn heute noch in der Fernsprechzelle...   (.....)

3. Ob ich es mir vielleicht zum Geburtstag wünschen soll...   (.....)

4. Ach, ich werde doch wirklich vom Schicksal geprüft...   (.....)

5. Soll alles Leid der Welt auf meinem Haupt sich häufen...   (.....)

6. Jeder Teenager in meinem Alter hat es heute schon...   (.....)

7. Ein 12-Jähriger und kein Mobiltelefon, das ist traurig...   (.....)

8. Aber ich werde nicht so schnell aufgeben, Liebste...   (.....)

9. Wirst du meine erste Liebes-SMS auch liebevoll erwidern...   (.....)

10. Liebe ist, das ganze Telefon-Guthaben für den Schatz zu opfern...   (.....)

Satzgefüge bestehen aus Haupt- und Nebensätzen. Lies laut und setze *alle* nötigen Satzzeichen! Unterstreiche die Nebensätze. (Sie haben zu Beginn ein Einleitewort!)

1. Nachdem wir im Hallenbad waren, gingen wir gemeinsam essen.

2. Verrate mir wo der Schatz versteckt ist

3. Dort läuft die Katze die sich die Nachbarn angeschafft haben

4. Damals als das Wünschen noch half lebte ein armer Müllerssohn

5. Die Kfz-Werkstätte die du mir empfohlen hast hat gut gearbeitet

6. Weiß sie was hier auf dem Spiel steht

7. Sag ihm doch einfach dass das so nicht geht

8. Weil du mich befreit hast möchte ich dir drei Wünsche erfüllen

9. Wirst du mir Bescheid geben wenn du angekommen bist

10. Obwohl ich eher vorsichtig bin habe ich den Sprung gewagt

11. Wer jetzt noch nicht genug hat der soll anderes durcharbeiten

<table>
<tr><td>**REGEL 63**</td><td>Mit einem Punkt wird angezeigt, dass ein Satz zu Ende ist. Es folgt Großschreibung zu Beginn des folgenden Satzes.</td></tr>
</table>

Ich habe sie gestern gesehen. **E**r kommt morgen. **D**er Trainer freute sich, weil seine Mannschaft gewonnen hat. **A**lso gut. **D**u sollst ihn haben.*

<table>
<tr><td>**REGEL 64**</td><td>Nach einem Doppelpunkt geht es nur dann groß weiter, wenn ein ganzer Satz folgt, ansonsten immer klein. (vgl. ▶ Seite 80)</td></tr>
</table>

Das hörtest du schon: **F**olgt ein ganzer Satz, kommt Großschreibung.*
Weihnachten: **s**ingen und Geschenke auspacken.*

Ganze, selbstständige Sätze haben ein Verb in einer Personalform und die passenden Ergänzungen (Subjekt, Objekte ...) dazu:
Weihnachten: **A**lle wollen singen und Geschenke auspacken.*

<table>
<tr><td>**REGEL 65**</td><td>Der Punkt steht nicht nach
A freistehenden Zeilen (etwa bei Überschriften, Buch-/ Zeitungstiteln, Anschriften, Grußzeilen, kolumnenartigen Aufzählungen)
B am Ende direkter Reden zu Beginn/inmitten eines Ganzsatzes
C am Ende von Einschubsätzen</td></tr>
</table>

A *2 Definition von Sprache / 2.1 Die Sprache ist ein Werkzeug*

A *„Das Spiel ist aus" von J.-P. Sartre / „Jugendliche ab 16 dürfen wählen"*

A *Mag. A. Meyer*
   Fliederweg 3
   9020 Klagenfurt

A *Mit vorzüglichen Grüßen*
   Ihr Ernst Doblhammer

A *Wir sind die Marktführer in allen Bereichen der Filmbearbeitung:*
   • *Wir untertiteln fremdsprachige Filme*
   • *Wir übersetzen Drehbücher ins Deutsche*
   • *Wir synchronisieren fremdsprachige Filme*

B *„Das hast du davon", meinte sie.*

B *Er sagte: „Ich werde dir sofort helfen", und verschwand für kurze Zeit.*

C *Peter beteuerte – ich bin mir ganz sicher – damals heftig seine Unschuld.*

C *Jetzt kommen wir zu einem wirklich spannenden Teil (der vorherige war wohl etwas langweilig, ich weiß), dem Sexualleben der Bienen.*

<table>
<tr><td>**REGEL 66**</td><td>Der Punkt steht nach Ordnungszahlen.</td></tr>
</table>

Sonntag, den 07. Jänner. Am Satzende wird übrigens kein zusätzlicher Schlusspunkt gesetzt: *Am längsten regierte Kaiser Ferdinand I.*

R63-66

76

Wo müssen hier Punkte sein? Setze richtig ein!

1. Kurt belegte beim 500-m-Lauf den 3 Platz

2. Die Heimstätte des 1 FC Kaiserslautern ist das Fritz-Walter-Stadion

3. Als Zeitalter der Aufklärung gilt das 18 Jahrhundert

4. Der Bäcker dachte: „Kreide braucht ein Wolf nur selten"

5. Sie wurde am 20 10 1946 in Mürzzuschlag geboren

6. Das Sprichwort „Morgenstund hat Gold im Mund" kennt jeder

7. „Er betritt jetzt die Bank", diktiert er leise

8. Sie erwiderte: „Du hast mich nicht gefragt"

9. „Eine Spielkonsole erobert Europa" (Schlagzeile aus der Zeitung)

Weitere Punkte in aller Kürze

Punkte stehen auch nach vielen **Abkürzungen**, die im Textzusammenhang als ganze Wörter gesprochen werden (▸ Seite 38): **bzw.** (beziehungsweise), **d. h.** (das heißt), **Dr.in** (Doktorin), **Fa.** (Firma), **i. V.** (in Vertretung), **Bd.** (Band), **Nr.** (Nummer), **z. Hd.** (zu Händen), **s. o.** (siehe oben!), **ebd.** (ebenda), **Jh.** (Jahrhundert), **Abb.** (Abbildung), **usw.** (und so weiter) – aber ohne Punkt: **m, cm, km, min, l, kg, dag, g, Gmbh, USA, LKW** ... (**Maß- und Gewichtsangaben, Fachbezeichnungen, Buchstabenwörter**)

R62-65

77

Fabelhaft kurz! In dieser Kurzfassung einer Fabel fehlen alle Satzzeichen. Lies laut und ergänze die fehlenden Satzzeichen!

Ein Fuchs schlich um einen Weinstock Seine Blicke hingen sehnsüchtig an den dicken blauen überreifen Trauben Und so unternahm er mehrere Versuche die süßen Früchte zu erwischen doch jeder schlug fehl Er landete schließlich ohnmächtig auf dem Rücken

Ein Spatz hatte dies belustigt verfolgt und meinte nur Herr Fuchs Ihr wollt zu hoch hinaus Gib dir keine Mühe die Trauben bekommst du nie kommentierte frech die Maus die auch dabei war Der Fuchs aber versicherte hochmütig Die sind mir noch nicht reif genug ich mag keine sauren Trauben und verschwand schnell

(nach Äsop)

<table>
<tr><td>**REGEL 67**</td><td>Mit einem Rufzeichen werden Ganzsätze besonders nachdrücklich beendet. Befehle, Befehlssätze, aber auch knappe Aufforderungen bekommen immer ein Rufzeichen. Auch Ausrufe der Freude, des Erstaunens oder des Bedauerns haben ein Rufzeichen.</td></tr>
</table>

Da hast du dich bestimmt geirrt! *Sag mal!* *Bitte verlassen Sie sofort das Lokal!* *Juhu!* *So ist das also!* *Verweile doch, du bist so schön!*

Auch Aussagesätze können mit einem Rufzeichen nachdrücklicher formuliert und wie Befehlssätze verwendet werden*: Du machst jetzt die Hausübung!*

Ein Punkt steht hingegen nach Aufforderungssätzen, denen man keinen besonderen Nachdruck geben will: *Melden Sie sich später noch einmal.*

Imperativitis/chronische Rufzeichenhäufung!!!
Texte, die an der Imperativitis kranken, sind nur vermeintlich interessanter oder bedeutsamer gestaltet!!! Mehrere Rufzeichen zu setzen, ist ohnehin unnötig. Viele Rufzeichen fordern Wichtigkeit, wo oft keine ist! So, als ob man jeden Satz mit besonderem Gewicht betonen würde! Die Wirkkraft des Rufzeichens nimmt dadurch ab!!! Also lieber sparsam und konzentriert einsetzen, wenn man die Aufmerksamkeit der Lesenden haben möchte. Punkt.

<table>
<tr><td>**REGEL 68**</td><td>Nach der Anrede in Briefen kann man ein Rufzeichen oder ein Komma setzen. Nach dem Rufzeichen beginnt der nächste Satz groß.</td></tr>
</table>

Sehr geehrter Herr Kollege Meyer!
Entsprechend unserer mündlichen Absprache ...
   oder:
Sehr geehrter Herr Kollege Meyer,
entsprechend unserer mündlichen Absprache ...

Häufiger wird an dieser Stelle das Komma gesetzt. In anderen Sprachen steht nach der Anrede übrigens oft gar kein Satzzeichen.

<table>
<tr><td>**REGEL 69**</td><td>Mit einem Fragezeichen werden Ganzsätze als Fragen gekennzeichnet.</td></tr>
</table>

Hast du den neuen James-Bond-Film schon gesehen? *Ob sie den schon kennt?* *Ist das nicht eine spannende, ist das nicht eine tolle Geschichte?*

Meist findet sich in Fragesätzen an erster Stelle die Personalform (*Hast, Ist*) oder ein Fragewort (*Ob*). Manchmal sind Fragen aber auch wie Aussagesätze gebaut: *Du kommst heute nicht mit?* *Ihm hat der Film gefallen?*

Indirekte Fragesätze (abhängig von einem Aussage- oder einem Befehlssatz) haben übrigens kein Fragezeichen:
Die Mutter fragte sie, wann sie endlich wieder die Großmutter besuche.
Erzählt mir, wie es euch ergangen ist!

Setze die fehlenden Satzschlusszeichen!

1. Dann schrie der Lehrer ungeduldig: „Schlagt endlich Seite 130 auf...."

2. „Das ist ja großartig...", war von Max in der zweiten Reihe zu hören

3. Der Lehrer fragte, was daran großartig sein soll...

4. „Ja, endlich...", sagte Max wieder zu sich selbst

5. „Max, weshalb bist du auf einmal so motiviert...", fragte der Lehrer

6. Max' Nachbar stieß den Jungen, der ganz offenbar nicht bei der Sache war, in die Seite, dass dieser sich endlich dem Lehrer widme...

7. „Wow, ich habe endlich den Endgegner in Level 10 besiegt...", gab Max unumwunden und freudig zur Antwort

8. „Ich hätte wohl das Computerspiel zu Hause lassen sollen, oder...", setzte Max mit gespielter Naivität nach

9. „Weg damit jetzt... Sonst hast du mit mir einen neuen Endgegner...", darauf der Lehrer streng, aber mit einem Augenzwinkern

10. Wer hätte gedacht, dass der Lehrer so locker reagieren würde...

Frage nach dem gelben Satzglied! Schreibe den Fragesatz auf.

1. **Im Prater** befindet sich eines der bekanntesten Wahrzeichen von Wien, das Riesenrad.

   ....

2. Christine Nöstlinger hat **den Roman „Gretchen Sackmeier"** geschrieben.

   ....

3. Wir fliegen **in den Ferien** nach Sizilien.

   ....

4. Meerestiefen nennen **Geologen** auch Tiefsee-Rinnen.

   ....

Vergleiche beide Varianten! Welcher Text ist dichter?

Susanne sitzt am Computer. Der Monitor des Computers ist groß. Sie hat zwar viel Ruhe und dennoch fällt ihr nichts ein. Sie will ihrem Freund einen langen Brief schreiben. Er soll poetisch sein. Es soll ein Liebesbrief werden.

Susanne sitzt am Computer, dessen Monitor groß ist. Sie hat zwar viel Ruhe, aber dennoch fällt ihr nichts ein. Sie will ihrem Freund einen langen, poetischen Brief schreiben, einen Liebesbrief.

Das **Komma/der Beistrich** kann bestimmte Wörter, Wortgruppen oder Teilsätze voneinander oder vom übrigen Text abgrenzen. Einfache Sätze können so auf verschiedene Arten zu längeren, gefügten Satzkonstruktionen werden. Das Komma kennzeichnet:

- **die Aufzählung von Elementen in einem Ganzsatz**
- **untergeordnete Sätze als Satzglieder/Satzgliedteile**
- **die Einfügung von Zusätzen**

A DIE AUFZÄHLUNG VON ELEMENTEN IN EINEM GANZSATZ

REGEL 70	Das Komma trennt gleichrangige Glieder einer Aufzählung voneinander, wenn sie nicht durch Konjunktionen/Bindewörter wie *und* bzw. *oder* verbunden sind.

das schnelle, teure Auto. Ich denke an Cola, Wiener Schnitzel und Pudding. Am Wochenende wollen sie ins Bad gehen, sich eine Ausstellung ansehen, gemeinsam etwas kochen und die Freizeit richtig genießen.

Kein Komma steht in einfachen Hauptsätzen bei nebenordnenden Konjunktionen/ Bindewörtern wie *und, oder, entweder ... oder, weder ... noch, sowohl ... als auch, (so)wie, beziehungsweise*, daher:
Wir gehen entweder ins Kino oder spielen Karten. Mein Freund hat mir das Geld geschenkt beziehungsweise geliehen. Sowohl mir als auch meinem Tanzpartner gefiel die Musik. Weder Gisela noch Erni konnten sie aufheitern. (▶ vgl. aber Regel 72, Seite 70)

Bei entgegensetzenden Konjunktionen/Bindewörtern wie *aber, sondern, doch, einerseits, andererseits* steht ein Komma: *Sie wollte sich die Haare schneiden lassen, aber nicht zu kurz. Er spielt nicht Tennis, sondern Squash.*

REGEL 71	Besteht die Aufzählung aus nicht gleichrangigen Adjektiven (das erste bestimmt also ein nachfolgendes), so steht kein Komma.

viele schöne Päckchen, die neue elektrische Eisenbahn, das sauer ersparte Geld
(**nicht möglich** ist hier: *die neue und elektrische Eisenbahn, das saure und ersparte Geld*)

R70
80

Unterstreiche in den folgenden Sätzen die einzelnen Glieder der Aufzählung. Setze dann die Kommas!

1. In die Badetasche müssen noch die Schwimmflügel die Schwimmbrillen das Wasserspielzeug und das Sonnenöl.
2. Gundula Andreas Paul sowie Gerda Thomas und Vinzenz sind vor Kurzem ausgezogen.
3. Für eine Schnitzelpanier braucht es Milch Eier Semmelbrösel.
4. Der Kater stieg aufs Dach der Hütte ärgerte den Stier auf der Weide und wartete auf dessen wildes Anrennen gegen den Zaun.
5. Ich liebe selbst gekochte Mahlzeiten nette Freunde um mich und viel Zeit für gemeinsames Essen und Plaudern.
6. Sie wollte alles einpacken sich von den anderen verabschieden und endlich den Urlaub beginnen lassen.

Die und-Probe bei der Aufzählung von Attributen
Wenn statt des Kommas auch ein „und" zwischen die adjektivischen Attribute/Beifügungen passt, dann **muss** ein Komma stehen. Wir sprechen dann von gleichrangigen Attributen:
*das schnelle, teure Auto = das schnelle **und** teure Auto*
Passt es nicht, **darf** kein Komma gesetzt werden: *zahlreiche rote Rosen*

R70-71
81

Entscheide, ob es sich um gleichrangige oder nicht gleichrangige Attribute handelt, und setze die Kommas.

1. Der Unternehmer sammelt wertvolle französische Oldtimer.
2. Da lag das lang ersehnte spannende Computerspiel!
3. Die allgemeine wirtschaftliche Lage stimmt uns wieder optimistisch.
4. Das ist wirklich ein preiswertes leistungsfähiges Gerät.
5. Auf der Messe werden wieder viele neue Modelle vorgestellt.
6. Wer mag bei regnerischem stürmischem Wetter wandern gehen?

R70
82

Setze die Kommas richtig. Beachte den Unterschied zwischen nebenordnenden und entgegensetzenden Konjunktionen!

1. Wir hatten wenig Geld aber wir waren ohne Sorgen.
2. Ich möchte weder wandern noch ein Museum besuchen.
3. Das hast du jetzt nicht unhöflich sondern richtig grob gesagt!
4. Sie wollte in der Früh nicht nur ein Müsli sondern auch ein Butterbrot.
5. Der Neue kommt mit den Kollegen wie mit dem Chef gut aus.
6. Wir kennen uns sowohl von der Schule als auch vom Sportverein her.

REGEL 72	**Ein Ganzsatz kann auch aus zwei oder mehreren Hauptsätzen bestehen. Diese werden durch Komma getrennt, wenn sie nicht durch Konjunktionen/Bindewörter wie _und_ bzw. _oder_ verbunden sind (▶ Seite 68).**

Das Fenster ist offen, es kommt frische Luft herein. Der Radiowecker zeigt keine Uhrzeit, er hängt nicht am Strom. Das Buch ist aufgeschlagen, die Brille ist aufgesetzt, endlich kann ich lesen.

Werden die Sätze mit **_und_** bzw. **_oder_** verbunden, kann ein Komma gesetzt werden, wenn die Gliederung des Ganzsatzes dadurch klarer wird:
*Das Fenster ist offen**(,)** **und** es kommt frische Luft herein. Entweder träume ich**(,)** **oder** ich habe wirklich einen Nikolaus auf dem Motorrad gesehen!*
*Das gilt auch bei **beziehungsweise/bzw.** und **weder – noch**: Sie lernt am See**(,)** **bzw.** sie liegt auf der faulen Haut. **Weder** ich wusste es**(,)** **noch** du hattest eine Ahnung.*

Ein aus Hauptsätzen zusammengesetzter Ganzsatz heißt **Hauptsatzreihe**. Werden die Hauptsätze einer Hauptsatzreihe durch andere Konjunktionen verbunden (**_außerdem,_** **_aber, doch_** ...), muss immer ein Komma stehen:
*Sie war müde vom vielen Feiern, **doch** sie kam trotzdem zur Arbeit.*

A *Kommas setzen können und/oder müssen*
Beistriche erleichtern das Lesen von Texten. So wie eine mündliche Rede Pausen braucht, ist ein längerer Satz durch Kommas zu unterteilen. Manche Kommas **müssen** sein, andere **können** stehen. Damit dein Text besser verstanden werden kann, solltest du aber auch die **Kann-Kommas** setzen! Also, denk an die Lesenden und setze Kommas (= Gliederungszeichen) überall, wo es zulässig ist! Außerdem musst du dir dann nicht immer die Signale für die nötigen, unverzichtbaren Kommas merken! (▶ Seite 74)
Im Lösungsheft findest du die **Kann-Kommas** in Klammern gesetzt.

REGEL 73	**Zwischen gleichrangigen (gereihten) Nebensätzen steht ein Komma, wenn sie nicht durch Konjunktionen/Bindewörter wie _und_ bzw. _oder_ verbunden sind.**

Falls du diese Woche im Lotto gewinnst, falls du wirklich den Jackpot knackst, dann brauchst du dich um manches nicht mehr zu sorgen.
Sie wollte jemanden, dem sie vertrauen konnte, der ihr Zuwendung und Trost gab.

Aber:
*Ich komme, weil ich dein Freund bin **und** ich dir gerne helfe.*
*Er meinte, dass es sich entweder um einen genialen Fälscher handeln müsse **oder** dass das gefundene Werk ein bisher unbekanntes Original sei.*

Setze die fehlenden Kommas!

1. Schönheitsideale sind vergänglich denn sie hängen vom Zeitgeist der jeweiligen Epoche ab.

2. In der Steinzeit galt die üppige Venus von Willendorf als Vorbild und in unseren Tagen sind Models vielfach magersüchtig.

3. Bei den Griechen gaben Bildhauer ideale Maße vor außerdem musste fortan auch der Mann stark und schön sein.

4. Im späten Mittelalter trugen Männer wie Frauen gerne seidig gelocktes Haar sogar der Rock stand bei Männern hoch im Kurs.

5. Man mag es heute kaum mehr glauben aber es waren durch die Jahrhunderte Männer stets an farbig auffälliger Kleidung interessiert.

6. Das Korsett erscheint uns heute als mittelalterliche Folter dabei arbeiten Schönheitschirurgen heute nicht viel anders.

7. Früher waren es Adelige heute machen die Stars damit Schlagzeilen.

8. Kulturelle Unterschiede gibt es auch das zeigt die ungebrochene Beliebtheit der blass-weißen Haut in Japan.

9. Man spricht oft vom Modediktat und meint damit die von der öffentlichen Meinung vorgeschriebenen Ideale der Schönheit.

10. Gerade die Medien beeinflussen unser aller Denken „maßgeblich" daher ist kritisches Denken wichtiger denn je.

Setze die Kommas!

1. Manch einer orientiert sich nur an anderen und baut sein Selbstbewusstsein auf deren Urteil so lebt er ständig im Ungewissen.

2. Das versichern Persönlichkeitsratgeber ebenso wie Sozialpsychologen.

3. Zufriedenheit muss von innen kommen aber wo ist sie dort zu finden?

4. Zuerst sollte man seine eigenen Bedürfnisse kennen dann erst kann man sich um deren Erfüllung kümmern.

5. Wer sich selbst ernst nimmt wer auf sich selbst achtet der wird auch von den anderen beachtet!

6. Sei also eine Person die sich selbst mag und die ihre eigenen Stärken kennt!

I. GLIEDSÄTZE

Am Abend waren sie müde. ▶ *Als es Abend wurde*, waren sie müde.
Als Satzglieder finden sich sehr oft auch ganze Nebensätze. Sie heißen dann
Gliedsätze. Diese untergeordneten Sätze kannst du daran erkennen, dass sie die
Personalform an letzter Stelle und meist eine **Konjunktion** zu Beginn haben
(*nachdem, weil, wenn, obwohl, dass, ob* ...):

*Obwohl ich über kein Geld **verfügte**, amüsierte ich mich sehr gut.*
*Sie lobte ihn, **weil** er auf blöde Bemerkungen verzichtet **hatte**.*

II. ATTRIBUTSÄTZE

Attribute/Beifügungen in Satzgliedern können auch als **Attributsätze** auftreten. Sie
werden dann von einem Relativpronomen (mit/ohne Präposition) eingeleitet.

*Siehst du den allerorts **bekannten** Sportler?*
  ▶ *Siehst du den Sportler, **der** allerorts bekannt ist?*
*Er hält sich für einen **unverzichtbaren** Spieler.*
  ▶ *Er hält sich für einen Spieler, **auf den** man nicht verzichten kann.*

Ist der Attributsatz in den Ganzsatz eingeschoben, wird er am Beginn und am Ende mit
Beistrich getrennt (▶ Seite 58):

*Die Band, **von der** ich dir erzählte, tritt bald hier auf.*

Wir fassen Gliedsätze und Attributsätze als **Nebensätze** zusammen. Der Hauptsatz und
der untergeordnete Nebensatz bilden ein sogenanntes **Satzgefüge**.

REGEL 74	Zwischen dem Hauptsatz und dem *Nebensatz* steht immer ein Komma. Der Nebensatz kann zu Beginn, in der Mitte oder am Ende eines Satzgefüges stehen.

Obwohl das Wetter schlecht war, spielten sie im Garten.
*Das Buch, **das du mir empfohlen hast**, ist sein Geld wert.*
*Sie weiß, **dass man auch ohne tolle Noten glücklich sein kann**.*

REGEL 75	Nebensätze, die von anderen Nebensätzen abhängig sind, werden mit Komma voneinander getrennt.

*Ich habe mich gefreut, **dass du gekommen bist**, als ich dich brauchte.*
*Möchtest du wissen, **wer uns besucht hat**, als wir auf der Alm waren?*

R74
85

Ergänze bei folgenden Gliedsätzen die Kommas. Unterstreiche jeweils das Einleitewort des Nebensatzes!

1. Viele Philosophen gehen davon aus dass alle Menschen in ihrem Leben nach Glück streben.
2. In Regalen die in den Buchhandlungen an zentraler Stelle aufgestellt sind finden sich viele Ratgeber die zum Glücklichsein anleiten wollen.
3. Vielleicht ist das Glück nur zu erreichen wenn man völlig im Jetzt lebt.
4. Andere wieder meinen dass es ein Zustand intensivster Zufriedenheit ist der immer andauern soll.
5. Wer Glück hat erreicht auch manchmal etwas ohne eigenes Zutun.
6. Oft aber ist Glück wenn einem gut gelingt was man sich selbst vorgenommen hat.
7. Sigmund Freud meinte einmal dass es Glück sei wenn man arbeiten und lieben darf.
8. Ohne Zweifel wichtig für das Lebensglück ist dass man Menschen um sich hat die einem nahestehen und mit denen man lachen kann.

Das Komma trennt w-Wort-Sätze vom Hauptsatz
Sätze, die von einem w-Wort eingeleitet werden (*welche, was, wo, wann* ...) werden immer mit Komma vom Hauptsatz getrennt, zB:
Wer immer dieselben Fehler macht, hat nichts dazugelernt.
Ich gebe dir Bescheid, wenn ich etwas Neues erfahren habe.

R75
86

Verbinde die drei Teilsätze zu einem Satzgefüge, schreibe die Sätze in Normalschrift auf und setze die Satzzeichen!

1. ICH BEDAURE SEHR / DASS ICH DEINEN GEBURTSTAG VERGESSEN HABE / WENN DU GLAUBST

....

2. WER DAS GOLD GEFUNDEN HAT / BALD WISSEN WIR / DAS VERSTECKT WURDE

....

3. DASS MAN BESSER WIRD / JEDER WEISS / WENN MAN HÄUFIG ÜBT.

....

4. MANCHMAL HOFFT MAN / DIE MAN SCHREIBEN SOLL / DER LEHRER HABE DIE SCHULARBEIT VERGESSEN

....

5. WELCHE IHR EIN STÄNDCHEN SANGEN / SIE FREUTE SICH SEHR / ALS SIE DIE KOLLEGEN SAH

....

Ähnlich wie in Nebensätzen haben die Verben in sogenannten (satzwertigen) **Infinitivgruppen** Ergänzungen bei sich. Die Kommasetzung behandelt beide sehr ähnlich: Es ist nun Zeit, *auf diese wichtigen Beistrichregeln einzugehen.*

REGEL 76	(Satzwertige) *Infinitivgruppen* sind durch Komma(s) vom Hauptsatz zu trennen, um die Gliederung des Satzes unmissverständlich zu machen.

Er weigerte sich**(,)** *das Haus zu betreten.* Sie versuchten**(,)** *Geld für die Pfadfinder zu sammeln.* **Beachte den (inhaltlichen) Unterschied in Sätzen wie**:
Er befahl, *ihr Essen auszuteilen.* Er befahl ihr, *Essen auszuteilen.*

B *Kommas setzen können und/oder müssen*
Infinitivgruppen müssen **immer** durch Komma(s) getrennt werden, wenn:

- sie mit *als, (an)statt, außer, ohne,* oder *um* eingeleitet werden:
  Du solltest, **anstatt** *Trübsal zu blasen, lieber den Tag nützen!*
  Um *nach dem Rechten zu sehen, besucht er die Mannschaft.*

- sie von einem **Substantiv** abhängen:
  Sie hatten den **Plan***, nach Südamerika auszuwandern.*

- sie von einem **hinweisenden Wort** angekündigt bzw. wieder aufgenommen werden: *Es gefällt* **ihm***, in der Früh zu joggen.*
  Singen zu müssen, **das** *war ihr stets ein Gräuel.*

Am besten du trennst satzwertige Infinitiv-/Partizipialgruppen generell durch Komma vom Hauptsatz! (► siehe Hintergrund, Seite 70)

In Verbindung mit **Hilfsverben** oder mit *brauchen, pflegen* oder *scheinen* ist kein Komma nötig: *Du* **hast** *hier nichts zu suchen. Du* **brauchst** *dich deshalb nicht zu grämen. Ich* **pflege** *beim Fernsehen immer einzuschlafen. Sie* **scheint** *heute etwas müde zu sein.*

Ebensowenig ist ein Komma zu setzen, wenn die **Infinitivgruppe** **verschränkt/ umschlossen** mit dem übergeordneten Satz ist oder diesen selbst einschließt:
Diesen Vorgang wollen wir zu erklären versuchen.
Wir hatten alles schon überstanden zu haben geglaubt. Ihre Handys bitten wir Sie nun auszuschalten.

REGEL 77	(Satzwertige) *Partizipialgruppen* kann man durch Komma(s) vom Hauptsatz trennen, um die Gliederung des Satzes unmissverständlich zu machen. Sie müssen hingegen immer durch Komma(s) abgetrennt werden, wenn ■ sie von einem hinweisenden Wort angekündigt bzw. wieder aufgenommen werden; ■ sie nachgestellte Erläuterungen zu Nomen/Pronomen sind.

*Das ist***(,)** *vereinfacht gesagt***(,)** *ein großer Blödsinn!*
*Sie saß***(,)** *ein Kipferl mit Butter bestreichend***(,)** *am Frühstückstisch.*
Aber: *So, über das ganze Gesicht lächelnd, habe ich sie in Erinnerung.*
Sie, ein Kipferl mit Butter bestreichend, saß glücklich am Frühstückstisch.

Setze Kommas überall dort, wo es zulässig ist.

1. Sie mag nichts anderes als mit einem Buch in der Hängematte zu liegen und zu lesen.

2. Anstatt immer nur zu meckern könntet ihr ruhig selbst Hand anlegen!

3. Der Taxi-Lenker weigerte sich den Betrunkenen einsteigen zu lassen.

4. Das neue Jahr verspricht ein erfolgreiches und schönes zu werden.

5. Sie haben alle ihre Zelte abzubrechen beschlossen.

6. Meine Idee für die beiden sammeln zu gehen wurde sehr begrüßt.

7. Das ist manchmal das Beste einfach müßig zu sein und Tee zu trinken.

8. Diese Beispiele sollt ihr jetzt zu lösen versuchen.

9. Der Gedanke nie mehr in die Arbeit gehen zu müssen ist aufregend.

10. Wir raten ihnen eine Spende zu geben.

11. Er kam ohne vorher anzuklopfen in mein Zimmer.

12. Sie drohte grinsend meine Wurstsemmel aufzuessen.

13. Anstatt immer nur zu reden möchte ich jetzt Taten setzen.

14. Ich habe dir versprochen nie mehr eine Zigarette anzurühren.

> ### *Von nicht erweiterten, einfachen Infinitiven*
> *Der Nachbar begann zu schimpfen*: Bei nicht erweiterten Infinitiven (ohne Objekte oder Ergänzungen) steht generell **kein Komma**. Es heißt also: *Er hofft zu gewinnen. Du fängst an zu singen. Sie versuchen zu vergessen.* Aber: *Der Nachbar begann(,) lautstark zu schimpfen. Sie versucht(,) die Komma-Regeln nicht zu vergessen.*

Setze im Folgenden die Kommas!

1. Du hast damit grob gerechnet 10 Euro Gewinn gemacht.

2. So entspannt auf einem Sofa liegend pflegten die Römer zu speisen.

3. Der Junge frech in die Kamera grinsend brachte mich zum Lachen.

4. Sie saß die Kaffeetasse vornehm zwischen den Fingern bei Tisch und las.

5. Ihre Bestellung vom 15. 12. betreffend können wir Ihnen eine verkürzte Lieferzeit mitteilen.

REGEL 78	Bei kurzen, formelhaften Nebensätzen muss kein Komma gesetzt werden (*wie immer/gesagt, wenn möglich/nötig …*).

*Sie wies**(,)** wie immer**(,)** auf die Bedeutung des Energiesparens hin. Wir werden**(,)** wenn möglich**(,)** noch heute damit beginnen. Der Eintritt**(,)** inklusive aller Ermäßigungen**(,)** kostet für Sie und Ihre Familie 58 Euro. Das ist alles**(,)** wie gesagt**(,)** völlig gratis!*
*Aber bei ganzen Sätzen: Wir werden**,** wenn es möglich ist**,** noch heute damit beginnen.*

Verkürzte Teilsätze (Ellipsen) sind wie vollständige Sätze zu behandeln:
*Schade**,** dass ihr nicht gekommen seid!*

REGEL 79	Vergleiche mit *wie* und *als* zählen nicht als Nebensätze. Folgt aber mit *wie* und *als* ein vollständiger Satz, muss ein Beistrich stehen.

*Das riecht **wie** frischer Jasmin. Ich sehe das mehr **als** Erholung. Ich freue mich mehr darüber **als** du.*
Aber: *Das riecht so**,** **wie** ich es in Indien gewohnt war. Ich freue mich mehr darüber**,** **als** du dir vorstellen kannst.*

C DIE EINFÜGUNG VON ZUSÄTZEN

In diesen Fällen dient das Komma dazu, syntaktisch mehr oder weniger ungebundene Zusätze/Nachträge in einen Satz einzufügen bzw. anzufügen. Eingeschobene Informationen werden beidseitig mit Kommas eingeschlossen.

REGEL 80	Mit einem Komma wird die *Apposition/der nachgestellte Beisatz* vom Hauptsatz abgetrennt.

*Julia**,** die Hasen-Mama**,** schaltet sich ein. Das ist Marie**,** meine Tochter. James Bond**,** ein Relikt aus der Zeit des Kalten Krieges**,** feiert sein Comeback.*

Das zweite (schließende) Komma macht den Unterschied zur Aufzählung aus, ein wichtiges Gliederungssignal, das Missverständnissen vorbeugt:
*Meine teure Ehefrau**,** meine liebste Ute**(,)** und ich gingen aus.* – zwei oder drei Personen?

REGEL 81	Mit einem Komma werden nachgestellte Erläuterungen, eingeleitet mit „zum Beispiel/zB", „als", „insbesondere", „nämlich", „und zwar", „wie etwa" und ähnlichen Fügungen, abgetrennt.

*Er mag gerne Käse**,** **insbesondere** Edamer. Sie kümmert sich um die Hasen gerne**,** aus echter Tierfreude **nämlich**. Ich habe einen größeren Bruder**,** **und zwar** einen sehr starken!*

Kein schließendes Komma steht, wenn die Erläuterung zwischen Adjektiv und Nomen steht! *Sie mag alte**,** und zwar von Hand gefertigte Kleider.*
(= *Sie mag alte Kleider**,** und zwar von Hand gefertigte.*)

R79
89

Komma oder nicht? Setze die nötigen Kommas!

1. Sie kann schneller Rad fahren als du.

2. Mach es doch genauso wie ich es dir letztes Mal gezeigt habe!

3. Weißt du nicht mehr wie das ging?

4. Hier riecht es wie in einer verrauchten Gaststube.

5. Das kam aber dann doch ganz anders als sie es sich gedacht hatte.

6. So geistesgegenwärtig wie dieser Lebensretter müsste man sein!

R75-80
90

Satzzeichen machen Sinn. Setze die fehlenden Satzzeichen!

AUF DER PARTY STAND DER MINISTER AUF DEM KOPF EINEN ZYLINDER AN DEN FÜSSEN SCHWARZE LACKSCHUHE AUF DER NASE EINE RIESIGE HORNBRILLE INS EIFRIGE GESPRÄCH VERTIEFT HERR MINISTER SIND SIE NICHT ETWAS ALTMODISCH UM NICHT ZU SAGEN UNPASSEND GEKLEIDET FÜR UNSERE ZEIT FRAGTE EINER DER GÄSTE DIESEN BEUNRUHIGTE DIE FRAGE NICHT TRADITION VERPFLICHTET ENTGEGNETE DIESER TROCKEN DAS GLAS SEKT LEEREND DAS IHM DER OBER IN DIE HAND GEDRÜCKT HATTE

Die Satzzeichen werden nur selten gesprochen …

Komma

*Kommt Komma Kinder Komma
dort im Wald
schreit einer Komma
kommt Komma bald
seh'n wir den Komma
der dort gar nicht weit
kuckuck Komma kuckuck Komma
kuckuck schreit
Ausrufezeichen*

(Ein Glück, dass wir die Satzzeichen nicht aussprechen müssen!)

Josef Guggenmoos; Komma: Winfried Ulrich, Sprachspiele für jüngere Leser und Verfasser von Texten: Texte und Kommentare. Hahner Verlagsgesellschaft, Aachen 2004

Die **gesprochene Sprache** hat **Sprechpausen** zur Gliederung, die **geschriebene** muss mit **Satzzeichen** auskommen. In diesem Gedicht gibt es ausnahmsweise beides.

R78-81
91

Übertrage obiges Gedicht „Komma" in Normalschrift!

<table>
<tr><td>REGEL 82</td><td>Mit einem Komma werden auch einem Nomen oder Pronomen nachgestellte Wortgruppen, zB Adjektive, Partizipien oder ganze Sätze, abgetrennt.</td></tr>
</table>

Sie hat viele Knöpfe in ihren Schachteln, verzierte und schmucklose. Er weiß etliche Geschichten, erlebte und erfundene. Sie sagt j/Ja, einfach so.

Manchmal sind diese Einschübe an ungewöhnlicher Stelle zu finden: *Er, den Autoschlüssel schon im Schloss (habend), machte kehrt und kam zurück. Eines Tages, es war mitten im Sommer, ging das Flüsschen über die Ufer.*

Es liegt hier mitunter auch im Ermessen der Schreibenden, ob sie eine Wortgruppe als Zusatz kennzeichnen wollen oder nicht:
Fast Food(,) wie Burger und Kebap(,) findet immer mehr Käufer.
Die Reisekosten(,) einschließlich des 5-Tage-Skipasses(,) betragen 280 Euro.
Der erwähnte Autor(,) Franz Innerhofer(,) schrieb auch „Schattseite".

<table>
<tr><td>REGEL 83</td><td>Mehrteilige Datums-, Wohnungs- oder Literaturangaben werden durch Komma getrennt. Je nachdem, ob diese Angabe als Apposition oder als Aufzählung aufzufassen ist, steht ein schließendes Komma oder nicht.</td></tr>
</table>

Wir telefonieren am Samstag, [den] 13. Jänner(,) miteinander! Sie schlägt Montag, den 3. November, [um] 14 Uhr(,) vor. Frau Schmidt aus Pottenbrunn, Neustiftgasse 14(,) ist die eifrigste Leserin ihrer Gemeinde. Wir sprachen über den Monolog Salomes in Nestroys „Talisman", 1. Akt, 3. Szene.

<table>
<tr><td>REGEL 84</td><td>Das Komma steht auch
A bei Hervorhebungen von Satzteilen,
B bei Ausrufen und
C bei Anreden.</td></tr>
</table>

A *Dein Großvater, der war ein Original. Nur sie, die Schwester meiner Freundin, kennt das Geheimnis. Mit vielen Artischocken, so mag ich eine Pizza.*
B *Hilfe, ich habe ihren Geburtstag vergessen! Bäh, ärgere jemand anderen!*
C *Susanne, ich komme bald nach Hamburg. Danke für eure „Anteilnahme" an meiner 30-Jahr-Geburtstagsfeier, liebe Freunde.*

Ebenso kann auch das Wort *bitte* besonders hervorgehoben werden durch Komma:
Bitte, komm doch herein! (als bloße Floskel steht es ohne Komma: *Bitte nehmen Sie Platz.*)

Setze die nötigen Kommas!

1. Sie kaufte ihm viele Luftballons rote grüne und blaue.

2. Der Sänger dieser Gruppe Robbie Williams wurde solo zum Superstar.

3. Der Nettolohn abzüglich aller Abgaben macht knappe 1000 Euro aus.

4. Deine Sommerjacke die grüne muss in die Reinigung.

5. Wir werden am Montag den 19. März Näheres wissen!

6. Er zitierte aus Wedekinds „Frühlings Erwachen" 1. Akt 2. Szene.

7. Meerschweinchen ob klein oder groß liebt Astrid über alles.

8. Ivo C. Technikstraße 7 Legoland – das ist seine Traumadresse!

9. Der Hauptdarsteller des Films Henry Fonda brilliert als Geschworener.

10. Brutale Videospiele wie „Killerstrike" sollten streng verboten sein.

11. Die Lieferung ist für Freitag den 17. August angekündigt.

12. Die Sammelleidenschaft junger Leute von Diddl bis zu Magic Cards und die Spielzeugindustrie ergänzen einander auf magische Weise.

Vom „und" und vom Beistrich davor

Entgegen mancher Ansicht kann vor einem *und* sehr wohl ein verpflichtendes Komma stehen (▶ vgl. Regel 72). Dies wird aber dann nicht durch das Folgende bedingt, sondern durch eine vorausgehende (und durch das Komma geschlossene) Wortgruppe bzw. einen solchen – untergeordneten – Satz:
Herr Berger, ein schrulliger Zeitgenosse, und seine Frau ...; Herr Berger, der ein schrulliger Zeitgenosse ist, und seine Frau ...; Wir danken Ihnen, dass Sie unsere Fluglinie gewählt haben, und freuen uns auf ein nächstes Mal!

Setze die fehlenden Kommas!

1. Silvia gib mir schnell deinen Taschenrechner!

2. Oje liebster Bruder hast du mir mein Geo-Dreieck schon zurückgegeben?

3. Diese Dinge dein Lineal und deinen Taschenrechner bekommst du beide wieder zurück sicher!

4. Bitte sei doch nicht so gemein!

5. Schlampig sein und dann noch frech werden das ist unverschämt.

6. Ohne meine Ordnung auf dem Schreibtisch im CD-Regal oder im Badezimmerschrank wärest du doch verloren mein Lieber!

7. Also gut bitte leih mir deinen Taschenrechner liebe Silvia!

<table>
<tr><td>REGEL 85</td><td>Ob ein Strichpunkt/Semikolon verwendet wird, ist vom Inhalt des Satzes abhängig. Der Strichpunkt trennt wie der Punkt Sätze voneinander. Der nächste Satz beginnt allerdings klein. Oft steht der Strichpunkt vor Bindewörtern wie denn, daher, deshalb; doch, aber u. Ä.</td></tr>
</table>

*Er ging nach Hause**; aber** er wusste nicht recht, was er jetzt machen sollte. Der miese Skikurs ist vorbei**; deshalb** will ich jetzt nicht mehr darüber reden.*

Bei Aufzählungen kann er Satzteile als zusammengehörige von anderen abgrenzen: *Ich mag Mozart und Jazz; Gyros und Cola; Wandern und Biken.*

<table>
<tr><td>REGEL 86</td><td>Der Doppelpunkt kennzeichnet bestimmte Texteinheiten, kündigt sie an oder fasst sie zusammen. Das können einzelne Wörter sein, Satzteile oder ganze Sätze (zur Großschreibung bei ganzen Sätzen nach Doppelpunkt ▶ Seite 10).
Am häufigsten wird er aber bei der Einleitung einer direkten (wörtlichen) Rede verwendet.</td></tr>
</table>

*Familienstand**:** verheiratet*

*Judith, Miriam und Brigitte**:** drei Mädchen unter den ersten fünf*

*Jeder wird dir das bestätigen**:** Du hast einfach einen Riecher für Schnäppchen.*

*Deutsch**:** sehr gut*

Zufrieden meinte der Jäger später zur Großmutter: „Nach der Geschichte mit den sieben Geißlein war mir der Wolf schon ziemlich verdächtig."

<table>
<tr><td>REGEL 87</td><td>Anführungszeichen stehen vor und nach einer direkten Rede oder wörtlich zitierten Sätzen bzw. Wortgruppen (auch bei Gedanken).
Einzelne Wörter, Zitate, Titel können mit Anführungszeichen im Text hervorgehoben werden.</td></tr>
</table>

„Das ist eine wirklich coole Jugendzeitung", dachte Marie, „vor allem wegen der Tiergeschichten!" Goethes „Faust" sollte jeder gelesen haben. Du fährst ja wie ein kleiner „Schumi"! Ein Film von Michael „Bully" Herbig.

Oft finden sich ironische Ausdrücke (mit denen genau das Gegenteil vom Gemeinten ausgesagt wird) in Anführungszeichen gesetzt: *Seine **„Lust auf Schule"** hat inzwischen ein unglaubliches Maß erreicht.*

„In Anführungszeichen gesagt"

Anführungszeichen ermöglichen es, Wörter/Wortgruppen zu verwenden, von denen man sich distanzieren möchte: *Dein **„Wunderdoktor"** hat dir wohl nicht helfen können? Bist du noch immer von dieser singenden **„Buben-Gruppe"** begeistert?*

Ein grundloses Dasein führen Anführungszeichen manchmal in Zeitungsüberschriften und auf Schildern: *„Körperenergie-Tipps", „Fast-Hattrick" beim Finale!* Ist dir das schon einmal aufgefallen?

Setze Strichpunkte und Beistriche richtig!

1. Du kannst noch was haben aber es wäre besser du würdest weniger essen!

2. Das Auto ist wieder repariert daher wollen wir nun nicht wieder vom Unfall reden.

3. In der Küche standen Kartons mit Kleidern und Schuhen Lebensmitteln und Gewürzen Küchengeräten und -geschirr und ein Koffer in dem die Bücher waren.

4. Wir kamen in die Gaststube und nahmen Platz niemand aber kam um unsere Bestellung aufzunehmen.

5. Gemeinnutz vor Eigennutz heißt es oft so mancher weiß aber nicht mehr was „gemein" hier bedeutet.

6. Jetzt dreht er mit dem Rad seine Runden bald aber wird er sich wieder dem Hund widmen der dem Radakrobaten neugierig zusieht.

Setze Doppelpunkte und Anführungszeichen, wo es nötig ist!

1. Wenig später entdeckt der Vater in der Garage den Schulrucksack, samt allem Federpennal, Malstiften und einem Schularbeitenheft.

2. Der Vater denkt sich Wenn er die Tasche mit dem Schularbeitenheft nicht hineintragen will, heißt das sicher nichts Gutes.

3. Er ruft in den Garten Gab es in der Schule etwas Besonderes?

4. Nikolaus darauf Ach ja, hätte ich fast vergessen einen Einser in Mathe. Der ist auch im Schulrucksack, den ich gerade nicht finde!

5. Jeder kennt den Ausspruch Durchs Reden kommen die Leute zusammen.

6. Ordinationstage Mittwoch, Donnerstag, Freitag

7. Kannst du wirklich diese Nahrung essen? , frage ich dich.

8. Du denkst dir bestimmt Was weiß der von gesunder Ernährung?

<table>
<tr><td>REGEL 88</td><td>In Klammern finden sich erklärende Bemerkungen, Zusätze, Jahreszahlen und ganze Einschubsätze. Manchmal sind auch zu ergänzende Wörter oder Buchstaben in (runde) Klammern gesetzt.</td></tr>
</table>

*In diesem Jahr **(1967)** gab Jimi Hendrix in Monterey sein legendäres Konzert. Ich hätte gerne **(und da schreibe ich auch für die anderen)**, dass du bei diesem Fest aufspielst. Liebe Kolleg**(inn)**en!*

Eckige Klammern stehen oft bei Ergänzungen zu einem bereits zitierten Text bzw. Auslassungen: *„Es war schon in den 70er Jahren **[unter anderem als Reaktion auf die Erdölkrise]** ein großer Retro-Trend festzustellen. Voll zum Tragen kam Retro in den 90er Jahren **[...]** Im weiteren Sinn ist auch die Renaissance als Retro-Epoche einzustufen.“*

Klammern und Anführungszeichen treten wie der Gedankenstrich **paarweise** auf.

<table>
<tr><td>REGEL 89</td><td>Der Gedankenstrich wird vor allem zur Bezeichnung eines Gegensatzes oder zum Abbrechen eines Gedankens eingesetzt. In erzählenden Texten bereitet er auf Unerwartetes vor. Auch der Sprecherwechsel bei direkten Reden kann durch einen Gedankenstrich angezeigt werden. (vgl. ▶ Seite 42)</td></tr>
</table>

Ende gut – alles gut! Er ging langsam durch die Bibliothek – als ein lautes Kreischen in seine Ohren drang. Da – ein Blitzen zwischen den Statuen. „Jetzt reicht es mir“ – „Womit reicht es dir?“

So wie mit Klammern lassen sich auch mit Gedankenstrichen Nebenbemerkungen in einen Satz einschieben und vom übrigen Satz trennen: *Das Sammeln von Zauberkarten – das Tauschen gehört da auch dazu – ist bei den Jugendlichen sehr beliebt.* (▶ Regel 1, Seite 10)

<table>
<tr><td>REGEL 90</td><td>Mit Auslassungszeichen wird angezeigt, dass in einem Wort, einem Satz oder einem Text Teile ausgelassen worden sind. Wir kennen drei Auslassungspunkte (in wissenschaftlichen Texten in eckige Klammer gesetzt) oder den Apostroph. (▶ Regel 2, Seite 10)</td></tr>
</table>

Es war nur ein „Verdammte Sch...“ zu hören. Du bist eine elende ...!

Ein einz'ger Augenblick könnt's ändern. So 'n Wahnwitz! Nimm 'nen neuen Anlauf! Ganz, wie's euch gefällt.

Der Apostroph findet sich auch bei der Kennzeichnung des Genitivs von auf **s, x** oder **z** endenden Eigennamen (▶ vgl. Hintergrund, Seite 31):

Niklas' Ölbilder, Max' Hausübung, Moritz' Geschwister

 **Kein Apostroph wird geschrieben:**
- bei Schmelzwörtern wie *ins, ans, aufs, hinterm*
- wenn im Wortinnern ein unbetontes e ausfällt (*kommt* statt *kommet*, *Wiedersehn* statt *Wiedersehen*)
- bei der Mehrzahl von Abkürzungen: *die CD-Roms, des PKWs, die Loks*

R88-89
96

Setze die fehlenden Klammern und Gedankenstriche.

1. Bären sind beliebte wer kennt nicht Pu den Bären? und sympathische Comic-Figuren.

2. Zum Glück begegnet man einem Bären „seltener" auf der Straße als anderen Tieren zB Hunden, Katzen oder Kühen.

3. Viele kennen die Signale für Angriffslust beim Hund gesenkter Kopf, starrer Blick und gesträubte Nackenhaare und bleiben dann ganz ruhig.

4. Die zwei Tipps kein Augenkontakt mit dem Hund und nicht davonlaufen solltest du auf jeden Fall beherzigen.

5. Als Hundehalter also als Besitzer eines Hundes musst du aber auch dafür sorgen, dass er gut erzogen ist.

6. Auch Kühen etwa auf der Alm oder auf der Weide sollte man mit Respekt und Ruhe begegnen.

R89
97

Setze die Gedankenstriche. (Achtung: Wortabstand vergrößert!).

1. Da   ein   lauter   Schrei   in   der   Ahnengalerie!

2. Das   Gemälde   ein   echter   Monet   ist   Millionen   wert.

3. Und   dann   kam   das   Unerwartete   sie   küsste   ihn.

4. Gib   sofort   den   MP3-Player   her,   sonst   !

5. Sie   eine   kräftige   Person   überwältigte   den   Täter.

6. Letztes   Jahr   erinnerst   du   dich?   gab   es   grüne Weihnachten.

7. „Wie   fanden   Sie   unser   Schnitzel?"   „Ganz leicht.   Ich schob   die   Kartoffeln   ein   wenig   zur   Seite."

R90
98

Schreibe in Normalschrift und setze die Auslassungszeichen!

swardamalseineandreZeit. – Ihmgehtsgut. – Rednichtimmersoviel! – JetztschautsdocheinmaluntermTisch. – HastaberneMengeCDsgekl ähmgekauft! – FritzBruderhättihnfastnichterkannt. – Jetztschlägtsdreizehn! – Kommnäherran, kannstdichruhigtraun.

A12 **Ergänze Kommas, Doppelpunkte und Anführungszeichen!**

Susis Mutter sagt ihretwegen muss der Muttertag nicht gefeiert werden. Sie sagt der Muttertag ist hauptsächlich für Geschäftsleute da für die Zuckerbäcker und für die Blumenhändler. Und für alle Übrigen die daran verdienen.

Sie sagt sie feiert ihre Muttertage übers Jahr hin verstreut denn ein Tag allein wäre ihr viel zu wenig. Sie hat – sagt sie – jedes Mal Muttertag wenn die Susi ihr eine Zeichnung schenkt einfach so oder wenn der Vater ihr einen Blumenstrauß bringt einfach so weil es ihm gerade eingefallen ist. Oder wenn sie zu dritt beschließen Heute wird nicht gekocht! und sie marschieren vergnügt ums Eck in die kleine Pizzeria. Dann sagt Susis Mutter findet jedes Mal Muttertag statt und sie muss auch deshalb vorher nicht extra zum Friseur gehen.

Trotzdem feiert Susis Familie Muttertag nicht wegen der Mutter sondern wegen der Omama. Die Omama legt Wert darauf. Sie will diesen Sonntag speziell feiern auch wenn sie sonst jeden Sonntag etwas mit der Familie unternimmt. Sie geht auch extra vorher zum Friseur und lässt sich frische Dauerwellen machen wunderschöne große weiße Locken mit einem silbergrauen Schimmer. Weil sie aber weiß dass Susis Mutter keinen Wert auf den Muttertag legt ruft sie vorher an und sagt Kinder also ich komme wie üblich am Sonntag zu Mittag aber bitte tut euch nichts an! Keine Großkocherei! Eine Suppe sonst nichts! Schwört ihr mir das Susis Mutter schwört Susis Vater schwört. Susi schwört nicht weil sie genau weiß dass dieser Schwur nie nie nie gehalten wird.

Lene Mayer-Skumanz; Muttertag: JÖ, Ausgabe Mai/2000. JUNGÖSTERREICH Zeitschriftenverlag GmbH & CO KG, Innsbruck

A13 **Setze die Kommas. Unterstreiche die Infinitiv- und Partizipialgruppen!**

1. Es ist wenig sinnvoll zu zehnt eine Fußballmannschaft zu gründen.

2. Um als Mannschaft spielen zu können braucht es bekanntlich elf Leute.

3. Anstatt nur auf dem Feld herumzustehen müssen Spieler auch laufen.

4. Nur einer das sogenannte Tor hütend bleibt meistens auf seinem Platz.

5. Sein Tor ist grob gerechnet viermal so lang wie er.

6. Er bekämpft alle gegnerischen Versuche den Ball in sein Tor zu bringen.

In jedem Satz fehlen zwei Kommas. Setze sie richtig!

1. Wir danken Ihnen dass Sie mit uns gereist sind und freuen uns schon auf das nächste Mal.

2. Das ist der Junge der dort geht von dem ich dir erzählt habe.

3. Susi dankt Peter dass er da war als sie ihn am meisten brauchte.

4. Wir bestellen uns einen großen fruchtigen und teuren Eisbecher sofort!

5. Ihr bedauert dass ihr nicht dabei wart und nicht zusehen konntet dabei war es so langweilig.

6. Der neue amerikanische Thriller der gerade in unseren Kinos anläuft muss wahnsinnig spannend sein.

7. Ach so hör mir doch mal zu meine Liebe!

8. Sie sammelte alte Puppen große wie kleine und stellt sie im Museum aus.

9. Die einfach gute Idee wieder neu anzufangen hat sich bezahlt gemacht.

10. Dieses Auto fährt schnell und sicher aber ich will trotzdem eines das billiger ist.

11. Trotz aller Bemühungen konnten wir das Spiel wie wir hofften nicht gewinnen.

12. Im Glauben damit genug verdient zu haben ging er wieder nach Hause.

Setze die fehlenden Anführungszeichen und Kommas. Witze!

1. Unsere Spezialität ist Schnecken mein Herr. – Ich weiß letztes Mal hat mich eine bedient.

2. Herr Ober bringen Sie mir bitte die Karte ich bin so hungrig. – Gern aber das Papier wird Ihnen im Magen liegen!

3. Herr Ober mein Kaffee ist eiskalt! – Danke dass Sie mir das sagen denn der Eiskaffee kostet 1 Euro mehr.

4. Einmal Forelle! – Für mich auch aber frisch! – Der Ober zum Koch: Zweimal Forelle eine davon frisch.

5. Herr Ober der Teller den Sie mir gerade serviert haben ist ganz nass! – Nass? Aber das ist doch schon die Suppe!

Rechtschreibung ist keine Lautschrift

Oft können Wörter so geschrieben werden, wie sie in der Standardaussprache auch ausgesprochen werden.

Bekanntlich ist das im Deutschen aber nicht immer so. Man schreibt nicht *farat* – wie man es spricht –, sondern *Fahrrad*. Für diese *nicht* rein vom Lautlichen abzuleitenden Schreibungen arbeiten wir beim Schreiben mit im Gehirn gespeicherten Schreibmustern: So haben wir vielleicht das Wort *vieleckig* vielleicht noch nie geschrieben, können es aber trotzdem, weil uns „viel" und „eck(e)" sowie die Nachsilbe „-ig" bekannt sind.

Hinter den Regeln liegen Prinzipien

- Das **Lautprinzip** (Laute werden so niedergeschrieben, wie man sie spricht) ist zentral.
- Immer wieder richtet sich die Schreibung von Wörtern aber nach einem gemeinsamen Wortstamm (so *Länder*, weil *Land*). Das **Stammprinzip** macht also dem Lautprinzip einen Strich durch die Rechnung. Das kommt den Schreibenden/Lesenden zugute:

Man hört	man schreibt	weil Stammwort
Redchen	Rädchen	Rad
schreipst	schreibst	schreiben
likt	liegt	liegen

- Das **grammatische Prinzip** (Groß- und Kleinschreibung, Zusammen- und Getrenntschreibung, Zeichensetzung) hilft, den Text leichter zu verstehen: *liesdiesensatzdamitdusiehstwiewichtigdiesesprinzipist(!)*

Wir haben mehr Laute als Buchstaben

Wir haben in der gesprochenen Sprache **lange** und **kurze Vokale**/Selbstlaute, aber nur jeweils **ein Schriftzeichen** dafür: Das *o* in *Ton* zB ist ein anderes als in *Frost*. Im Geschriebenen aber ist es ein und derselbe Buchstabe. Aber auch den Buchstaben stehen nicht im Verhältnis 1:1 bestimmte Laute gegenüber. Wie wir etwa Großbuchstaben nicht hören, so sind auch diejenigen Schriftelemente (meist) nicht zu hören, welche die Länge/ Kürze der Vokale kenntlich machen:

- das **Dehnungs-h** (*dehnen*)
- das **Silben-h** (*drehen*)
- **doppelte Vokale** (*Saal*)
- **doppelte Konsonanten** (*fallen*)

Umlaute können wie Vokale lang oder kurz gesprochen werden: *mäßig, öde, üben; Kästen, Küste, öfter*

Diphthonge/Zwielaute gelten **immer** als lang: *Kaiser, Leute, Meise, häuslich, draußen* (► vgl. Regel 45, Seite 46)

99 *Lautprinzip* oder deutliches Sprechen kann helfen. Lies deutlich und markiere die Fehlschreibungen in folgenden Tabellen!

Vorangregeln (rr)	bedeutenste	Tausenstel	Entarnung
Alamsignal	Sackhüpen	Riesentdeckung	eregen
zereißen	Verenkung	Wandapete	beinflussen
letzens	Kärnter Berge	die verschwunden Buchstaben	

Die Verlängerungsprobe
Um am Wortende die Verschlusslaute **b/p**, **d/t** und **g/k** unterscheiden zu können (sie klingen dort hart), musst du das Wort in den Plural setzen oder auf den Infinitiv zurückgehen: *das Rad* ▶ *die Räder; er blieb* ▶ *blieben*

100 Mache die *Verlängerungsprobe* und stelle dann die Fehlschreibungen richtig!

Staupb (*stauben*)	Gitterstap	lük nicht!	Mikroskob
riep	trüp	gap	Stirp!

101 *Stammprinzip* oder bleib der Wortfamilie treu! Von welchem Stamm (Basiswort) kommen folgende Schreibungen?

nummerieren	*Nummer*	Schlägel	
täglich		lobst	
platzieren		Geländer	
läuten		Raserei	
pflügen		Gärtchen	

102 *Grammatisches Prinzip* oder mache den Text mit Groß- und Kleinschreibung, Wortabständen und Satzzeichen leichter lesbar! Schreibe die Sätze auf.

Derdichteräsopschreibtvoneinemlöwendereinekleinemausaufihrebittehinverschon tewiesolleinemausmirhilfreichseindachteersichwenigspäterfandsichderlöweaberin einemnetzgefangendazernagteihmdiemausdasnetzundretteteihmdaslebenmansoll auchdenkleinstennichtübermütigbehandeln

....

....

....

....

A KURZE VOKALE UND IHRE KENNZEICHNUNG (SCHÄRFUNG)

Folgen einem Vokal (im Stamm) zwei **verschiedene** Konsonantenlaute, so gilt der **Vokal** als **kurz**: *hart, bald, Hemd*. Folgt nur ein Konsonantenlaut, so kann der Vokallaut **lang** oder **kurz** sein: *Ton, Sche*re; *Tonne, Karre, Müll*.

> **REGEL 91** Im Schriftlichen werden kurze (betonte) Vokale durch die Verdopplung des folgenden Konsonantenbuchstabens gekennzeichnet.

A*ffe*, Be*tt*, Galo*pp*, Geschi*rr*, Nu*mm*er, Pa*dd*el, Sto*ff*, Tü*ck*e, fü*ll*en, ha*rr*en, ke*nn*en, kla*pp*en, we*tt*en, wi*ss*en, sta*rr*, ü*pp*ig, da*ss* (= Konjunktion)

Merke: **Nach** einfachem Konsonanten (m, r, n ...) wird ein weiterer Konsonant **nie** verdoppelt: *Hanf, Zorn* ... (▶ Hintergrund Seite 90)
Gemäß dem Stammprinzip bleibt die Doppelschreibung der Konsonanten bei allen Mitgliedern der Wortfamilie erhalten, zB *Sto**fff**etzen, We**ttt**ipps, beha**rr**te*.
So kann es zu einer Konsonantenhäufung kommen.

bitten, unerbittlich – er bat? = Stammwechsel
Sogenannte starke Verben bilden die Zeitformen durch eine Änderung des **Stammvokals**, also etwa *bitten – bat – gebeten*. Je nachdem, ob der Stammvokal lang oder kurz gesprochen wird, erfolgt eine Verdopplung des folgenden Konsonanten. Die Schreibung kann sich so innerhalb einer Wortfamilie ändern: **greifen – griff – gegriffen; griffig, der Greifarm** (auch ▶ Seite 48). Achtung: Bei verändertem Stamm auf die jeweilige Vokallänge achten!

> **REGEL 92** Es gibt Ausnahmen, bei denen
> **A** trotz kurzem betontem Vokal im Stamm keine Verdopplung des Konsonanten erfolgt oder
> **B** ohne betonten Vokal davor eine Konsonantenverdopplung vorliegt.

Ausnahmen A – Keine Konsonantenverdopplung bei ...
- bestimmten einsilbigen Wörter mit einer grammatischen Funktion, wie:
  an, ab, das (Artikel, Pronomen), *des, dran, drin, in, man, mit, ob, was*
- bestimmten einsilbigen Wörtern aus dem Englischen: *Bus, Chip, Klub/Club* (**aber:** *das Clubbing*), *Gag, fit* (**aber:** *fitter*), *Job* (**aber:** *jobben*)
- den fremdsprachigen Nachsilben *-ik* und *-it* (deren Vokal kurz oder lang gesprochen wird), zB *Informatik, Panik, Politik; Defizit, Profit*
- einigen Wörter mit seltenem, unselbstständigem Wortbestandteil, zB: *Brombeere, Himbeere, Imbiss, Imker, Walnuss*
- Wörtern mit den alten Nachsilben *-d, -st* und *-t*, zB: *Brand* (trotz *brennen*), *Gunst* (trotz *gönnen*), *Hirngespinst* (trotz *spinnen*), *Geschwulst* (trotz *schwellen*), *Geschäft* (trotz *schaffen*), *insgesamt, sämtlich* (trotz *zusammen*)
- bestimmten Fremdwörtern, zB: *Ananas, City, Kamera, Relief, Roboter*
- den Ausnahmen: *ich bin, er hat; Drittel, Mittag, dennoch*

Steigere folgende Adjektive nach dem vorgegebenen Beispiel:

schnell	*schneller*	*am schnellsten*
toll		
besinnlich		
dumm		
dünn		
auffallend		
dick		
hell		
reizend		

Ergänze die Fügungen richtig!

1. mi_____ allem Dru_____ und Dra_____ 2. zu Mi_____ag 3. i_____ die Politi_____ gehen 4. die höhere Mathemati_____ verstehen 5. keinen Kredi_____ bekommen 6. sä_____tliche Spieler kennen 7. ein gutes Geschä_____t machen 8. ihre Gu_____st gewinnen 9. de_____och 10. seinen Jo_____ verlieren 11. Hi_____beeren sammeln 12. a_____ Limi_____ sein 13. den Bra_____d löschen 14. auf einen I_____biss gehen 15. Ein Scherz heißt auch Ga_____ . 16. immer dra_____ bleiben und mi_____ der Zeit gehen 17. Das war insgesa_____t ein Erfolg! 18. Achtung, Ka_____era!

Starke Verben: Achte auf die Vokallänge und setze richtig ein!

Infinitiv	Präteritum	Partizip 2	Nomen
fallen	du		der
	ich	erschrocken	der
kennen	ihr		die Ke_____tnis
rinnen	es		das Ri_____sal
	ich	getroffen	der
kommen	er		der Ankö_____ling

Ausnahmen B – Konsonantenverdopplung ohne betonten Kurzvokal davor

- beim stimmlosen (= zischend gesprochenen) *s* in Fremdwörtern wie:
  Fassade, Insasse, Karussell, Kassette, passieren

- bei Pluralformen/verlängerten Formen der Wörter auf *-in, -nis* sowie auf *-as, -is, -os*
  und *-us*: *Ärztin – Ärztinnen, Zeugnis – Zeugnisse; Ananas – Ananasse, Kürbis – Kürbisse,*
  Albatros – Albatrosse, Diskus – Diskusse (▶ Seite 50)

- bei einigen Fremdwörtern, zB:
  Batterie, Dilettanten, Effekt, Grammatik, Intelligenz, Karriere, Kollege, Konkurrenz,
  Kommissar, Konstellation, Renommee, Porzellan, frappant, immun, kommerziell, raffiniert

REGEL 93	Folgt auf den kurzen Vokal ein *k* oder ein *z*, so wird *ck* und *tz* geschrieben (statt *kk* und *zz*).

*Ack*er, *Druckk*nopf, *Eck*e, *Päckch*en, *hack*en, *hock*en, *lock*en, *streck*en; *Matratze, Schlitzohr,*
Schutz, ätzen, schwitzen, nützlich (Achtung: ***Kapuze!***)

Nur wenige fremdsprachige Wörter werden mit *zz, kk* geschrieben, zB:
Jazz, Razzia, Skizze; Akkord, Akkusativ, Mokka, Sakko

> **Merkwürdiges zu (t)z/(c)k**
> „Nach *l, n, r*, das merke ja, steht nie *tz* und nie *ck*!" Daher zB: *Holz,*
> *pflanzen, Herz; welken, Manko, Schwenk* – aber auch: *schluchzen, seufzen*
> Achtung! Fremdwörter haben in der Regel **kein** *ck/tz*: *akut, Akustik,*
> *Amok, Effekt, klerikal, sich mokieren, Paket, sekundär, suspekt; fabrizieren*
> *Horizont, Indiz, infizieren, Justiz, Komplize.* Aber: *Attacke, Baracke, Perücke*

R93 106	Ergänze die Tabelle um passende Wörter aus der Wortfamilie!		
	Verb/Infinitiv	**2. P. Sg. Präsens**	**verwandtes Nomen**
	backen	*du bäckst*	*das Backpulver*
			der Spuk
	funken		
			die Verpackung
		du entdeckst	
	schaukeln		
			die Häkelnadel

R91-92
107 Setze die richtigen Doppelkonsonanten ein.

ka_____ieresüchtig, dile_____antisch, Sate_____itenempfang, Lo_____eriespiel,

ko_____ekt, A_____raktion, Konku_____enz, gra_____atikalisch, Herr Ko_____ege,

sku_____il (= sonderbar), I_____unität, ra_____iniert, Ka_____ibale, I_____usion,

Manageri_____en, a_____ressiv, Telefonverzeichni_____e, Karu_____ellfahrt,

Ka_____ettenrekorder, Sekretäri_____en, Fa_____adenmaler, depre_____iv

R93
108 Ergänze die Tabelle um passende Wörter aus der Wortfamilie!

Verb/Infinitiv	2. P. Sg. Präsens	verwandtes Nomen
heizen	*du heizt*	*die Heizung*
		der Purzelbaum
	du kreuzt	
schmerzen		
	du spazierst	
provozieren		
	du fabrizierst	

R93
109 Setze richtig ein.

1. Hier hat man eine perfekte A_____usti_____. 2. Das Quartier war eine

Bara_____e. 3. Er erlitt einen Herzinfar_____t. 4. Dieses Gemälde ist eher

abstra_____t. 5. Sie ist Mitglied der A_____ademie. 6. Die Ta_____ti_____ des

Trainers ging voll auf, es wurde mehr atta_____iert. 7. Einen f-A_____ord, bitte!

8. Er hatte einen besonderen Chara_____ter. 9. Hunderte strei_____ten vor der

Fabri_____. 10. mit Perü_____e auf dem Kopf 11. Zwei Mo_____a! 12. Ke_____s

kommt vom englischen „cakes". 13. Wollen Sie es als Pa_____et verschicken?

REGEL 94	Wörter mit *bb, dd, gg* sind im Deutschen selten. Meist kommen sie aus dem Niederdeutschen oder aus dem Englischen. Präge sie dir gut ein.

Ebbe, Hobby, Krabbe, Lobbying, Mobbing, Robbe, bibbern, jobben, knabbern, krabbeln, kribbeln, rubbeln, sabbern, schrubben; Addition, Paddel, Pudding, Widder, buddeln, schmuddelig; Dogge, Flagge, flügge, schmuggeln

REGEL 95	Wörter mit *ff*: Bei kurzem betontem Vokal im Stamm bzw. Infinitiv wird verdoppelt, zB die Hoffnung ▶ hoff-en (betonter Kurzvokal *o*). Beachte: Folgen dem Vokal in der Stammsilbe mehrere Konsonanten, wird nicht verdoppelt.

Affe, Hoffnung, Korallenriff, Löffel, Neffe; Schaffner, Schöffe, büffeln, hoffen, raffen, schraffieren; straff

Aber: *Duft, Gruft, Leidenschaft, Lift, Schuft; haften, driften; deftig, triftig*

Achte auf den Stamm ...
Der Stamm (oder die Stammsilbe) ist der Grundbaustein für alle Wortformen einer Wortfamilie. Betrachten wir also die Wortfamilie zu **hoffen**, so findet sich in allen Wörtern der Stamm **hoff-**: erhoffen, hoffte, hofftest, **Hoff**nung, hoffentlich, hoffnungslos, unverhofft, **Hoff**nungsschimmer ...
Aufpassen: Der Stamm verändert sich manchmal auch. (▶ Seite 48 f.)

REGEL 96	Wörter mit *ll*: Bei kurzem betontem Vokal im Stamm bzw. Infinitiv wird verdoppelt, zB die Zellteilung ▶ die Zell-e (betonter Kurzvokal *e*). Beachte: Folgen dem Vokal in der Stammsilbe mehrere Konsonanten, wird nicht verdoppelt.

Appell, Bollwerk, Geselle, Hölle, Kellner, Kontrolle, Kristall, Modell, Pullover, Tollpatsch; bestellen, brüllen, knüllen, quellen, prellen, wollen; allein, billig, kollektiv, rationell; ebenfalls, vielleicht, allmählich

Aber: *Bolzen, Flussdelta, Malz, Pulver; gelten, halten, schalten, verwalten, einfältig*

REGEL 97	Wörter mit *nn*: Bei kurzem betontem Vokal im Stamm bzw. Infinitiv wird verdoppelt, zB konnte ▶ könn-en (betonter Kurzvokal *o/ö*). Beachte: Folgen dem Vokal in der Stammsilbe mehrere Konsonanten, wird nicht verdoppelt.

Antenne, Bann, Beginn, Brenner, Kenntnis (▶ kennen), Panne, Tunnel; brennen, nennen, können, rinnen; abtrünnig, dünn; binnen, denn, drinnen, wenn

Aber: *Brand, Feuersbrunst; günstig, inbrünstig, spontan; hin, in*

R94
110

Vervollständige die Wörter mit *bb*, *dd* oder *gg* richtig.

1. Susis liebstes Ho_____y ist Schwimmen, ihr Sternzeichen ist Wi_____er.

2. Bei E_____e die Küste entlang zu jo_____en, gefällt Tina am besten.

3. Die Kinder bu_____eln im Sand und füllen ihn in Pu_____ingformen.

4. Manchmal finden sich Reste von Kra_____en und schmu_____elige Dinge.

5. Tina führt ihre Do_____e an der Leine, die kra_____elnde Krebse bewundert.

6. Im Hafen jo_____t Klaus auf einem Segelschiff mit Piratenfla_____e.

R95
111

Vervollständige die passenden Reimwörter!

der Duft	die L_____	die Gr_____	der Sch_____
das Riff	der Pf_____	der Gr_____	das Sch_____
die Kraft	der S_____	die Leiden_____	dauer_____
straffe	sch_____!	schl_____	Gir_____
das Schaf	der Schl_____	der Gr_____	der Foto_____
offen	h_____	s_____	getr_____

R96
112

Setze *l/ll* richtig ein!

1. ein schmerzvo_____es Geschwu_____st am Ha_____s 2. ein _____ustiger Gese_____e
3. die A_____ee entlang bumme_____n 4. a_____mählich die Gedu_____d
verlieren 5. ein kunstvo_____es Tri_____ern 6. zwei Knäue_____ Wo_____e 7. der
Kno_____enblätterpilz 8. Papier zerknü_____en 9. der Prope_____er

R97
113

Setze *n/nn* richtig ein!

1. seine Ante_____e ausfahren 2. es de_____en richtig zeigen 3. ins Verderben
re_____en 4. spa_____end 5. über große Ke_____tnisse verfügen 6. sich dari_____
wohlfühlen 7. i_____sgeheim hoffen 8. die Gu_____st des Kaisers 9. bi_____en
drei Tagen 10. i_____brünstig bitten 11. bei Regen dri_____en bleiben
12. Sängeri_____en 13. der mittelalterliche Mi_____esang

den/denn nie mehr verwechseln!
Wenn du **den/denn** zu deinen Lieblingsfehlern zählst und in Zukunft darauf verzichten willst, dann merke dir gut:
Vor Hauptwörtern (Ersatz durch *diesen!*) und am Beginn von Nebensätzen (Ersatz durch *welchen!*) steht immer **den**, in allen anderen Fällen **denn**:
Ich kenne **den** *(= **diesen**) richtigen Fall. Sie kennt niemanden,* **den** *(= **welchen**) das nicht überzeugt.*

Beachte im Gegensatz dazu: *Was ist* **denn** *da so schwierig?* (*denn* in Fragesätzen). *Du weißt Bescheid,* **denn** *du hast ja das nötige Hintergrundwissen.* (*denn* in Begründungssätzen; Ersatz durch „weil"-Satz)

REGEL 98	Wörter mit *mm*: Bei kurzem betontem Vokal im Stamm bzw. Infinitiv wird verdoppelt, zB sti*mm*t ► sti*mm*-en (betonter Kurzvokal *i*). Beachte: Folgen dem Vokal in der Stammsilbe mehrere Konsonanten, wird nicht verdoppelt.

Dämmung, Kilogramm, Klammer, Trommel; bummeln, kommen, kommentieren, nummerieren, sammeln; fromm, stumm

Aber: *Bremse, Hamster, Wimper, klimpern, stampfen; sämtliche, simpel*

REGEL 99	Wörter mit *pp*: Bei kurzem betontem Vokal im Stamm bzw. Infinitiv wird verdoppelt, zB kla*pp*t ► kla*pp*-en (betonter Kurzvokal *a*). Beachte: Folgen dem Vokal in der Stammsilbe mehrere Konsonanten, wird nicht verdoppelt.

Apparat, Happen, Mappe, Mopp, Schnäppchen, Stepptanz, Stopp, Tipp, Wappen; kippen, schleppen, stoppen, tappen; doppelt, knapp, schlapp

Aber: *Diplom, Kapsel, Zepter; hopsen, japsen, knipsen, stupsen*

REGEL 100	Wörter mit *rr*: Bei kurzem betontem Vokal im Stamm bzw. Infinitiv wird verdoppelt, zB kna*rr*te ► kna*rr*-en (betonter Kurzvokal *a*). Beachte: Folgen dem Vokal in der Stammsilbe mehrere Konsonanten, wird nicht verdoppelt.

Barren, Arrest, Gitarre, Herrscher (► *Herr*)*, Irrtum* (► *irren*)*, Korrektur, Parterre, Schnurrbart, Terrasse, Überraschung, Zigarre; plärren, scharren, starren, verwirren, zerren; mürrisch, störrisch, verdorrt* (► *verdorren*)

Beachte: *Bariton, Herzog, Herbert, Karotte, Karikatur, Zigarette; martern, tarnen; dort*

Wen stört das Wenn?
Mit *wen* werden Ergänzungsfragesätze und Relativsätze eingeleitet. *Wenn* ist ein Bindewort, das du durch *falls* ersetzen kannst. *Wenn* du das gelesen hast, weißt du, was ich meine. *Wen* kann ich jetzt noch verwirren?

R97
114

Ergänze in folgenden Sätzen *den* oder *denn*, *wen* oder *wenn*!

1. We...... die Götter lieben, de...... holen sie früh zu sich. (*antike Weisheit*)

2. Kannst du de...... gar nicht still sein?

3. We...... du mir einen Gefallen tun willst, dann halte jetzt de...... Mund!

4. Sie fragt sich, we...... sie zum Sieger wählen soll.

5. Wir lieben de...... Song, de...... er drückt unser Lebensgefühl aus.

6. We...... das erfreut, der kann keinen guten Geschmack haben!

7. Was willst du de...... noch von mir?

8. De...... zeigst du mir, dem das gefällt!

R98–100
115

Ergänze die richtigen Doppelkonsonanten *mm, pp* oder *rr*!

1. auf dem Te......ich bleiben   2. auf Nu......er sicher gehen   3. das Te......arium

4. seinen Ko......entar abgeben   5. der Hausa......est   6. ein ü......iges Mahl

7. die Sto......uhr   8. das Telegra......   9. an einem Hustenkata......leiden

10. auf mein Ko......ando   11. auf der Te......asse   12. dagegen i......un sein

13. Ka......iere machen   14. zur Gita......e greifen   15. völlig sy......etrisch

16. im Parte......e wohnen   17. der Ste......polster   18. der Einkaufsbu......el

19. die Ko......ektur   20. der Polizeiko......issar

R98–100
116

Ergänze die Tabelle um die passenden Verbformen. Vokallänge beachten!

Verb/Infinitiv	Präsens	Präteritum
	du	du zerrtest
tappen	er	
	ich bummle	
		ihr kamt
	sie martert	
	sie knipsen	

REGEL 101	**Wörter mit *tt*:** Bei kurzem betontem Vokal im Stamm bzw. Infinitiv wird verdoppelt, zB der Bet*tt*ler ▶ bet*tt*-eln (betonter Kurzvokal *e*).

Briketts, Gewitter, Klettverschluss, Motto, Parkett, Tablette, Vermittler, Wettkönig; füttern, knattern, satteln; bitter, glatt, nett, zittrig (▶ zittern)

Aber: *Atlas, etliche, Witwe*

Immer einfach bleibt das ***t*** in *mit*, auch in Zusammensetzungen:

mitnehmen, mittragen, Mitvergangenheit (aber: *Mitte, mittlerweile, Mittsommer*)

REGEL 102	**Gemäß dem Stammprinzip darf beim Zusammentreffen mehrerer Konsonanten keiner weggelassen werden, also:** *Betttuch, Fetttropfen, Schnitttabak, wettturnen* **Ausnahmen: *Mittag, dennoch***

Balletttruppe, Brennnessel, Essstörung, Flusssand, Schifffahrt

---

So ein Stammwechsel sorgt für Abwechslung
Der Stammwechsel innerhalb der Konjugation/Verbabwandlung betrifft auch eine Reihe von Verben mit „*d*" oder „*t*", also:
treten – trat – getreten; ich trete – du trittst – er tritt – wir treten ... Tritt (ein)! Tretet (ein)!
So treten auch bei folgenden Verben Formen mit *-tt-* auf:
bitten, gleiten, leiden, reiten, schneiden, schreiten, streiten

---

R99
117

Achte auf die Vokallänge und setze richtig ein!

Infinitiv	Präteritum	Partizip 2	Nomen
	sie litten		das Lei......en
	du	geschnitten	der Schnei......er
	er		der Gleiter
bitten	wir		die Bi......e
	er		der Streit
	sie		der Reiter
schreiten	wir		der

Setze die richtigen Wörter ein.

Schutt – artige – mitgenommen – Retter – Zigaretten – Briketts – fetttriefende – Tabletten – Lotto – Metro – Botanik – Mittag – frites – Toilette – Tat – Not

1. Die Wissenschaft, die sich mit Pflanzen beschäftigt, ist die ....

2. Die Pariser U-Bahn heißt ....

3. Vielerorts dürfen .... nicht mehr öffentlich geraucht werden.

4. Das unbedachte Schlucken von .... ist gefährlich.

5. Wie sollen sich denn heutzutage .... Kinder verhalten?

6. Heute .... hatte ich eine unglaubliche Begegnung.

7. Viele träumen davon, einmal im .... zu gewinnen.

8. Ich hasse .... Pommes ....

9. Nach diesem Unfall liegt hier alles in .... und Asche.

10. Wo ist denn hier die ...., bitte?

11. Eine Pfadfinderin nimmt sich jeden Tag eine gute .... vor.

12. Du bist mein .... in der ....!

13. Der Weihnachtsmann sieht schon etwas .... aus.

14. Wir müssen noch .... zum Heizen kaufen.

Drei Konsonanten: Schreibe die Zusammensetzung auf!

Brenn	+	Nessel	die
Stoff	+	Fetzen	der
Ess	+	Störung	die
Schritt	+	Tempo	das
Kunststoff	+	Fenster	das
still	+	legen	
voll	+	laden	
schnell	+	lebig	
wett	+	turnen	

A16 Achte auf die Vokallänge und setze richtig ein!

Infinitiv	Präteritum	Partizip 2	Nomen
beginnen	wir		der
	es schwoll		die
brennen	es		der
	sie gewannen		der
kennen	ihr		die
	ich	ernannt	die
	du	gerannt	das
einschreiten	wir		das
	es	gequollen	die

A17 Ein-, zwei- oder dreimal der gleiche Konsonant? Setze richtig ein!

auf den Mi......imeter(l) genau – jemandem Mode.......(l) stehen – Sie

de......olierten(m) die ganze Einrichtung. – einfach zur Gita......e(r) greifen und

spielen – frischer Honig vom I......ker(m) – ein ko......ossales(l) Konzert! – zu

Protoko.......(l) geben – in der Kolo......e(n) fahren – im Spezie......en(l) – der

Pu......over(l) – Li......t(f) außer Betrieb! – Das ist alles ein Riesenblu......(f)!

– Para......elismus(l) – in die Fa......e(l) ta......en(p) – Das ist eine

Fä......schung(l)! – Meta......(l) statt Plastik – Als Kind wo......te(l) ich nie

Karusse......(l) fahren. – eine de......tige(f) Speckjause – die Ro......äden(l)

herunterlassen – ein Zeitungsabo......ement(n) – eine Mi......iarde(l) Leute

– Ko......ision(l) – Das war ein Sa......to(l)! – Das sind ja Ma......ia(f)-Methoden.

– die Ziga......e(r) paffen – die Sto......arbe(f) aussuchen – der Di......erenz-

betrag(f) auf der Beste......iste(l) – Einfach schri......(l)! – ein schli......er(m)

Vorfa......(l) – Wer hat hier Vo......ang(r)? – I......biss(m) – bre......bares(n)

Dä......aterial(m) – ze......eißbare(r) Kunststo......olien(f) – de......och(n)

A18 **Trage die Wörter mit *pp*, *tt*, *ff* aus der Wo®tschl@nge richtig ein!**

@PP@®@TK@BINETTBUFFETZIG@®ETTEOFFIZIE®B@TTE®IEGI®@FFEB@LLETTO
PPOSITIONK@SSETTE@PPL@USTEPPICHFELSEN®IFF®@FFINIE®TTIPP

Wörter mit pp	Wörter mit tt	Wörter mit ff
....	....	....
....	....	....
....	....	....
....	....	....
....	....	....

A19 **Nach *l*, *n*, *r*, das merke ja, steht nie ...“ – Weißt du noch?**

1. Opa meint: „Iss mehr Spe........, dann hast du mehr Schmal........!“

2. Die Ker........e spendet auf kur........e Distan........ ein helles Licht.

3. Minus 50 Pro........ent – jetzt pur........eln bei uns die Preise!

4. Bei Pani........atta........en solltest du lieber einen Ar........t aufsuchen.

5. Hier ist ein guter Pla........ für einen Kleiderha........en.

6. Nach all den Strapa........en bin ich schre........lich müde.

7. Da hast du aber wir........lich etwas Le........eres gekocht!

8. Eine He........tik herrscht hier: Jeder verpa........t seine Geschen........e.

A20 **In folgenden Sätzen findet sich kein einziger Konsonant verdoppelt. Kreise die Konsonanten ein, die *einfach falsch* sind und verdoppelt werden müssen! Beachte auch *ck* und *tz*.**

Am Strand läst sich bei Ebe bagern und budeln. Manchmal findet man auch

Schmugelgut von gesunkenen Piratenschifen: Schnapsfäser, verschimelte

Zigarenkisten, funkelnde Schmukkaseten, astronomische Aparate und verostete

Wafen. Oder vieleicht ein bestiktes Betlaken aus der Kajüte des Komandanten?

Wer gar eine Schazkarte aus der Karibik entdekt, der kan sich glüklich schäzen.

Es lebe Jack Sparow!

<table>
<tr><td>**7. KAPITEL**</td><td>**LANGE VOKALE MIT ODER OHNE DEHNUNGSZEICHEN**</td></tr>
</table>

7. KAPITEL — LANGE VOKALE MIT ODER OHNE DEHNUNGSZEICHEN

Das Deutsche ist eine vokalreiche Sprache, insgesamt unterscheiden wir in der gesprochenen Sprache 16 Vokale. Mitunter entscheidet die Länge eines Vokals auch über die Bedeutung eines Wortes (siehe etwa: *Stadt – Staat*).

Wir verfügen aber nur über 9 Vokalschriftzeichen (*a, ä, e, i, o, ö, u, ü, ie*). Um die Vokallänge beim Schreiben zu kennzeichnen, muss also vielfach die Silbenumgebung des Vokals mithelfen. Nachfolgende Konsonanten werden verdoppelt und markieren so kurze Vokale (► Kap. 6). Für lange Vokale gibt es grundsätzlich zwei Möglichkeiten: *mit* oder *ohne* Dehnungszeichen.

A LANGVOKALE MIT DEHNUNGSZEICHEN

> **REGEL 103**
>
> Zur Kennzeichnung von langen Selbstlauten finden sich vor allem: *Doppelvokale* (*aa, oo, ee*) und *Dehnungs-h* (stummes h). Für die Bezeichnung des langen „i" kommt meist *ie* zum Einsatz, selten *ieh* oder *h*.

*Be*et, *Sa*at, *Bo*ot; *Te*e, *Fe*e, *Orchide*e; *Fahne*, *ahnen*, *erwähnen*; *Dieb*, *Niete*, *fies*, *schrieben*, *viel*; *lieh* (weil *leihen*), *verzieh* (weil *verzeihen*); Ausnahmen mit *ih*: *ihnen*, *ihm*, *ihn*, *ihr*

Fünf Tipps, die dir das Einprägen bestimmter Schreibungen erleichtern:

 Wörter, die von einem Stamm mit bestimmtem Dehnungszeichen abgeleitet werden, behalten dieses bei: Hier den Stamm bzw. den Infinitiv beachten!
belohnen ► *Lohn*, *die Fährte* ► *fahr-en*, aber: *nämlich* ► *Nam-e*

 Vor *l, m, n* und *r* im Wortstamm muss man bei einem Langvokal fast immer mit einem **Dehnungs-h** rechnen, **insbesondere bei Verben**!
fahren, *fuhr*, *mahlen* (*Getreide*), *nehmen*; *gefährlich*, *kühn*, *Gefährte*

 Folgen im Wortstamm noch **zwei oder mehr Konsonanten** auf den langen Vokal, steht **kein Dehnungs-h**.
Kloster, *Mond*, *Trost*, *Wüste*; Ausnahmen sind: *ahnden*, *fahnden*

 Bei Wortstämmen, die mit *t-, sch-, sp-* oder *qu-* beginnen, findest du **kein Dehnungs-h**! Auch Wörter, die mit mehreren Konsonanten beginnen (*pl-, gr-, kl-, br-* ...), haben meist kein Dehnungs-h.
Tal, *Schal*, *Spule*, *Qual*; *Plage*, *grün*, *klar*, *Brot*

 Verdoppelt werden nur die Vokale *a, o* und *e*, nie aber *i, u, ä, ö* und *ü*! Sie stehen dabei oft vor *l, r, s, t* sowie am Silbenende, **insbesondere bei Nomen**.
Haar, *Paar*, *Saal*; *Boot*, *Moos*, *Zoo*; *Heer*, *Kaffee*
Aber: *das Pärchen*, *das Härchen*, *die Säle*, *das Bötchen*

Beachte bei den Übungen 120 bis 127 die verschiedenen Dehnungszeichen-Tipps!

R103
120 **Ergänze die fehlenden Verbformen und das passende Nomen!**

Infinitiv	Präsens	Partizip 2	Nomen
	du		der Befehl
	er		die Spülung
einnehmen	ihr		die
	ich	gefühlt	das
	es		die Qual
	du ahmst nach		die
entleeren	wir		die
	du	gedehnt	die
	ihr	gefahndet	die

R103
121 **Beachte den ersten Buchstaben des Wortstammes und ergänze!**

1. Er machte es sich bequ.....m und gab keinen T.....n von sich.

2. Mein lieber Schw.....n! Das war eine sch.....ne Besch.....rung!

3. Keiner wagte, sich über diese Qu.....l zu beschw.....ren.

4. Er wollte gar nichts t.....n.

5. Das Löffelchen Lebertr.....n hätte man sich sp.....ren können.

6. Er ließ sich nicht st.....ren beim H.....ren seines Lieblingssongs.

Über die Häufigkeit von Dehnungszeichen
Das Dehnungs-***h*** kommt sehr viel häufiger vor als Doppelvokale. Im Übrigen haben Verben eher das ***h*** als Dehnungszeichen, Substantive eher Doppelvokale (so sie nicht von „*h*-Verben" abgeleitet sind). Einfache, nicht abgeleitete Nomen mit Dehnungs-h sind selten: ***Reh, Floh, Stroh, Schuh***

R103
122 **Vokalverdopplung oder nicht? Ergänze richtig.**

„a": Ich w.........ge es gar nicht auf die W.........ge zu steigen!

„o": Im Z.........bin ich noch nie B.........t gefahren.

„e": Hätte Caesar ohne Siegeslorb.........r einen s.........lischen Knacks gehabt?

„a"/„e": Im Zaubert.........l lud eine Zauberf.........zum Kaff.........

„e": Er ist ganz s.........lig, dass trotz des R.........gens kein Platz l.........r blieb.

„o"/„e": Einfach s.........im weichen M.........s liegen und vom M.........r träumen!

R103

123

Setze die richtigen Wörter ein:

> gebührt – argwöhnisch – fiel – Bühne – Höhle – kühlem – lieber –
> Ruhm – Stuhl – ur-

1. Bei .... Wetter bleibt man .... zu Hause.

2. Ihm .... höchster .... für seine edle Tat.

3. Schöne Leute meinen oft, sie stünden ständig auf einer ....

4. Im Inneren der .... fanden sich ....zeitliche Felsmalereien.

5. Die anderen blickten .... und voller Misstrauen.

6. Ich .... vor Lachen fast vom ....

 *Juhu, Känguru – hier gibt es nie ein Dehnungs-h!*
Vorsilben (*Ur-*) und Endungen (*-bar, -sal, -sam, -tum*) haben keine
Dehnungszeichen: *Urgeschichte, scheinbar, Trübsal, einsam, Balsam*
Vor den Verschlusslauten (*p/b, t/d, k/g*) und den Reibelauten (*f/v/w, s,
sch, ch*) findet sich übrigens auch nie ein Dehnungs-h:
loben, Wut, fad, Luke, Regen; Ofen, Frevel, Möwe, Mus, suchen
Jetzt nur mehr ohne *h*: *Känguru* (sowie *Gnu, Kakadu*) und *rau*!

R103

124

Ergänze die Vokale richtig. Mit oder ohne Dehnungs-h?

1. Gemeins......m lässt sich oft kl......ger handeln. 2. Ist dir f......d?

3. Gesegnete M......lzeit wünschte uns der L......rer. 4. Im Herbst dürfen wir

den Präsidenten w......len. 5. Kannst du dich denn nicht ben......men und

etwas folgs......mer sein? 6. I am from Austria: Wir haben keine Kängur......s!

7. Danke, das ist Bals......m in meinen ......ren. 8. Ist dieser ......rlaub denn

leistb......r für uns? 9. Der R......gen prasselt auf die Dachl......ke.

10. Der Film zeigt gut das r......e Leben am Berg.

R103

125

Vervollständige die passenden Reimwörter!

das Tal	die Qu...............	der Sch...............	schm...............
der Zahn	der W...............	der H...............	die B...............
das Gewehr	der Verz...............	der Verk...............	s...............
die Liebe	die S...............	die H...............	die D...............
das Vieh	er l...............	es ged...............	s...............!

i, ie, ih, ieh: Setze richtig ein. (*ieh* kommt nur in *Vieh* vor und in bestimmten Formen von Verben mit Dehnungs-h!)

1. Prob_____ren geht über Stud_____ren.

2. St_____lle Wasser sind t_____f.

3. Er ist ein Gen_____ im Programm_____ren.

4. Vater, s_____st du den Erlkönig nicht?

5. Wer hat sich hier so stark parfüm_____rt?

6. G_____b acht beim T_____gergehege!

7. „Kann ich _____nen aus dem Mantel helfen?", fragte er höflich.

8. Gulliver besuchte w_____der das Land der R_____sen.

9. Die kleinen B_____ber sind aber n_____dlich!

10. „Der Doktor und das liebe V_____" war ihre Lieblingsserie.

Scharnier, aber Souvenir
Das lange „i" in den fremdsprachigen Endungen *-ie, -ier* und bei der Verb-Endung *-ieren* wird als *ie* geschrieben: *Genie, Manieren, probieren*
Wichtige Ausnahmen sind: *Fakir, Geysir, Saphir, Souvenir, Vampir*
Beachte die fremdsprachige Endung *-ine* mit *i*: *Lawine, Maschine, Turbine!*

Setze die Wörter aus dem Kasten richtig ein!

> blüht – zieht – Vampir- – flohen – lehrt – beruhigt – Maschinen- – stehen – zogen – ruht – Blüte – Gefahr – geht – Glut – Souvenir

1. Der Skandal _____ weite Kreise. 2. Die Bratkartoffeln liegen direkt in der _____ . 3. Was _____ denn da? 4. Alle Bäume _____ schon in voller _____ . 5. Ich sehe hier keine große _____ . 6. Das _____ mir dann doch entschieden zu weit! 7. Sie _____ schließlich das Angebot zurück. 8. Nach Mittag _____ er immer in der Hängematte. 9. Fahrt ganz _____ auf Urlaub und nehmt mir ein _____mit! 10. Die Gefangenen brachen aus und _____ in die Berge. 11. Er _____ die Schüler _____bau. 12. Ich möchte einen _____film sehen.

B LANGVOKALE OHNE DEHNUNGSZEICHEN

Es wird keineswegs jeder Langvokal mit einem Dehnungszeichen markiert.

In den meisten Fällen genügt der einfache Selbstlaut, um einen langen Vokal anzuzeigen, zB *malen, nämlich, her, Lid, Ton, Getöse, Urzeit, spülen*.

Einen langen i-Laut ohne Dehnungszeichen gibt es ausnahmsweise bei *mir, dir, gib*.

Da es keine systematischen Regeln gibt, ist es hier besonders wichtig, dass du dir wichtige Wortbilder (mit Hilfe eigener Merksprüchlein!) gut einprägst.

128 **Trage die folgenden Wörter mit Langvokalen in die richtige Spalte ein.**

> Blume, Blüte, Dame, Dom, empören, Flur, geboren, Geschwür, Gram, grün, Haken, holen, hören, König, Kram, Krone, Leichnam, Mond, Öl, Person, persönlich, Pistole, Plan, pur, Rute, Sandale, Schar, schnüren, schwören, schwül, schüren, Schwur, Sporen, Spule, Spur, stören, strömen, stur, Tor, töricht, tun, Tüte, ungestüm, Ungetüm, Untertan

a	o	ö	u	ü

129 **Setze die richtigen Wörter von oben ein!**

1. Da fällt ihm kein Zacken aus der ....

2. Sie hatte eine .... Kinder um sich.

3. Er schenkte der vornehmen .... einen Strauß ....

4. Der Kaiser wollte brave ....

5. Das .... mir richtig die Kehle zu!

6. Hunderte Fans .... durch das .... des Filmstudios.

7. Keine .... vom Täter?

130 **Welche Wörter mit langem *ä, e* oder *i* verbergen sich hier?**

die Gerbäde: ....

die Fieren: ....

das Märechn: ....

die Schree: ....

die Tärne: ....

der Teigr: ....

die Bwescherde: ....

du gsibt: ....

ein Letir: ....

nimälch: ....

131 **Silbensalat! Ordne richtig.**

1. Sie heißen auch Paradeiser: TEN-MA-TO ....

2. Es ist furchterregend: TÜM-GE-UN ....

3. Kein Geschirrwaschen ohne: MIT-SPÜL-TEL ....

4. Es läuft wie am ...: CHEN-SCHNÜR ....

5. Lasst euch nur nicht ...: REN-STÖ ....

6. Er fand des Rätsels ...: SUNG-LÖ ....

7. In der Gefahr nicht ...: GERN-ZÖ ....

132 **Setze die richtigen Wörter ein. In Klammer findest du jeweils ein Reimwort zu dem von dir gesuchten Begriff!**

1. James Bond ist ein britischer .... (*Nution*).

2. Sie .... (*erkor*) sofort das Bewusstsein.

3. Leih mir doch kurz mal die .... (*Schwere*)!

4. Ich trinke den Orangensaft gerne .... (*stur*).

5. Dafür muss man sich doch nicht .... (*grämen*)!

6. Sein Leben hängt am seidenen .... (*Laden*).

7. Wir hörten keinen .... (*schon*).

8. Du solltest dich jetzt ein wenig .... (*klonen*)!

9. Diese Uhr ist viel .... (*Schwert*)!

10. Sie paddeln im .... (*nanu!*).

11. Öffne die .... (*für*)!

A21 Ergänze im folgenden Text „im", „ihm, „ihn" und „in"!
Tipp: Verweist die Fügung auf Genanntes und ist ein Ersatz durch „diesem"
oder „diesen" möglich, muss ein Dehnungs-h geschrieben werden!

.... werde ich noch Manieren beibringen!

Er heißt Johann. Mit .... hatte ich .... vergangenen

Monat unzählige Auseinandersetzungen. Mehrmals habe ich ....

.... Wut gebracht, weil ich .... einfach links liegen

lassen habe. Es ärgerte .... sehr, dass .... dabei

auch kein Klagen und Winseln half. .... wäre es am liebsten,

wenn alle rund um .... so um sein Wohl besorgt wären wie Oma.

Egal ob die Spiellust mit .... durchgeht oder er ....

Halbstundentakt hinaus will, Oma erfüllt .... jeden Wunsch und

lässt sich alles von .... gefallen. Ich muss .... dann

wieder .... die Schranken weisen und .... an die guten

Manieren erinnern. Freilich, wer mag .... denn nicht, meinen

Terrier? Es lieben .... doch alle, ... Besonderen ich!

A22 Lies die Sätze laut und deutlich. Ergänze das Fehlende!

1. Offenb......r lockt das A......s die vielen Raubv......gel an.

2. Du hast die W......l: beim Ausm......len der Wände zu helfen oder das B......d
   zu putzen.

3. Die Arm...... besteht aus kleineren H......ren und deren Offiz......ren.

4. In der Klin......k infiz......rte er sich mit einer langw......rigen Krankheit.

5. Nur in der Nase zu b......ren und nichts zu t......n, daf......r ist es jetzt schon
   zu sp......t!

6. Mein ......rteil steht fest: Alkoh......l macht Birne h......l.

7. Der Verkehr war l......mgelegt, auch die Straßenb......n f......r nicht.

8. Auf der B......ne des Theaters stand der ber......mte Schausp......ler.

Ergänze folgende Verbformen!

Infinitiv	Präsens	Präteritum	2. Partizip
stehlen	*er stiehlt*	*er stahl*	*gestohlen*
fliehen	ihr	ihr	
	er verzeiht	er	
	du	du	gegeben
(von etwas) zehren	du	du	
	ich	ich	erwähnt
	wir	wir	spaziert
	es fühlt	es	

In vielen Sätzen wurde falsch gedehnt. Finde die Fehlschreibungen!

1. Der Floh biess mich ins Or.   2. Gib mir doch mahl ein paar Keekse herüber!
3. Ein vierblättriges Kleeblatt bringt Glück, vielleicht.   4. Vorm Sähen musst
du die Beete machen.   5. Damit bewiehs er Coolness.   6. Gib mir die Zange,
die neben dir ligt!   7. Ein par Vitamiene werden dir nicht schaden!   8. Nimm
mir bitte noch zwei Würfel Margariene mit.   9. So etwas spührt doch ein jeder.
10. Der Schornsteinfeger besichtigt den Kamin.   11. Das ist alles Routiene führ
mich   12. Ich bringe Ihnen den Artiekel hinüber.   13. Er lahs aabends im Buch.

Ergänze das stammverwandte Nomen!

sehnen	*die Sehnsucht*	stören	die	....
holen	die Ab................................	wagen	das	....
kühlen	die	mahnen	die	....
ehren	die	führen	die	....
rufen	die An	lesen	die	....

<table>
<tr><td>8. KAPITEL</td><td>GLEICHE LAUTE – UNTERSCHIEDLICHE SCHREIBUNG</td></tr>
</table>

8. KAPITEL — GLEICHE LAUTE – UNTERSCHIEDLICHE SCHREIBUNG

Entspräche jeder Laut genau einem Buchstaben, wäre es einfach (▶ Seite 86). Manchmal kann ein Laut (zB der lange e-Laut) aber durch mehrere verschiedene Buchstabenkombinationen wiedergegeben werden (zB: *e, ee, eh, ä, äh*). Andererseits kommt es beim Sprechen aufgrund der Stellung im Wort oder regionaler/individueller Beeinflussung zu unterschiedlicher Lautung: Vergleiche das „g" in „*betrügen*" und in „*betrügst*".
Im Folgenden findest du die wichtigsten Fälle (*Felle* gibt's beim Gerber!) erklärt.

A VOKALLAUTE

REGEL 104

e, ee, eh, ä, äh: **Der lange und der kurze e-Laut können unterschiedlich geschrieben werden. Wenn eine Grundform (Wortstamm, Infinitiv) mit *a* vorliegt, ist gemäß dem Stammprinzip mit *ä* zu schreiben. Ist das nicht der Fall, dann gilt allermeist die e-Schreibung.**

Meist steht für den langen e-Laut *e* oder *eh*, selten *ee*. Auch *ä* oder *äh* sind möglich:
die Räder (▶ *Rad*), *nähme* (▶ *nahm*), *quälen* (▶ *Qual*)
Ausnahmen (ohne a-Stammwort!): *Ähre, Bär, sägen*

Der kurze e-Laut kann neben *e* auch mit *ä* ausgedrückt werden:
Bänder, Kälte, Quäntchen, Stängel (▶ *Stange*), *überschwänglich*
Ausnahmen (ohne a-Stammwort!): *ätzen, dämmern, Geländer, Käfig, Käfer, Lärm, März*

Ähm ... hast du das gewusst?
Man kann *aufwendig* oder *aufwändig* schreiben, je nachdem, ob man *aufwenden* oder *Aufwand* als Grundwort sieht. Ebenso beides möglich bei: *Schenke/Schänke*. *Eltern* schreibt man mit *e*, obwohl es von *alt* kommt, *schwenken* ebenso, obwohl *schwanken* als Ursprung zu denken ist. Warum es *ähm* heißt und nicht *ehm*? Keine Ahnung, frag deine *Alten*, ähm *Eltern*!

REGEL 105

eu oder *äu:* **Auch hier gilt, dass *äu* geschrieben wird, wenn es ein Grundwort mit *au* gibt. Ist das nicht der Fall, ist *eu* zu schreiben.**

Gebäude (▶ *bauen*), *Gräuel* (▶ *grau*), *Häute* (▶ *Haut*), *läuten* (▶ *laut*), *schnäuzen* (▶ *Schnauze*), *verbläuen* (▶ *blau*). **Aber:** *heute, Leute, Meute*
Ausnahmen (ohne a-Stammwort!): *Knäuel, räudig, sich räuspern, Säule, sich sträuben, täuschen*

R104
133

ä/e – suche das Grundwort und setze dann richtig ein!

besch....digen	der	l....ngst	
verf....lschen		die Tr....gheit	
die Tr....tmühle		tats....chlich	die
das R....dchen	das	qu....llfrisch	die

**R104
–105**

134 ä/e; äu/eu – kreise die richtige Lösung ein. Bedenke mögliche Grundwörter!

1. Schnauze, liebe Läu/eute, sonst Bäu/eule! 2. Ich hä/ette gerne noch ein Stück Sträu/euselkuchen. 3. Häu/eute sä/ehne ich mich sehr nach häu/euslicher Stille und knisterndem Kaminfäu/euer. 4. Die Imitation ist täu/euschend ä/echt. 5. Ein Säu/eugling kann sich noch nicht räu/euspern. 6. Aus Tierhäu/euten gerbt man Leder. 7. Hörst du die Glocken läu/euten? 8. Du räu/eucherst ja das ganze Gebäu/eude aus! 9. Er ist noch ein Näu/euling.

Es war die Lerche, nicht die Lärche!
Neben den schon genannten großen drei Prinzipien (▶ Seite 86) gibt es auch das **Unterscheidungsprinzip** der Rechtschreibung, demzufolge lautgleiche, aber bedeutungsverschiedene Wörter unterschiedlich geschrieben werden: *denen ≠ dehnen, Heer/her, Laich/Leiche, leeren/lehren, Lerche/ Lärche, Laien (Sg.: Laie)/leihen, Lid/Lied, Mal/Mahl, mehr/Meer, Mine/ Miene, Saite/Seite, Stil/Stiel, war/wahr, Waise/Weise, wider/wieder, ...*

135 **Suche dir die richtigen Wörter aus dem Kasten aus und setze ein!**

> her/Heer – Laich/Leiche – Laien/leihen – Lärchen/Lerchen –
> Lid/Lied – Mal/Mahl – mehr/Meer – Mine/Miene –
> Saiten/Seiten – Waise/Weise – wider/wieder

1. Mir reicht es, jetzt ziehe ich hier andere .... auf!

2. Aber, das sehen doch sogar ...., dass da etwas falsch ist!

3. Sing mir noch ein ...., sing noch ein einziges

   .... für mich!

4. Mit starrer .... blickte er durchs Fenster.

5. Auf diese Weise konnte dem ....haus sehr geholfen werden.

6. Am besten Sie nehmen sich einen Balkon aus ....holz.

7. Das geht nicht. Das ist .... (= gegen) unsere Abmachung.

8. „Gib mir mein .... zurück, Varus!"

9. Wer weiß, dass die Eier von Fischen als .... bezeichnet

   werden?

10. Ich kann das nicht .... sehen!

REGEL 106	*ei – ai:* Die Buchstabenverbindung *ai* kommt nur in wenigen deutschen Wörtern vor. In Fremdwörtern bzw. Eigennamen ist sie häufiger anzutreffen.

Hai, Hain, Kaiser, Laib, Laich, Mai, Mais, Saibling, Saison, Saite, Shanghai, Taifun, Waidmann, Waise

in Fremdwörtern zB (mit anderer Aussprache): *Aids, Airbag, Detail, Medaille, Taille, Trainer, Training*

Nur mehr in Eigennamen finden sich für *ei* heute noch die alten Schreibungen *ay* und *ey*: *Bayern, Karl May, Mayerling; Geysir, Meyer, Steyr*

REGEL 107	*Juwelier – Vampir:* Eine Reihe von Wörtern weist als Endung ein *-ier* auf. Diesen stehen nur wenige Fälle von einfachem *-ir* ohne Dehnungszeichen gegenüber. (▸ vgl. Seite 103)

Juwelier, Klavier, Manieren, Polier, Quartier, Scharnier
Aber: *Fakir, Geysir, Saphir, Souvenir, Vampir*

-ieren: Diese Endung ist bei sehr vielen Verben (gerade aus Fremdsprachen) zu finden: *addieren, alarmieren, marschieren, tapezieren ...*

REGEL 108	*i – ie:* Bei wenigen Wörtern, die gleich gesprochen werden, entscheidet das *ie* über die jeweilige Bedeutung, zB *Lid* (des Auges) – *Lied* (singen); *Mine* (Stift-, Kriegs-, Berg-) – *Miene* (Gesicht); (Bau-)*Stil* – (Besen)*Stiel* – er *stiehlt*.

Lidschatten, Liederbuch; Kugelschreibermine, Tretmine, Minenarbeiter, Mienenspiel, gute Miene; Stilbruch, Eis am Stiel. Sie stiehlt sich leise davon.

REGEL 109	*wieder oder wider?* Die Schreibungen mit Dehnungs-e (langem *ie*) bedeuten „wieder, erneut". Das Wort *wider* mit *i* ohne Dehnungszeichen meint „(ent)gegen".

wiederholen, wiederkommen, die Wiedergabe;
widerfahren, widerspiegeln, widersprechen, der Widerstand, zuwider, das Zuwiderhandeln

Immer wieder richtig schreiben!
Bei Fehlschreibungen wird ja oft ein *ie* dort geschrieben, wo keines hingehört – umgekehrt passiert das eher selten. Im Wörterbuch findest du zahlreiche Wortverbindungen mit i-Schreibung. Besonders tückisch (weil man sie auch falsch ableiten kann) sind *widerhallen, widerspiegeln*. Am häufigsten sind *Widerrede, widersetzen, Widerspruch, Widerstand, widrig*.

R106
136

ei/ai – setze richtig ein.

1. Das Klavier zählt zu den S......teninstrumenten.   2. Wer kennt nicht das Märchen „Des K......sers neue Kl......der"?   3. Vor T......funen fürchten sich die Leute mehr als vor der Schwanzflosse eines w......ßen H......s.   4. Was macht der Froschl......ch?   5. Popcorn besteht aus M......s.   6. Dank des Tr......nings errang Ivo zw...... Med......llen.   7. Helau und Alaaf: M......nz, wie es singt und lacht!

R107 –108
137

Dumme Sprüche – setze richtig ein!

1. Schneidet sich ein Fak......r auch die Nägel?   2. Hat ein Vamp......r immer einen B......rbauch?   3. Gute Man......ren sind eine Z......rde für die, die sich schlechte nicht leisten können.   4. „Juwel......r stellt glänzenden Pol......r und gefassten Edelsteinmetz ein"   5. Lieber multipliz......ren und divid......ren als rechnen!   6. Zur guten M......ne gehört kein betretenes Gesicht.

R109
138

wieder- oder *wider- (widrig)*? Setze richtig ein!

1. Kannst du das noch einmal ....holen?

2. Das spiegelt die ganze Situation der Hauptfigur ....

3. .... den Strom zu schwimmen, bringt einen oft zur Quelle.

4. Das steht klar im ....spruch zu deiner Absichtserklärung.

5. Auch in diesem Jahr ging es .... nach Kitzbühl.

6. Nur ....willig erhob sich Susanne von der weichen Couch.

7. „Jeder ....stand ist zwecklos!", rief er durchs Megafon.

8. Komm doch .... einmal zu uns!

9. Das erscheint mir doch ziemlich ....sinnig zu sein.

10. Er konnte das Gedicht vollendet ....geben.

11. Manches lässt sich nicht ....gutmachen.

12. Trotz .... Verhältnisse wurde das Rennen abgehalten.

B KONSONANTENLAUTE

> **REGEL 110**
>
> ***f, ph, v:*** **Der f-Laut wird unterschiedlich geschrieben. Meist steht tatsächlich ein *f*. In wenigen Wörtern findet sich ein *v*. Beginnen Wörter mit der Vorsilbe *ver-*, so steht immer *v*.**
> **Wörter mit *ph* kommen aus dem Altgriechischen.**

Fabel, fertig, Hafen, Tofu ...;
Frevel, Vater, Vlies, Volk, brav, völlig; vergeblich, verhandeln, verständigt ...
Beachte: Bei den meisten Fremdwörtern wird *v* wie *w* gesprochen: *Advent, evangelisch, Invalide, nervös, November, Revanche, Revolution, Universität, Vanille, Vase, Vitrine ...*
Fremdwörter, die die Silben **-phon-, -graph-, -phot-** enthalten, können jeweils auch mit **-fon-, -graf-, -fot-** geschrieben werden: *Graphologe/Grafologe, Photograph/Fotograf, Telephon/Telefon* (▶ Seite 138)

Also hör mal, am Ende klingt das immer hart!
In großen Teilen des deutschen Sprachgebietes werden die Konsonanten *b, d, g, v,* sowie das stimmhafte *s* im Auslaut (einer Silbe/eines Wortes) als *p, t, k, f* bzw. stimmloses *s* ausgesprochen. Diese Lauterscheinung spiegelt sich in der Schreibung nicht wider. Gemäß dem Stammprinzip werden die Konsonanten trotz unterschiedlicher Lautung gleich geschrieben. Hör mal: *bleiben – blieb; endlich – Ende; Flug – fliegen; Preis – Preise.* Diese Lauterscheinung nennt man Auslautverhärtung.

> **REGEL 111**
>
> ***d, t, dt, th:*** **Aufgrund der Auslautverhärtung kann das stimmhafte (weiche) *d* im Auslaut und vor anderen Konsonanten innerhalb der Silbe mit dem harten *t* verwechselt werden.**
> **Hier hilft die Verlängerungsprobe bzw. Rückführung auf das Stammwort. (▶ Verlängerungsprobe, Seite 46)**

Amt, Detektiv, dort, Mut, Tat; Jagd (Stammwort: *jagen*), *Rad* (Verlängerung: *Räder*), *Schmied, Schuld, Standard, Tugend, Wand, wund ...*

- Eine Besonderheit stellen die Endungen **-and, -end** und **-nds** dar:
  Doktorand, Informand (= eine Person, die informiert wird)
  Erste Mittelwörter: *rufend, laufend, spielend*
  Adverbien: *abends, eilends, zusehends;* **beachte:** *morgendlich*

- Sie dürfen nicht mit den Endungen **-ant** und **-ent** in Fremdwörtern verwechselt werden:
  amüsant, brillant, Dilettant, Informant (= Person, die informiert);
  Abonnent, Akzent, Dirigent, existent, resistent, Talent ...

- Die Buchstabenverbindung ***th*** wurde bis zur 1. Rechtschreibreform 1901 allgemein vor Vokalen geschrieben. Heute findet sie sich nur mehr in ***Thron*** und bei Fremdwörtern. (▶ Fremdwörter, Seite 126)

- Wörter mit ***dt*** sind bestimmte Verbformen, bei denen an das Stamm-*d* eine Verbalendung **-t** kommt (zB *senden – gesandt*). Die Ausnahme ist das alte Wort *Stadt*.

R110
139

Setze richtig ein!

1. Jetzt hast du dich aber ....erplappert! 2. In den Ferien waren wir auf einem ....olks...........est. 3. ....iolett ist die ....arbe des Ad...........ents. 4. Er geht mir gehörig auf die Ner...........en. 5. Das ist ....ielleicht die schönste Sin...........onie (oder: Symphonie) Beethovens. 6. Sei bloß ....orsichtig! 7. Der ....orschlag ge...........ällt mir. 8. Du kannst mich einfach nicht ....erstehen! 9. Dieser ....otoapparat (oder: Photoapparat) lie...........ert schöne Bilder.

R111
140

Leite von folgenden Nomen Adjektive auf -lich ab!

rund	*rundlich*	Norden	....
Morgen	....	Land	....
Kind	....	Abend	....
Jugend	....	Bild	....

R111
141

d oder t? Gib das verlängerte Grundwort an und setze richtig ein!

blin**d**lings	*blinde*	Gedul....sfaden	....
Gel....mangel	....	nei.. voll	....
Bere....samkeit	....	Schal....jahr	....
Rin....ssuppe	....	deu....lich	....
rö....lich	....	Grun....stück	....

R111
142

Setze die richtigen Formen ein!

> beredt – verwandt – versandt – gewandt – -städte

1. Im Umgang mit Kunden ist er ein .... Verkäufer.

2. Das Paket ist rechtzeitig .... worden.

3. Ja, sie ist weitschichtig mit mir ....

4. Wie viele Groß... gibt es in Österreich?

5. Sie spricht .... über das staatliche Gesundheitswesen.

REGEL 112	*der Tod – tot*: Von diesen zwei Stammwörtern gibt es zahlreiche Ableitungen. Verben/Zeitwörter werden generell mit *t* geschrieben, Adjektive/Eigenschaftswörter mit *d*. Nomen leiten sich von beiden Stämmen ab. In verlängerten Formen ist der Unterschied hörbar.

*tot*fahren, *tot*geglaubt, sich *tot*lachen, *tot*schweigen, sich *tot* stellen; *töd*lich, *tod*bringend, *tod*ernst, *tod*müde, *tod*sicher; der *Tod*, der *Tote*

Endet bei einer Zusammensetzung der erste Teil auf *-es*, steht *d*:
die To*des*strafe, die To*des*verachtung ...
Endet er auf *-en*, so steht *t*: der Tot*en*gräber, die Tot*en*feier ...
Bei *-tod* oder *-tot* als zweitem Bestandteil und Auslautverhärtung
gibt wieder die Verlängerungsprobe Gewissheit (▶ Seite 46):
halbtot ▶ *halbtote*, *Sekundentod* ▶ wegen des *Sekundentodes*

Vor Lachen sterben oder lieber todernst?
Vielfach dient *tod-* auch als Verstärkung eines Ausdrucks im Sinne von
„sehr, äußerst": *tod*ernst, *tod*krank, *tod*müde, *tod*schick, *tod*unglücklich

REGEL 113	*end-/ent-*: Wörter der Wortfamilie „Ende" schreibt man immer mit *d*. Die Vorsilbe *ent-* bedeutet meist „weg". (▶ Hintergrund Seite 112) Im Gegensatz zu *end-* ist *ent-* nicht betont, also: <u>end</u>lich, aber entst<u>e</u>hen.

*end*gültig, *End*lagerung, *end*lich, schluss*end*lich; *Ent*gelt, *ent*gleisen, *ent*scheiden
Beachte: *-end* ist auch die Endung des 1. Partizips: les*end*, spiel*end*
Achtung: Das *d* bleibt im Superlativ erhalten: entscheiden*d*ste, strahlen*d*ste

REGEL 114	*Staat, Stadt, statt*: Der (europäische) *Staat* und *staatlich* werden mit *aa* geschrieben, *die Stadt* samt Ableitungen/Zusammensetzungen mit *dt. Statt* und *Stätte* sind sehr alte Wörter und haben die Bedeutung von „Stelle".

*Staats*präsident, zwischen*staat*lich; *Städt*chen, *Stadt*halle, *städt*isch, *Stadt*tor ...;
Arbeits*stätte*, Gast*stätte*, *statt*finden, *statt*lich (= ansehnlich). Er kam an seines Bruders
statt (= statt seines Bruders/seinem Bruder).

REGEL 115	*seid/seit*: „seid" ist eine Präsensform des Verbs *sein*: ihr *seid*. Die Konjunktion/Bindewort und die Präposition werden „seit" geschrieben.

Ihr **seid** mir die Liebsten. **Seid** mir schön brav!
Seit drei Tagen bin ich krank. **Seit** du da bist, geht es mir schon viel besser.

R112
143

Setze richtig ein!

To___esangst	to___sicher	der weiße To___
to___unglücklich	To___enstille	ein to___er Hase
sich to___lachen	to___still	tö___lich
Tö___ung	sich to___ stellen	To___sünde

R113 –114
144

Setze richtig d, t, dt oder tt ein.

1. Es war eine en___lose Geschichte. 2. Die Schüler wurden namen___lich aufgerufen. 3. Sie en___ließ den Falken in die Freiheit. 4. Lau___ pfeifen___ spazierte ich durch die Dunkelheit. 5. Das machen wir lieben___ gerne. 6. Ein unen___geltliches Service ist gratis. 7. Die stä___ische Müllabfuhr hat nach Silvester viel zu tun. 8. Er en___ledigt sich seiner Socken. 9. Du kommst wie vom Himmel gesan___! 10. Sie verfügt über ein sta___liches Vermögen. 11. Es gibt hier eine staa___liche Förderung. 12. Es wurde zu einem morgen___lichen Ritual. 13. Schlussen___lich kam ich beim letzten Satz an.

R115
145

Setze „seid" oder „seit" richtig ein!

1. _____ Kurzem interessieren sie Barbie-Puppen nicht mehr.

2. _____ ihr mit dem Tischdecken schon fertig?

3. Ihr _____ jetzt bestimmt schon _____ drei Jahren nicht mehr bei uns gewesen!

4. _____ sie Judo lernt, wirft sie nichts so schnell um.

5. _____ ich dich kenne, bin ich glücklich.

6. _____ jetzt endlich still!

7. _____ zwei Tagen fehlt etwas.

R113
146

Bilde das 1. Partizip und den Superlativ!

leuchten	*leuchtend*	*am leuchtendsten*
strahlen	....	....
beeindrucken	....	....
überzeugen	....	....

<table>
<tr><td>**REGEL 116**</td><td>**Die Lautverbindung *ks* („*x*"):** Wenige Wörter werden mit *ks* geschrieben. Das *x* findet sich selten in deutschen Wörtern, häufig in Fremdwörtern. Die Wörter auf *chs* musst du dir merken (darunter sind viele Tiere!).</td></tr>
</table>

*Ke*ks*, Ko*ks*, lin*ks*, Mur*ks*, schla*ks*ig;*
*A*xt*, Fa*xen*, He*xe*, kra*xeln*, la*x*, Ni*xe*;*
*E*xemplar, E*xperte, Le*xikon, Pra*xis ...;*
*A*chse*, A*chsel*, Bü*chse*, Da*chs*, E*chse*, Fla*chs*, Fu*chs*, La*chs*, O*chse*, se*chs*, Wa*chs*, We*chsel*

Und flugs war's mit dem Murks vorbei!
Sehr selten kann es auch zu den Verbindungen *-gs* und *-cks* kommen, zB:
*allerdin*gs*, anfan*gs*, flu*gs*, rin*gs*, unterwe*gs*; zwe*cks*, Kle*cks*, schnurstra*cks*, tri*cks*en.*

R116
147
Hier finden sich manch orthografische Faxen. Markiere die Fehler!

Textverarbeitung – fix – Ochse – Pracsis – miksen – Jugs – bochsen – Felix – zwexs – Lexikon – eckserzieren – flux – Echse – Echsperte – Dax – secks – halbwegs – mittaks – Koks – schnurstracks – Flacks – trinkst – links

R116
148
***x, gs, cks, ks, chs*: Setze richtig ein!**

1. Also anfan.......... war ich noch ein wenig skeptisch.   2. Rin.......... um den Bergsee standen zauberhafte Ni..........en.   3. Ich werde dir unterwe.......... meinen Te..........t mailen.   4. Der Preis versteht sich e..........klusive Flughafen-ta..........en.   5. Wir haben schon se.......... Euro und achtzig Cent in der Bü..........e!   6. Dazu braucht man das Wa.......... einer großen Kerze.   7. Du blö..........t wie ein Schaf.   8. Sie kamen ta.......... darauf in meine ärztliche Pra..........is.   9. Da kam von lin.......... ein Esel des We...........   10. Du kleiner Frechda..........!   11. Man sollte allerdin.......... ein wenig fle.......... ibel sein.   12. Die Schokolade-ke..........e schmecken e.......... zellent!

13. Also, wenn du mich fra..........t, das ist ein Mur...........   14. Er wu.......... mit seinen Herausforderungen.   15. Du mer..........t aber auch alles, du schlauer Fu..........!

GLEICHE LAUTE – UNTERSCHIEDLICHE SCHREIBUNG – ABSCHLUSSTRAINING

A26 *ä* oder *e*? Suche das Grundwort und setze dann richtig ein!

gem.....chlich .... Glockengel.....ute ....

sp.....rlich .... Kaufl.....ute ....

Ger.....usch .... schl.....ngeln ....

Hundem.....ute .... zerst.....uben ....

A27 Ergänze die fehlenden Steigerungsformen sowie das Nomen!

kalt	*kälter*	*am kältesten*	*die Kälte*
hell			
arg			
scharf			
nahe			

A28 Ergänze das stammverwandte Nomen!

nämlich	*Name*	reuig	....
mächtig	....	seitlich	....
wendig	....	gefährlich	....
überschwänglich	....	beständig	....
hässlich	....	zufällig	....

A29 Leite von jedem Stammwort ein Adjektiv ab!

Kraft	*kräftig*	Fall	....
Sache	....	Angst	....
Verstand	....	Maß	....
Pracht	....	Tag	....
Anfang	....	Land	....

A30 *ai/ei*: **Ergänze die Titel folgender (erfundener) Filme richtig!**

1. „Der weiße H_____ " – T_____l 5 2. „K_____ser Augustus schickt Soldaten aus" 3. „Ein Bett im M_____sfeld" 4. „Pinocchio und die Keule des tr_____nierten Straßenkaters" 5. „Im M_____ schick ich Eulen nach Athen" 6. „Der W_____dmann und das schöne Wild" 7. „Fräul_____n Smillas Gemüse der S_____son" 8. „R_____sig und der Hauch des Feuers" 9. „T_____fun des Grauens" 10. „Kommissar Bruni rettet M_____land" 11. „Harry P. und der lecke _____rbag" 12. „Oetker Wallace und der L_____b des Brotes" 13. „Der Teufel im Det_____l"

A31 **„... und der Hauch des Todes". Setze richtig ein!**

1. Sie wurde bei dieser Botschaft to____enbleich.

2. Man darf dieses Übel niemals to____schweigen.

3. Seine Geburtstagsparty war für die meisten to____langweilig.

4. Also dieser Jogging-Anzug ist einfach to____schick!

5. Wir mussten uns fast to____lachen bei diesem tö____lichen Witz.

6. Es war bereits die To____enstarre eingetreten.

A32 **Hartes *t*, weiches *d* oder *dt*? Setze richtig ein!**

1. Das war die packen____ste Geschichte sei____ Langem!

2. Das Auffallen____ste an dieser Gaststä____e waren die Bierkrüge aus Ton.

3. Nirgen____s konnte man einen nei____vollen Blick erkennen.

4. Der Prophe____ gilt nichts in seinem Lan____, heißt es.

5. Hier können Sie auch bargel____los modisches Jag____gewan____ kaufen.

6. Sie verzichtet nie auf das morgen____liche Lauf____raining.

7. Der Fußballverban____ reagiert auf die gewal____vollen Ausschreitungen.

8. Im stä____ischen Park kam es en____lich zum ersten Kuss.

9. Sie lu____ fast die ganze Verwan____schaft ein.

10. Der Bürgermeister sprach bere____ über die Al____sta____sanierung.

b/p, g/k: Ergänze richtig!

1. Erfol...... heißt in unserem Betrie...... mehr verkaufte Produ......te.

2. Mein Großvater dachte sein Le......tag an die Hie......e seines Vaters.

3. Wir ......um......en hier täglich 130 000 Barrel Rohöl aus der Nordsee.

4. Er beu......te sich vor und sah einen Gold......lumpen in seinem Sie...... .

5. Sie le......te das Buch we...... und dachte an ihr ......ind.

6. Der Vogel sin......t und das Schiff sin......t.

7. Der Fang wie......t 5 Kilo und 90 De......agramm.

8. Die Bäuerin hatte das Feld schon gepflü......t.

9. Im Her......st sind die Blumen wieder verwel......t.

10. Sie gab Peter das Reze......t und verbot ihm je......lichen Stress.

11. Die Eltern be......lagen sich über ihre pu......ertierende Tochter.

12. So ha......t Mitleid und ge......t mir mein Kind wieder zurück!

13. Und er machte aus einem kleinen Reis......orn ein hü......sches Vermögen.

14. Du sollst auch O......st essen, nicht nur Le......kuchen und Kau......ummi.

Finde die Fehlschreibungen (in manchen Sätzen)!

1. Wioline sucht gleichgesinnten Bass. 2. Feine Rezepte retten vorm Ferhungern. 3. Das Vorderrad war dephekt. 4. Schön langsam verfluche ich diesen Verband! 5. Nach Paragraf 43, 2, Absatz 1 darf ich so lange fernsehen, wie ich will. 6. Holen Sie sich den neuen Fersandhauskatalog! 7. Der Vulkan auf Sizilien heißt Ätna. 8. Der Vesuv ferschüttete Pompeji mit seiner Lava. 9. Ich habe auf meinem Bauernhof fiele Tiere. 10. Physik ist mein Lieblingsphach.

ks, cks, x, chs, gs – Setze richtig ein.

1. Dieses Tischbein ist gut gedre.........elt. 2. Die A.........t im Haus erspart den Zimmermann. 3. Und flu......... war der Knabe verschwunden. 4. Ich möchte das Paket e.........press versenden. 5. Wir heizen nicht mehr mit Ko........., mein lieber Ma.......... 6. Es ist Zeit für einen We.........el. 7. E.........istiert eine Kopie von diesem Fa.........?

Fremdwörter sind keine fremden Wörter

Wie alle wichtigen Kultursprachen verfügt auch das Deutsche über eine große Anzahl von Wörtern aus anderen Sprachen, meist immer noch – mangels besserem Begriff – **Fremdwörter** genannt, obwohl uns viele alles andere als fremd anmuten wie zB *Energie, Gameboy, Natur, Rakete, shoppen*.

Bei der Einführung fremdländischer Dinge, Technologien, Vorstellungen, Verhaltensweisen, Spiele, Rezepte, Moden(!) ... werden meist auch die fremdsprachlichen Bezeichnungen übernommen.

Der Wortschatz ist ein offenes System

Seit den Römern nimmt der germanische, später der deutsche Wortschatz Wörter aus anderen Sprachen auf. Die wichtigsten Spendersprachen sind **Griechisch**, **Latein**, **Italienisch**, **Französisch** und natürlich **Englisch**. Viele übernommene Wörter wurden im Laufe der Zeit in Aussprache, Schreibung oder Bedeutung der deutschen Sprache angepasst: *Mauer* (lat. *murus*), *Fenster* (lat. *fenestra*), *Ziegel* (lat. *tegula*), *Wein* (lat. *vinum*). Solche eingedeutschten Wörter werden gerne als **Lehnwörter** bezeichnet.

Da Sprache immer im Wandel ist, finden sich in jeder neuen Auflage eines Wörterbuchs (zB Duden oder ÖWB) wieder neue Wörter integriert. Was heute noch in Anführungszeichen gesetzt und zitiert wird, kann bald schon unmarkiert (aber noch unverändert) verwendet werden, um dann in einem weiteren Schritt dem Deutschen angeglichen zu werden, ein bekanntes Beispiel:
„Bureau" ▶ *Bureau* ▶ *Büro* (wie im Französischen noch auf „o" betont!)

Im Zeitalter der Informationstechnologien

Nichtmuttersprachliche Wörter sind oft unentbehrliche Bestandteile der deutschen Sprache, gerade dann, wenn etwas mit deutschen Wörtern nur umständlich oder unvollkommen beschrieben wird. Viele von ihnen gelten als **Internationalismen**, d. h. als Wörter, die in gleicher Bedeutung und gleicher/ähnlicher Form auch in anderen Sprachen zu finden sind, zB *Computer, Information, Kredit, Musik, Option, Pop, Radio, System, Theater*.

In den einzelnen Fachsprachen der Wissenschaften ist der prozentuelle Anteil an Fremdwörtern besonders hoch. Aber auch in der oft von der Wissenschaftssprache beeinflussten Sprache der Medien und Informationstechnologie kannst du viele Fremdwörter finden. Das führt nicht selten auch zu Verständnisproblemen, ein wesentlicher Grund dafür, dass der unbedachte und unnötige Gebrauch von Fremdwörtern – zu Recht! – kritisiert wird. Heute erscheint aber die Frage veraltet, ob man Fremdwörter gebrauchen darf oder nicht, sondern du musst wissen, wo, wie und zu welchem Zweck du sie gebrauchen kannst und sollst. Dazu gehört auch zu wissen, wie sie geschrieben werden. *Andiamo*! (ital. *„Los geht's!"*)

Jetzt brauchst du hier also doch ein Wörterbuch!
Du wirst hier Beispielschreibungen kennenlernen, die dir helfen, bekannte und unbekannte(!) Fremdwörter richtig zu schreiben. Viele Wörter aber sind Einzelschreibungen. Lange Ausnahmelisten wären hier echt „uncool". Mit deinem Wörterbuch kannst du die wichtigsten Schreibungen klären. Achtung: Es muss kein Fremdwörterbuch sein, aber wenn du eines hast …

149 **Sehr bekannte Fremdwörter aus dem Computerbereich: In jeder Spalte befinden sich drei Fehlschreibungen. Zeichne die Fehler an und schreibe die Wörter richtig darunter!**

Formular	Akte	professionel	permanennt
sortiren	Protzessor	Hardware	automatisch
Kalendar	mobil	Grafik	Kopie
Büro	optisch	interaktiv	Sound
präsentieren	Station	Programmierung	Obtion
Monitor	Konsohle	definnieren	Action
Gardarobe	Süstem	stabiel	i-mail

Richtige Schreibungen: ....

....

....

150 **Wie heißen die Fremdwörter mit *z/tz*, deren Silben hier vertauscht wurden? Schreib sie mit Artikel auf.**

TIZ-NO (lat.): ....   PU-ZE-KA (lat.-it.): ....

PA-ZEN-STRA (it.): ....   FORT-KOM (lat.-fr.-engl.): ....

RANZ-TO-LE (lat.): ....   STIZ-JU (lat.): ....

ZEP-TI-RE-ON (lat.): ....   MA-TZE-TRA (arab.-roman.): ....

151 **Setze richtig „th", „rh" und „ph" ein!**

1. Unsere Lehrerin unterrichtet Ma.......ematik und ....ysik.

2. ....eoretisch müsste die Kugel hier herauskommen.

3. Es endet mit A und schließt mit Z, das Al.......abet.

4. Medikamente bekommst du in der Apo.......eke, Bücher in der Biblio.......ek.

5. Die Redekunst heißt auch ....etorik.

6. Der ....iloso....... Diogenes soll in einem Fass gelebt haben.

7. Wechseln wir nun das ....ema!

Fremdwörter machen deshalb beim Schreiben manchmal Probleme, weil du dich an eine fremdsprachliche Schreibweise halten musst. Man spricht hier übrigens vom **Herkunftsprinzip** der deutschen Rechtschreibung. (▶ vgl. Seiten 86, 109)

Delphin/Delfin, Joghurt/Jogurt, Panther/Panter, Thunfisch/Tunfisch: Zwar finden sich heute schon einige Wörter eingedeutscht bzw. als alternative Schreibungen (zB *Delphin* und *Delfin* zulässig!), dennoch ist es noch immer wichtig zu erkennen, aus welcher Sprache ein Fremdwort stammt. Als Hilfe sollst du dir wichtige **Beispielschreibungen** aus dieser Sprache merken.

A FREMDWÖRTER AUS DEM ENGLISCHEN

REGEL 117	Da im Englischen die Schreibung der Wörter schon vor fast 400 Jahren festgelegt worden ist, kann man von der Aussprache nicht mehr direkt auf die Schreibung schließen, zB *dream* („langes i"), aber *Steak* („äi"-Laut).

Beispielschreibungen für die wichtigsten Vokallaute		
Aussprache	**Schreibung**	**Beispiele**
kurzes/langes **a**	*u*	*Butler (Slum)*
kurzes/langes **e**	*a*	*Baby (Handy)*
„e" + „i"-Laut	*ai / ay*	*Training / Playmobil*
kurzes/langes **i**	*y / ea / ee*	*Baby / Team / Teenager*
kurzes/langes **u**	*oo*	*Boom*
„au"-Laut	*ou / ow*	*Foul / Power*
„oi"-Laut	*oy*	*Boykott*
„ai"-Laut	*i / igh / y*	*Life / high / Nylon*
„ou"-Laut	*oa*	*Toast*

REGEL 118	Fremdwörter aus dem Englischen, die auf *-y* enden (und im Englischen den Plural auf *-ies* haben) erhalten ein Plural *-s*.

Hobby – Hobbys, Baby – Babys, Party – Partys

Achtung: Für Zitate gilt die englische Schreibung, also *„Ladies and Gentlemen"*.

Im Übrigen gilt für den Plural meist das Plural-s: *das Game – die Games*

Beispielschreibungen für die wichtigsten Konsonantenlaute		
Aussprache	**Schreibung**	**Beispiele**
„k" (vor a, o, u)	*c*	*cool*
„s" (vor e und i)	*c*	*City*
„sch"	*sh*	*Shop*
„dsch"	*g / j*	*Manager / Jeans*
„tsch"	*ch / ge / dge*	*Chip / College, Bridge*
„ju"	*ew*	*Interview*
„j"	*y*	*Yacht* (eingedeutscht: *Jacht*)

Von den folgenden 30 Fremdwörtern sind 8 falsch. Welche? Schreib sie und die anderen Wörter dieser Liste richtig auf! Was bedeuten sie?

Cup	Coktail	Beat	Swimingpool	Mountainbike
Make-up	Trainer	Dealer	Zoom	Download
Slum	Container	Hearing	Boom	Foul
Funn	Trailer	Jeanns	Faastfood	Layout
Run	Mailadresse	Team	Goodwill	Souncheck
Bungeejumping	Playbagg	Teanager	Notebook	Tower

Setze folgende Fremdwörter in den Plural! Du weißt, was sie bedeuten?

das Baby .... der Dandy ....

die Story .... die Lobby ....

das Hobby .... der Rowdy ....

die Party .... das Pony ....

Englisch? Weil es einfach cool ist!
Englische Wörter gelten schon seit über 200 Jahren als modern: *Humor, Pudding, Banknote, Sport, Match, Trainer* ... Nach 1945 nimmt der anglo-amerikanische Einfluss weiter zu. Zum einen werden damit neue Dinge benannt (*Jeans, Spray, Comics* ...), zum anderen übernimmt man Wörter aus Prestigegründen. Besonders die kurzen englischen Wörter gelten als zeitgeistig und verkaufsfördernd. Daher werden sogar englische Fremdwörter vorgetäuscht, die es in den USA bzw. Großbritannien so gar nicht gibt: *Handy, Twen, Dressman, Pullunder* ... (= *Scheinanglizismen*).

Kurze englische Wörter, die man oft braucht: Wie heißen sie?

1. der   D............................   alkoholisches Mischgetränk

2. der   K............................   Hochgefühl, Nervenkitzel, Stoß

3. der   J............................   (meist: vorübergehende) Arbeit

4. der   G............................   witziger Einfall (zB in Filmen)

5. das/der   E............................   Veranstaltung, Ereignis, Fest

6. der   S............................   Imbiss, kleine Zwischenmahlzeit

7. das   M............................   offizielles Treffen (zB beruflich)

8. das   T............................   Mannschaft, Gruppe von Mitarbeitern

155 Was englisch ist in der Welt der *Musik* ... Ergänze richtig und ordne den Bedeutungen zu!

> 1 plakatartiges Bild – 2 Sammlung – 3 Popmusiktitel – 4 jemand, der noch nicht lange bekannt/erfolgreich ist – 5 kurzer Film zu einem Popmusiktitel – 6 künstlerische Vorführung/Leistung – 7 erfolgreiches Wiederauftreten eines Künstlers – 8 Wahl/Bewertung einer medialen Darbietung – 9 Hitliste – 10 Neuabmischung eines Titels

die Colle......tion   Nr.: ......   das/der Po......ter   Nr.: ......

der R......mix   Nr.: ......   der Videocli......   Nr.: ......

die Cha......ts   Nr.: ......   der Newc......mer   Nr.: ......

das Vo......ing   Nr.: ......   die Performan......e   Nr.: ......

das Comeba......   Nr.: ......   der S......ng   Nr.: ......

Hotdog oder Hot Dog?
Zweiteilige englische Begriffe mit Adjektiv und Nomen werden getrennt und jeweils groß geschrieben: *Hot Dog, Fast Food, Happy End*
Liegt auf dem Gesamtbegriff *eine* Betonung, kann man sie aber auch zusammenschreiben: *Hotdog, Fastfood, Happyend* (▶ Regel 37, S. 38)
Alle anderen zweiteiligen Begriffe werden zusammengeschrieben und zwecks besserer Lesbarkeit manchmal mit Bindestrich versehen:
Homepage/Home-Page, Layout/Lay-out
Aneinanderreihungen werden immer mit Bindestrich verbunden:
Drive-in-Restaurant, T-Bone-Steak

---

156 Was englisch ist in der Welt der *Schönheit und Mode*. Schreib die Wörter, die hier in einfacher Lautschrift stehen, richtig auf!

Stailing   ....   Smol-tok   ....

Bjuti   ....   Bisness-Luk   ....

Tühp   ....   Me/ik-ap   ....

Louschn   ....   Schou   ....

Autfitt   ....   Spre/i   ....

---

157 In jeder Nummer sind 2 Adjektive falsch geschrieben. Welche?

1. groovy (*rhythmisch*) – coool (*lässig*) – simpel (*unkompliziert*) – easie (*einfach*)
2. heawy (*schwer*) – out (*nicht gefragt*) – smat (*schick*) – fair (*gerecht*)
3. straight (*geradlinig*) – hip (*zeitgemäß*) – krazy (*verrückt*) – fitt (*trainiert*) – stylish (*stilvoll*)

158 Was englisch ist in der Welt des *Sports*. Such dir aus der Liste unten das richtige Fremdwort aus und setze es ein!

> Centre-Court, Clinch, Coach, Fairness, Foul, Free-Climbing, Freestyle-Board, Halfpipe, Handicap, Hooligan, Inlineskater, Matchball, Mountainbiker, Poleposition, Powerplay, Rallye, Play-off, skaten, Smash, Snowboard, Surfbrett, Training, Trekking, Tie-Break

1. Steh es in einem Tennis-Satz 6:6, entscheidet der ....
2. Ein spielentscheidender Ballwechsel heißt ....
3. Mit einem .... - .... kann man über Schanze springen.
4. Die Polizei soll die Zuschauer vor den gewalttätigen .... abschirmen.
5. Er startet beim Rennen als Erster, also aus der ....
6. Jedes Jahr um Silvester wird die .... Paris–Dakar veranstaltet.
7. .... und Förster liegen manchmal miteinander im ....

„*Nobody's perfect*" mit dem Fremdwörterbuch
Setz dich mit ein paar Freunden zusammen und dann soll jeder zu einem exotischen Fremdwort (zB **Ebionit**) eine überzeugend klingende Definition aufschreiben. Der jeweilige Spielleiter liest dann alle Definitionen (inklusive der echten aus dem FWB) vor. Anschließend muss sich jeder für eine Erklärung entscheiden. Punkte gibt es jeweils, wenn du auf die richtige tippst und/oder wenn ein anderer deine Erklärung für die richtige hält.

159 Die Informations- und Kommunikationstechnologien arbeiten gerne mit englischen Fremdwörtern. Wähle das jeweils richtige aus!

optische Datenanzeige		*Distrikt, Display, Diskette*
wirtschaftliche Ächtung		*Boygroup, Boss, Boykott*
Software fürs Internet		*Browser, Break, Brand*
Internet-Seite		*Ham, Hotline, Homepage*
Programm-Neuversion		*Upgrade, Update, Upload*
Beilage einer/s E-Mails		*Attachment, Rallye, Cop*
im Netz (Internet) sein		*on air, open end, online*
Tratsch-Eck im Internet		*Chatroom, Carver, clever*

B FREMDWÖRTER AUS DEM GRIECHISCHEN/LATEINISCHEN

Griechisch und Latein waren jahrhundertelang die Sprachen der Kirche, der Universität und der Gebildeten. Obwohl die beiden antiken Sprachen heute nicht mehr gesprochen werden, sind sie noch immer eine wichtige und ergiebige Fundgrube für internationale Fremdwörter (Internationalismen).

1 Griechisch

REGEL 119	Wörter aus dem Griechischen fallen oft durch ihre ungewöhnlichen Buchstabenkombinationen auf, vor allem durch das stumme *h* ohne Dehnungsfunktion bei *rh, th, ph*. Häufig finden sich zudem Wortendungen auf *-ase, -ek(e), -ie, -ik, -on, -ose, -these, -thesie, -tyl, -yse*.

Beispielschreibungen für die wichtigsten Konsonanten-/Vokallaute		
Aussprache im Deutschen	**Schreibung**	**Beispiele**
„k" (vor a, o, u, Konsonanten)	ch	*Chaos, Charakter, Chlor, Chronik, synchron*
„ich"-Laut (meist vor e, i)	ch	*Chemie, Chirurgie*
„f"	ph	*Alphabet, Phase, Philosoph, Graphik/Grafik* (▶ Seite 138)
„r"	rh	*Rhetorik, Rheuma, Rhythmus*
„t"	th	*Apotheke, Theater, Thermalbad, These*
„ü"	y	*Analyse, Mythos, Psyche, Physik, Syntax, Synthese*

Beispiele für wichtige Wortbestandteile aus dem Griechischen

„anti-"	▶ gegen	„mikro-"	▶ klein
„auto-"	▶ selbst	„mono-"	▶ allein, einzeln
„bio-"	▶ Leben	„neo-"	▶ neu
„demo-"	▶ Volk	„path-"	▶ Gefühl, Leiden
„geo-"	▶ Erde	„phys-"	▶ Natur
„hyper-"	▶ über(mäßig)	„poly-"	▶ viel
„hypo-"	▶ unter	„-skop"	▶ sehen
„-kratie-"	▶ Herrschaft	„syn-"	▶ zusammen mit
„-logie"	▶ Wissenschaft	„tele-"	▶ fern

R119 160

Schreibe folgende griechischen Fremdwörter nach dem Alphabet geordnet auf. Sortiere vorher die Wörter in Gedanken!

> Demokratie, Symptom, Atmosphäre, Physiologie, neoliberal, Asyl, Hygiene, Rhythmus, Akustik, Lyrik, Bibliothek, Sympathie, Hydrokultur, Methode, Athlet, Theorie, Synthese

....

....

....

....

 **„philein" heißt auf Altgriechisch lieben**
Zahlreiche Fremdwörter aus dem Griechischen haben ein *ph*: *Atmosphäre, Katastrophe, Phase, Philosophie* ... Offenbar „liebten" die alten Griechen ihr *„ph"*. Viele dieser Wörter wurden in den internationalen Fremdwortschatz aufgenommen. Nur wenige davon sind eingedeutscht worden, zB *Delfin* statt *Delphin, Panter* statt *Panther, Tunfisch* statt *Thunfisch*.

 R119 161

Setze das richtige Fremdwort ein.

1. Sie p............................. (*voraussagen*) uns eine glückliche Zukunft.

2. Caesar t............................. (*Erfolg feiern*) über Vercingetorix.

3. „Father's car" schreibt man mit A.............................
   (*Auslassungszeichen*).

4. 1876 meldet Alexander Bell seine neue Erfindung an, das
   T............................. (*Fernsprecher*).

5. Die meisten Gedichte sind in St............................. (*Abschnitte*)
   unterteilt.

6. Gesund zu leben und viel Bewegung gehört zu unserer
   Lebensph............................. (*-einstellung*).

7. Sie ist in dieser Ph............................. (*Zeit*) schwierig.

8. Das ist der .... (*Takt, Gleichmaß*) bei dem ich mit muss!

R119 162

Adjektive zu bekannten Nomen. Welche fünf Wörter sind falsch geschrieben? Schreibe alle richtig auf. Weißt du auch, was sie bedeuten?

> philosophisch – mikrobiologisch – rhytmisch – ackustisch – telepathisch – astronomisch – polyphon – monoton – hüsterisch – elecktrisch – synthetisch – rhetorisch – demographisch – biologisch – geopolitisch – mikroskobisch

2 Latein

In verschiedenen Zeitepochen kamen lateinische Wörter zu uns: zuerst über die römischen Legionäre, dann über christliche Missionare, im Mittelalter über die Gelehrten. In den Fachsprachen heute herrscht ständig Bedarf nach neuen, international verständlichen Wörtern (Fachtermini). Anstatt völlig neue Wörter zu kreieren, wird oft auf lateinisches (und griechisches) Wortmaterial zurückgegriffen. **Nomen, Adjektiv, Verb, Adverb** etwa sind solche (grammatikalische) Fachtermini, die auch in diesem Buch sehr oft gebraucht werden.

REGEL 120	Wörter aus dem Lateinischen fallen durch bestimmte Silben zu Wortanfang und durch bestimmte Endungen auf. Bestimmte Buchstabenkombinationen sind typisch.

Vielfach wurde Latein aber auch über das Französische und/oder Englische zu uns transportiert und erreichte uns schon einigermaßen verändert, zB:
Accessoire (▶ *accedo*: hinzukommen), *Cent* (▶ *centum*: 100)

Beispielschreibungen für die wichtigsten Konsonantenlaute		
Aussprache im Deutschen	**Schreibung**	**Beispiele**
„w"	v	*Virus, privat, zivil*
„f"	v	*relativ, Motiv*
„ts"	c	*Aceton, Cellophan*
„ts" (vor i + Vokal)	t	*Funktion, Nation*
„ks"	x	*Exitus, maximal*

Beispiele für Endungen/Wortbestandteile aus dem Lateinischen

-al	zB emotional	*de-*	▶	aus, heraus, weg
-ant	zB Informant	*ex-/Ex-*	▶	aus/ehemalig
-ent	zB vehement	*inter-*	▶	zwischen
-iv	zB Detektiv	*multi-*	▶	viel
-tät	zB Aktivität	*post-*	▶	nach
-tie	zB Aktie	*prae-*	▶	vorne, vorzeitig
-ell	zB emotionell	*pro-*	▶	für/vor
-tion	zB Inflation	*re-*	▶	zurück
-or	zB Reflektor	*trans-*	▶	hinüber
-tive	zB Initiative	*ultra-*	▶	über ... hinaus

163 Ordne folgende Wörter in solche, die mit *f*, und jene, die mit *w* gesprochen werden. Trage sie in die Tabelle ein!

Advent, Nerven, brav, lukrativ, Vegetation, Revier, Lokomotive, primitiv, privat, Vandalismus, Revolution, Stativ, nervös, Motiv, eventuell, Konserve

v wie „f" gesprochen (8)	v wie „w" gesprochen (8)

164 Wie heißen die Wörter, denen hier Buchstaben fehlen? Ergänze sie und präge dir die Wörter gut ein. Du brauchst sie noch ...

akti.... – a....zeptieren – De....ektiv – De....onation – de....ent (= gefällig) – fat....l (= schicksalshaft) – Injek....on – Inse....t – Inte....igenz – interna....onal – irriti....ren – Isola....on – Ka....ette – Kla....ier – Ko....kurs – konservati.... – Korre....tur – Kri....inalität – Ko....uption – Lokomoti....e – Loyalit....t (= Treue) – Mediz....n – Moti.... – no....inieren – Opera....on – perfe....t – Präsi....ent – ster....l (= keimfrei)

165 Ordne die Silben, schreibe die Wörter in der Standardschrift auf!

RAS-TER-SE	....	AG-GAT-GRE	....
PE-TEM-RA-TUR	....	DIF-RENZ-FE	....
GRES-PRO-SIV	....	AG-ON-GRES-SI	....
DI-KAN-DAT	....	DI-ON-TI-AD	....
TI-ON-NA	....	FEKT-DE	....
TEN-TI-PO-AL	....	TI-IDEN-TÄT	....

166 **Finde jeweils das Adjektiv mit der gegenteiligen Bedeutung.**

öffentlich	*privat*	unrationell	....
konstruktiv	....	real	....
importiert	....	aktiv	....
monokulturell	....	infiziert	....
rational	....	optimistisch	....
negativ	....	labil	....

„ratio" bedeutet im Lateinischen Vernunft, Verstand
Von diesem (sehr wichtigen) lateinischen Nomen leiten sich im Deutschen zwei Adjektive mit unterschiedlicher Bedeutung ab: *rational* = *die Vernunft betreffend, vernünftig*; *rationell* = *zweckmäßig, sparsam*. Nicht immer werden sie richtig eingesetzt: Sechzig Schüler in eine Klasse zu setzen etwa wäre eine *rationelle*, keinesfalls aber eine *rationale* Maßnahme.

167 **Ergänze die richtigen Wörter aus Übung 164.**

1. Wir .... alle Kreditkarten.

2. .... sind oft ehemalige Polizisten.

3. Schwester, holen Sie ein .... Besteck und bereiten

Sie eine .... vor.

4. Er soll einen ....quotienten von 170 gehabt haben!

5. Das hat mich in dieser Situation etwas ....

6. Die hohe ....rate in manchen Ländern ist auch auf

die .... innerhalb der Exekutive zurückzuführen.

7. In einer Novelle von Stefan Zweig liest man von den schrecklichen

Konsequenzen der ...., also dem Umstand, mit

niemandem kommunizieren zu dürfen.

8. Mir fehlt das .... für diese aggressive Tat.

9. Dann war eine immense .... zu hören.

168 **Welche Wörter aus Übung 167 sind ebenfalls lateinischer Herkunft? Notiere sie hier:**

....

....

169 Adjektive aus dem Lateinischen haben typische Endungen. Ordne folgende Fremdwörter richtig in die Tabelle ein!

> sozial – exzellent – international – offiziell – informell – ultimativ – selektiv – informativ – radikal – rationell – relevant – präsent – interessant – digital – traditionell – kommunal – defensiv – offensiv – kriminell – konsequent

Endung auf *-al*	Endung auf *-iv*	Endung auf *-ell*	Endung auf *-nt*
....	....	....	....
....	....	....	....
....	....	....	....
....	....	....	....
....	....	....	....

170 Bilde zu folgenden Wörtern die passenden Verben auf *-ieren*!

konkret .... Referat ....

Konstrukt .... integrativ ....

aktiv .... Inserat ....

Reaktion .... informativ ....

171 Was lateinisch ist in der Welt der *Politik*. Wähle das richtige Wort aus und schreibe es auf! Kläre die Bedeutung aller Fremdwörter!

Minderzahl		*Minorität, Emigration, Maschine*
bürgerlich		*zivil, zensuriert, zentriert*
Neugestaltung		*Referat, Reform, Reserve*
(Schadstoff-)Ausstoß		*Emission, Eminenz, Extrem*
Schrecken, Zwang		*Termin, Terrasse, Terror*
feierliche Einleitung		*Prozent, Präsens, Präambel*
polit. Widerstand		*Opposition, Operation, Omen*
Übereinkunft		*Konnex, Kompromiss, Konflikt*

C FREMDWÖRTER AUS DEM FRANZÖSISCHEN

Französische Küche und französischer Lebensstil galten seit dem Hochmittelalter und der höfischen Ritterkultur als Vorbild. Im 18. Jh. ist Französisch die Modesprache für Gebildete und Adel am deutschen Kaiserhof, *„das Deutsche ist nur für Soldaten und Pferde".* (Voltaire, 1750). Im 19. Jh. schwindet dieser Einfluss, aber die Mode, die Küche und die Diplomatie bleiben weiterhin Domänen des Französischen.

REGEL 121	Französische Fremdwörter werden entweder französisch geschrieben (mit Akzenten, Kleinschreibung und besonderen Buchstabenkombinationen) bzw. gesprochen (nasalierte Vokale – siehe *Parfum*) oder vorsichtig eingedeutscht (*Parfüm*).

Die Wörter in der rechten Spalte hast du sicher schon des Öfteren gehört. Lies sie dir häufig durch und vergleiche ihre Aussprache mit ihrer Schreibung. Die beiden anderen Spalten werden dir dabei helfen.

Beispielschreibungen für die wichtigsten Vokallaute		
Aussprache	**Schreibung**	**Beispiele**
„o"	au	*Chauffeur, Sauce (auch: Soße)*
„oo"	eau ot	*Niveau, Plateau* *Depot, Trikot*
„ö"	eu	*Chauffeur, Milieu*
„u" oder „au"	ou	*Cousine (auch: Kusine), retour* *Couch*
„ü"	u	*Buffet (auch: Büfett)*
„aa"	at	*Eklat, Etat*
„e(e)"	é, er, et	*Attaché; Atelier, Premier* *Budget, Filet*
„oa"	oi	*Memoiren, Toilette*
„Revanche"	an, ant, en, ent	*Branche, Revanche; Restaurant* *Ensemble, engagiert, Abonnement*
„Refrain"	ain, eint in	*Refrain, Terrain; Teint* *Mannequin*
„Pardon"	on, ond	*Annonce, Pardon; Plafond*
„Parfum"	um	*Parfum*

Die französischen Laut-Buchstaben-Zuordnungen sind vielfach ungewöhnlich. Oft wird anders gesprochen als geschrieben bzw. werden einige Buchstaben überhaupt nicht gesprochen. Das wirst du auch bei den Konsonanten sehen.

172 **Ordne folgende Fremdwörter den Bedeutungsinhalten zu!**

die Annonce – die Eskapade – das Budget – die Branche – das Ensemble –
engagiert – das Milieu – das Niveau – der Plafond – die Revanche

die Zimmerdecke: ....

die Zeitungsanzeige: ....

die Vergeltung, die Rache: ....

das soziale Umfeld: ....

Gruppe von Künstlern: ....

entschieden, interessiert: ....

ein Wirtschafts-/Geschäftszweig: ....

mutwilliger Streich: ....

Haushalts-/Finanzplan: ....

Stufe, Rang, Grad: ....

173 **Was französisch ist in der Welt der *Delikatessen*. In jeder Zeile sind zwei Fehlschreibungen. Finde sie heraus. *Bon Appétit!***

• Pomes frites – Sauce – Ragut – Parfait – Fond – Creme – Püree

• Brie – Karamell – Gelee – Omalett(e) – Aspick – Roulade

• Roquefort – Frikassee – Porree – Gourmäh – Gourmand – Vilet

• Poularde – Brioche – Marinahde – Serwiette – Haschee

• Mousse – Soufflé – Crepp – flambieren – Fondú – Karree

174 **Adjektiva: Suche das entsprechende französische Fremdwort.**

annehmbar	p . s s . . . l	auserlesen, lecker	d . . i k . t
liebenswürdig, nett	ch . r m . . t	glänzend, perfekt	b . . l l . . t
eitel, selbstgefällig	k . k e . t	explosiv, aktuell	b . i s . . t
gerissen, schlau	r . f f . . . . . t	verblüffend, treffend	f . . p p . . t

Beispielschreibungen für die wichtigsten Konsonantenlaute		
Aussprache	**Schreibung**	**Beispiele**
„k" (vor Konsonant und/oder a, o, u)	c	*Clique, Couplet, Coupon (auch: Kupon)*
„s" (vor e, i)	c	*c'est la vie! Citoyen (= Bürger)*
„k"	qu	*Mannequin*
„sch"	ch g, ge j	*Chauffeur, Chance, Chanson* *Genie, Ingenieur; Orange, Garage* *Jalousie, Journalist*
„r"	rt	*Kuvert, Dessert*
„lj"	ll	*Billard, brillant, Pavillon*
nasaliertes „n"	gn	*Champagner, Design*

„Bier", „Wiener Schnitzel", „Gemütlichkeit"

ausweis, bière, bourgmèstre: Das sind keine Fehlschreibungen deutscher Wörter, sondern deutsche Fremdwörter im Französischen. Sprachen sind miteinander im Austausch (wenngleich Fremdwörter eher von West nach Ost wandern, d.h., wir haben wesentlich mehr französische Fremdwörter im Deutschen als umgekehrt). Eines der weltweit beliebtesten deutschen Fremdwörter ist übrigens „Bier". Auch das „Wiener Schnitzel" ist weitgereist. Und wofür es in keiner anderen Sprache ein eigenes Wort gibt, ist auch im Englischen ein deutsches Fremdwort: „Gemütlichkeit". Prost!
Prost ist ja die Kurzform von *Prosit* aus dem Lateinischen (= Zum Wohle!) …

Beispiele für Endungen aus dem Französischen (viele Wörter habe einen lateinischen Stamm!)			
(meist) Männliche Nomen		-äne	*Fontäne*
-är	*Aktionär, Militär*	-elle	*Bagatelle*
-eur/-ör	*Friseur, Monsieur*	-ette	*Tablette, Pinzette*
-ier („je")	*Bankier, Routinier*	-euse	*Fritteuse*
-ier („ier")	*Offizier, Manier(en)*	-üre	*Allüre, Broschüre*
Weibliche Nomen		**Sächliche Nomen**	
-ade	*Ballade, Fassade*	-eau	*Plateau*
-age	*Garage, Courage*	-ett	*Amulett, Ballett*
-äse	*Majonäse*	-ment	*Appartement*
-ance	*Renaissance*	-oir	*Reservoir, Trottoir*

In folgenden Sätzen wurden französische Fremdwörter vertauscht. Schreibe die Sätze richtig auf!

1. In der *Journalistin*, in der sie jetzt ist, hat sie keine guten Zukunft*allüren*.

....

2. Ein herrenloser Hund *genierte* mich vor der *Clique*.

....

3. Der *Champagner* auf der Käseplatte war besonders *brillant*.

....

4. Sie *attackierte* sich für dieses pikante *Stellage* in ihrer Lebensgeschichte.

....

5. Dieser Artikel der *Rage* ist *delikat* geschrieben.

....

6. Räumen Sie bitte den *Camembert* in das *Detail* für edle Getränke!

....

7. Deine Star*chancen* bringen mich allmählich in *Garage*.

....

Ergänze folgende Wortstämme mit der richtigen Endung von Seite 134 und schreib sie mit Artikel auf!

Marmel-, Conférenc-, Ingeni-, Plat-, Abonne-, Brosch-, Etik-, Ballett-,
Toil-, Legion-, Kaval-, Renaiss-, Quarant-, Bagat-

....

....

....

....

....

....

D FREMDWÖRTER AUS DEM ITALIENISCHEN

Besonders in der Zeit der frühen Neuzeit, aber auch später wurde der deutsche Wortschatz um zahlreiche italienische Wörter erweitert, insbesondere aus dem Bankenwesen, der Musik und natürlich der italienischen Küche.

REGEL 122	Italienische Fremdwörter zeigen vor allem bei den Lauten „g", „k", „ch", „sch", „dsch" und „tsch" besondere Schreibungen. Augenfällig sind auch die Wörter mit *zz*, wie etwa *Pizza* oder *Mezzanin*.

Beispielschreibungen für die wichtigsten Konsonantenlaute		
Aussprache	**Schreibung**	**Beispiele**
„k" (vor Konsonant und/ oder a, o, u)	c	*Commedia dell'Arte; Como, Cucina*
„tsch" (vor e, i, io)	c	*Cello, Cucina, ciao! (auch: tschau!)*
„tsch"	cc	*Stracciatella*
„g" (vor a, he/hi, u)	g	*Spaghetti, Funghi, Gusto*
„dsch" (vor ia, e, i, io, iu)	g	*Gianna, Genova, Giro, Adagio, Guiseppe*
„sch"	sc	*crescendo, Scirocco, Brescia, Pasta asciutta*
„lj" (nasaliertes l)	gl	*oglio, aglio*
„nj" (nasaliertes n)	gn	*Signora, Lignano, Gnocchi*

Viva e' Italia!

Es mag vielleicht daran liegen, dass Italien für viele österreichische und deutsche Touristen noch immer Urlaubsland Nummer eins ist, Tatsache ist, dass viele Sprecherinnen und Sprecher großen Wert darauf legen, italienische Eigennamen richtig auszusprechen. So bemüht man sich in der Pizzeria, eine „kwatro stadschione" (*quattro stagione*) und eine „lasannje all forno" (*lasagne al forno*) zu bestellen, dazu einen „insalatta mista" (*insalata mista*). Wer aber „Gnotschi" (*Gnocchi!*) und dazu einen „Schianti" (*Chianti!*) möchte, outet sich als hoffnungslos sprachenunkundig. Umso größer war und ist die Empörung über die seit 1996 erlaubte Schreibweise *Spagetti*, was man eigentlich „spadschetti" aussprechen müsste. („Das weiß doch ein jeder!") *Mamma mia!*

177 Welche der folgenden Schreibungen sollten so auf der Speisekarte eines echten *Ristorante* nicht zu lesen sein? Finde die 7 Fehler!

Sallami – Capricciosa – Diawolo – Calzone – Frutti di Mare – Pasta asciutta – kwadro Formaggi – Mozzarella – Tortellini – Schpagetti – Lasagne alla Bolognese – Tiramisu – Kappuccino – Valpolicella – Ravioli – Mortateller – Tagliatelle – Carpaccio – Bollenta – al dente! – Parmigiano – Dolce Vita

178 Was italienisch ist in der Welt der *Finanzen*. Setze die Wörter richtig ein:

B.. (Anstalt für Geldgeschäfte)

K.. (Bankverbindung)

P.. (Versicherungsurkunde)

G....................konto (Konto, über das Überweisungen abgewickelt werden)

R.. (Preisnachlass)

S.. (Auslagen, Unkosten)

Lehnwort – Fremdwort

Als Lehnwörter werden gerne die importierten Wörter bezeichnet, die in der Aussprache, der Schreibung und der Abwandlung an das Deutsche angepasst wurden. Aber nicht immer ist die Grenze zwischen Lehn- und Fremdwort so klar zu ziehen. *Konzert* zB wurde vor über 300 Jahren aus it. *concerto* entlehnt, das selbst wiederum aus lat. *concertare* (= wettkämpfen) entstanden ist. Trotz deutscher k-Schreibung findet sich das Wort im Fremdwörterbuch. Fremd kommt *Konzert* freilich heute keinem mehr vor ...

179 *Viva la musica!* Trage die Begriffe richtig ein!

Orchesterleiter	D . . . . . . t	langsame Spielweise	a . . . . . e
Musikaufführung	K . . . . . t	schnelle Spielweise	a . . . . . o
Streichinstrument	C . . . o	„kleine" Oper	O . . . . . . e
Sänger, Stimmlage	T . . . r	Vortrag zweier Sänger	D . . . t

Manche Fremdwörter werden sowohl in der eingedeutschten wie in der fremdsprachigen Schreibung verwendet. Diese Übergangsphase haben folgende Wörter schon hinter sich:
Scharnier ▶ frz. *charnier*; Keks ▶ engl. *cakes*, Streik ▶ engl. *strike*

REGEL 123	Griechische Fremdwörter/Internationalismen mit den Bestandteilen *„phon"*, *„photo"* oder *„graph"* dürfen auch mit *f* geschrieben werden.

Photograph/Fotograf (Mischungen wie **Fotograph** sind zu vermeiden)
Beachte: Bei den Wörtern *Telefon, telefonieren* und *Foto(grafie)* werden die eingedeutschten Varianten schon seit längerer Zeit verwendet.

Also doch keine Katastrofe!
Alle anderen griechischen Fremdwörter mit *ph* werden nicht eingedeutscht, also *Alphabet, Asphalt, Katastrophe, Philosophie, Triumph*. Mit Ausnahme von *Thunfisch/Tunfisch* und *Panther/Panter* gilt das auch für die Wörter mit *th*, also nur *Apotheke, Orthografie, Theater, Thron, Videothek*.

REGEL 124	Ein griechisches Fremdwort mit *-rrh-* darf auch mit *-rr-* geschrieben werden: *Hämorrhoiden/Hämorriden(!)*

REGEL 125	Lateinische Fremdwörter/Internationalismen mit den Bestandteilen *„-tial"* bzw. *„-tiell"* sind als *„-zial"* bzw. *„-ziell"* zu schreiben, wenn es ein verwandtes Wort mit *z* gibt.

Potential/potentiell und auch *Potenzial/potenziell* (▶ *Potenz*);
existentiell/existenziell (▶ *Existenz*)

REGEL 126	Bei manchen englischen Fremdwörtern mit *-ch-/-sh-* wird *sch* geschrieben.

Ketchup/Ketschup, pushen/puschen, stylish/stylisch

REGEL 127	Französische Fremdwörter mit *-nn-* bzw. Endungs-é können auch mit *-n-* bzw. Endungs-ee geschrieben werden.

Bonbonniere/Bonboniere; Exposé/Exposee, Kommuniqué/Kommunikee(!), Portemonnaie/ Portmonee(!), Varieté/Varietee

REGEL 128	Einzelne Fremdwörter mit *ai* bzw. *ou* können auch mit *ä* bzw. *u* geschrieben werden. Ein Einzelfall bleibt *Sauce/Soße(!)*.

Drainage/Dränage, Mayonnaise/Majonäse(!), Polonaise/Polonäse;
Bravour/Bravur, Coupon/Kupon(!), Nougat/Nugat
Beachte: immer nur *Parcours, Route, Souvenir, Tourist*

Bilde zu folgenden Nomen die passenden Adjektive mit *-z-*!

Differenz		Essenz	
Provinz		Vehemenz	
Existenz		Virulenz	
Potenz		Demenz	

Doppelformen? Markiere die sieben falschen Schreibungen! Schreibe sie richtig heraus!

provinziell – theoretisch – polyfon – Stenografie – Rutine – existentziell – substantiell – Varieté – Seismograph – essentiell – Fotograf – Boutique – Nugat – Myrrhe – potentiell – Kupon – Sauce – Exposee – Majonäse – internazional – Filosofie – Tourist – Suvenir – Bravur – Bonboniere – existenziell – Nougat – Parcur – Route – Polonäse – Parcours – Fotosyntese – Grafit – Delphin

.................................., ..., ...,

.................................., ..., ...,

....

Ergänze jeweils um die eingedeutschte Variante und die Bedeutung!

Schleimhautentzündung – Bericht, Skizze – Mut, Können – Sauce aus Eigelb, Öl und Gewürzen – Geldbörse – gespielter Witz – dickflüssige Tomatensauce

Sketch	*sketsch*	
Ketchup		
Mayonnaise		
Portemonnaie		
Bravour		
Katarrh		
Exposé		

A36 **Oft gehört, selten geschrieben? Schreibe die Anglizismen richtig.**

„messedsch"	Nachricht	die
„ooltaima"	altes Auto	der
„njusletta"	regelm. Internetpost	der
„Bransch"	spätes Frühstück	der
„Beszälla"	viel verkauftes Produkt	der

A37 **Gib zu angeführten Adjektiven aus dem Griechischen das passende Nomen an!**

analytisch .... sympathisch ....

hierarchisch .... thematisch ....

atmosphärisch .... theoretisch ....

hygienisch .... therapeutisch ....

praktisch .... symbolisch ....

A38 **In folgenden Sätzen wurden griechische und lateinische Fremdwörter falsch eingesetzt. Schreibe die Sätze richtig auf!**

1. Es ist eine gute *Pyramide*, das Jubiläum im *hygienischen* Kreis zu feiern.

....

2. Die *hysterischen* Verhältnisse im *Panther* waren einfach *defekt*.

....

3. Das Gerät *triumphiert* nicht mehr, es ist *familiär*!

....

4. Unter den Gästen war die *Tradition* groß, viele reagierten *desolat*.

....

5. Sie *funktionierte*, weil sie die Cheops-*Reserve* gleich erkannte.

....

6. Schließlich gelang es ihm, den *Lokal* aus der *Panik* zu locken.

....

A39 **Wie heißen folgende italienische und französische Speisen/Getränke?**

das italienische Nudelgericht: S...

zusammengeklappte Pizza: C...

edler französischer Schaumwein: Ch ....

die italienische Nachspeise: T...

Nuss-Kakao-Masse: N...

im Fett gebackene Kartoffelstäbchen: P...

Fleischwürfel in heißem Öl garen (Silvester!): F...

Brei, zB aus Kartoffeln (auch in Ö beliebt): P...

dünnes Omelette, süß oder sauer (frz.): C...

Milcheissorte mit Schokoladestückchen: S...

A40 **Oft gehört, selten geschrieben? Schreibe die Fremdwörter richtig.**

„doltsche wita"	süßes Leben (ital.)	
„briljant"	glänzend, hervorragend	
„schornalistin"	Zeitung: Mitarbeiterin	
„di/sein"	Formgebung; Entwurf	
„sinjora"	Frau (ital.)	
„garasche"	Kfz-Einstellraum	
„mi/sjö"	Herr (frz.)	
„dschuiseppe" (Verdi)	Josef (ital.)	
„pastaschutta"	Spaghetti/Fleischpasta	
„patruije"	Gruppe von Soldaten	
„tschau"	Grußformel (ital.!)	

10. KAPITEL | GETRENNT ODER ZUSAMMENSCHREIBEN

Die Getrennt- und Zusammenschreibung ist der schwierigste Bereich der deutschen Rechtschreibung, sagen die einen. Dort kann man kaum schwere Fehler machen, meinen die anderen. Tatsache ist, dass dieses Thema den Rechtschreibreformern 1901 kein Kapitel wert war, während es heute manchmal für eine gewisse Unruhe unter den Schreibenden sorgt – zu Unrecht, wie du hier sehen wirst.
Dreierlei gilt immer:

REGEL 129	Zwei selbstständige Wörter haben eine eigene Betonung und sind immer mit einem Abstand voneinander getrennt. Im Zweifelsfall ist jedenfalls getrennt zu schreiben.

REGEL 130	Aus zwei Wörtern kann ein neues entstehen, d.h., es kommt zu einer gemeinsamen Betonung auf dem ersten Glied und einer neuen (übertragenen) Bedeutung. Wir sprechen von einer Zusammensetzung. (▶ Seite 14)

groß + schreiben ▶ *großschreiben* (= mit großem Anfangsbuchstaben schreiben), *feststellen* (= bemerken), *richtigstellen* (= berichtigen), *festlegen*, *krankschreiben*, *freisprechen*

REGEL 131	Bestandteile einer Zusammensetzung werden zusammengeschrieben, Teile einer Wortgruppe (benachbarte Wörter, die sich aufeinander beziehen) schreibt man getrennt.

Wortgruppe: *zur Hand gehen, auf Bewährung freikommen, ernst nehmen, auswendig lernen, barfuß gehen, leer stehen*
Manchmal ist es aber nicht so klar, ob es sich um zwei Wörter handelt oder um eines (▶ Seite 16): *auf Grund/aufgrund, in Frage/infrage* stellen ...

Ob Zusammen- oder Getrenntschreibung passt, hängt auch von der Absicht und der Situation der Schreibenden ab. Mitunter ist es dir überlassen, ob du getrennt oder zusammenschreibst. Bestimmte Doppelschreibungen sind dafür vorgesehen. Einen Überblick über die jeweils zulässigen Varianten bekommst du in deinem aktuellen Wörterbuch.

A VERBEN

REGEL 132	Verbindungen von Nomen und Verben werden allermeist getrennt geschrieben. Das gilt auch für die Partizipien der Verben.

Fenster putzen, Rad fahren, Kuchen backen, Ski laufen; der Kuchen backende Vater, die Rad fahrende Schwester (▶ Beachte Regel 145, Seite 148)
Aber als trennbare Zusammensetzungen gelten: *eislaufen, kopfstehen, leidtun, nottun. Es tut mir sehr leid. Die ganze Welt steht kopf.* (▶ Seite 16)

Bei folgendem Gedicht sind die Wortabstände beliebig gesetzt. Schreibe den Text richtig in die freien Zeilen!

Diebe sprec hung

D er sinn ein erbe sprech un gist,

das sall es durch ein anders pr ich t.

Mank ann somitgl eich viel ethem en

zurs elbe nzei tinan griff neh men.

In demm anreden zeit lichst reckt,

dad ur ch dascha oswird per fekt.

Nurv omprot o koll dersch reib er,

hatd adurch schwier igkeiten – lei der.

Getrennt oder nicht? Setze richtig ein! (Achtung: Die Nominalisierung in Klammer ist immer groß- und zusammengeschrieben; ▶ Regel 142, Seite 148)

1. Werdet ihr wieder mit uns ....? *(das Skilaufen)*

2. Ich war heuer noch nie .... *(das Eislaufen)*

3. Seit wann kann sie denn ....? *(das Radfahren)*

4. Im Winter ....(,) ist bei Alt und Jung beliebt.

  (das Schlittenfahren)

5. Auch wenn du da ...., hier ist nichts zu

  machen! *(das Kopfstehen)*

6. Es würde mir sehr ...., wenn wir heuer keine

  Zeit fürs Bergsteigen hätten. *(das Leidtun)*

7. Wenn du ...., kannst du mehr von deiner

  Umwelt wahrnehmen als im Auto. *(das Motorradfahren)*

8. Ich mag jetzt nicht ...., fahr du bitte! *(das

  Autofahren)*

9. Er wollte das Geheimnis nicht .... *(das

  Preisgeben)*

REGEL 133	Verben können mit Präpositionen, Adverbien, Adjektiven oder (verblassten) Substantiven trennbare Zusammensetzungen bilden, die man nur im Infinitiv, bei den Partizipien sowie bei der Endstellung des Verbs in einem Nebensatz zusammenschreibt (andernfalls getrennt).

auffallen, hingehen, kleinschreiben (= mit kleinen Anfangsbuchstaben schreiben)*, preisgeben, standhalten, stattfinden, teilnehmen/-haben; stattfindend, stattgefunden*
Obwohl sie nicht auffällt, erkenne ich sie sofort.
In allen anderen Sätzen wird getrennt geschrieben: *Mit diesem Gefährt fiel er auf. Sie nahm nicht daran teil. Arbeiten sie schwarz am Bau? Geht ihr jetzt schon heim?*

Zusammensetzung oder Wortgruppe? Teil I
In folgenden Fällen sind beide Schreibungen zulässig: *danksagen/Dank sagen, gewährleisten/Gewähr leisten, haushalten/Haus halten, staubsaugen/Staub saugen; brustschwimmen/Brust schwimmen, delfinschwimmen/Delfin schwimmen, marathonlaufen/Marathon laufen.* Die drei letztgenannten übrigens nur wie: *Ich schwimme Brust.* Es mit einem Wort zu sagen: „~~Ich marathonlief!~~", geht (auch nach über 42 km!) nicht.

REGEL 134	Untrennbare Zusammensetzungen von Nomen und Verben werden klein- und immer zusammengeschrieben. Bei ihnen ist eine Trennung in Personalform und Verbzusatz nicht möglich: ~~Ich habe Hand.~~

bergsteigen, brandmarken, bruchrechnen, handhaben, kopfrechnen, schlafwandeln, notlanden, schlussfolgern, segelfliegen, zwangsräumen
Sie kommen meistens nur als Infinitive vor: *Wir müssen notlanden. Er muss viel bruchrechnen.*

REGEL 135	Ist das erste Wort der Verbindung alleinstehend schon ungebräuchlich oder nicht eindeutig zu einer bestimmten Wortart zu zählen, wird zusammengeschrieben.

abhandenkommen, einhergehen, feilbieten, heimgehen, hintanstellen, kundtun, überhand-/vorliebnehmen, weismachen/-sagen, zuteilwerden
Achtung: Getrennt wird aber geschrieben, wenn der erste Bestandteil auch mit zwei Wörtern geschrieben werden kann: *zugrunde liegen* (weil auch *zu Grunde* möglich).

REGEL 136	Verbindungen von Adverb und Verben können getrennt oder zusammengeschrieben werden. Bei Zusammenschreibung liegt die Betonung auf dem ersten Teil. Bei Getrenntschreibung wird auch das Verb betont.

querlegen (= sich widersetzen), aber quer legen (= sich selbst oder etwas). *Mit ihrer Gesundheit ist es schon aufwärtsgegangen. Wir wollen aufwärts gehen, nicht fahren.*

Verwandle den Satz im Perfekt (Vergangenheit) bzw. Präsens (Gegenwart) jeweils in die andere Zeitform!

Das ist mir aufgefallen: ▶ *Das fällt mir auf.*

Da gehst du bestimmt hin: ▶ *Da bist du bestimmt hingegangen.*

1. Keiner ist heuer durchgefallen: ....

2. Er hat das Lied ins Deutsche übersetzt: ....

3. Es tut uns sehr leid: ....

4. Da ist wirklich alles kopfgestanden: ....

5. Noch ist keiner heimgegangen: ....

6. Jeder nimmt an dem Fest teil: ....

Bilde aus den Adverbien und den Verben die richtige trennbare Zusammensetzung und setze sie richtig in die Sätze unten ein:

abhanden, ~~beiseite~~, überein, überhand, vonstatten, zugute, zunichte, zuteil
machen, kommen, kommen, kommen, nehmen, ~~legen~~, gehen, werden

1. Du musst jetzt den Gameboy *beiseitelegen* und endlich deine Spaghetti essen!

2. Der Wohnungsumzug konnte bestens ...., da so viele Freunde mithalfen.

3. Ich glaube, mir ist mein Portmonee ....!

4. Wir sind in der Konferenz darin ...., dass wir in Zukunft mehr zusammenarbeiten wollen.

5. Warum ist mir solche hohe Ehre ....?

6. „Wenn das Schummeln bei Schularbeiten ....,
kann ich für nichts mehr garantieren!", krächzte der Lehrer verzweifelt.

7. Der Dauerregen hat unsere Hoffnung auf eine lustige Wanderwoche bald ......
....

8. Weil der Reinerlös dem Kinderheim ....,
spende ich gern mehr.

| **REGEL 137** | Verbindungen mit dem Verb „*sein*" werden immer getrennt geschrieben. |

da sein, dabei zu sein, fort gewesen, hinüber sein

| **REGEL 138** | Steht vor dem Verb ein *Partizip*, wird meist getrennt geschrieben. |

bekannt machen, getrennt schreiben, gefangen nehmen/halten, rasend werden

| **REGEL 139** | Zwei Verben hintereinander werden meist getrennt geschrieben. Das gilt auch, wenn das zweite Verb als *Partizip* vorkommt. |

flöten gehen, schreiben lernen, spazieren gehen. Stets soll etwas hängen bleiben. Wir sind spazieren gegangen.

Zusammensetzung oder Wortgruppe? Teil II
Verbindungen mit „bleiben" und „lassen" dürfen bei übertragener Bedeutung – vgl. *kennen lernen*/*kennenlernen* – auch zusammengeschrieben werden: *Diese Arbeit darf nicht übers Wochenende liegen bleiben*/*liegenbleiben* (= unerledigt bleiben).
Keiner der Schüler möchte heuer sitzen bleiben/*sitzenbleiben* (= nicht aufsteigen).
Ich habe das irgendwo liegen gelassen/*liegengelassen* (= vergessen).

| **REGEL 140** | Ist das erste Wort ein einfaches Adjektiv, welches das Ergebnis der Verbhandlung ausdrückt (zB *glatt streichen*/*glattstreichen*), so kann getrennt oder zusammengeschrieben werden. |

blau streichen/*blaustreichen*, *klein schneiden*/*kleinschneiden*, *scharf stellen*/*scharfstellen*, *warm machen*/*warmmachen*
Achtung: Bei abgeleiteten/erweiterten Adjektiven oder zusammengesetzten Verben wird nur getrennt geschrieben:
lauwarm machen, schmutzig machen; blau anstreichen, scharf einstellen

| **REGEL 141** | Wenn in einer Fügung aus Adjektiv und Verb beide Teile ihre wörtliche Bedeutung beibehalten, werden sie getrennt geschrieben. |

auswendig lernen, barfuß gehen, geheim halten, leer stehen, näher kommen (= in größere Nähe kommen)*, tot stellen, wichtig nehmen*

 WICHTIG! Wenn nicht eindeutig klar ist, ob wörtliche Bedeutung vorliegt oder nicht, hast du die Wahl zwischen Getrennt- und Zusammenschreibung:
bekannt geben/*bekanntgeben*, *lieb haben*/*liebhaben*, *übrig lassen*/*übriglassen*

Setze die richtige Verbindung mit „*sein*" ein!

da sein – fertig sein – los sein – vonnöten sein – vorbei sein –
vorhanden sein – zufrieden sein – zumute sein

1. Wie immer wird bei der Organisation des Balls jede helfende Hand

...., wir brauchen jeden Helfer!

2. Du kannst mit deiner Leistung wirklich ....

3. Vergiss nicht, das muss bis zur nächsten Woche ....!

4. Im Einkaufscenter wird Samstagnachmittag viel ....

5. Ich werde immer für dich ...., meine Liebste!

6. Morgen werden bestimmt keine Gratisbälle mehr ....

7. Keine Sorge, in 36 Stunden wird schon alles ....!

8. Wie wird ihm jetzt im Krankenhaus wohl ....?

Verbindungen mit „*bleiben*" und „*lassen*". Schreibe zusammen, wo eine übertragene Bedeutung vorliegt!

bleiben lassen – fahren lassen – fallen lassen – hängen bleiben –
liegen bleiben – stecken bleiben

1. Du kannst doch nicht einfach auf dem Boden ....!

2. Du darfst dieses Tablett nicht ....!

3. Bei dieser Überschrift kann ein Leser leicht ....

4. Sie hat ihn mit seinem neuen Cabrio einfach wieder nach Hause

....

5. Willst du ewig in der Kindheit ....?

6. Du solltest diesen Blödsinn lieber ....!

Schreibungen von Adjektiv und Verb. Finde die fünf falschen!

scharf würzen – glatt streichen – lauwarmmachen – schmutzigmachen –
warmstellen – blau streichen – grünstreichen – klein schneiden –
bewusstlos schlagen – himmelblaustreichen – schachmatt setzen –
ganz kleinschneiden – dingfest machen – kaputtmachen – leer essen –
kaltstellen – kälterstellen

REGEL 142	Verbindungen von Nomen und Verb bzw. Verb und Verb werden groß- und zusammengeschrieben, wenn sie gemeinsam als *ein* Nomen verwendet werden. Hier gelten die Signale für die Nominalisierung. (▶ Seite 18)

das *Autofahren*, beim (= bei dem) *Radfahren*, fürs (= für das) *Kuchenbacken*, regelmäßiges *Skifahren*, auch mit Partizipien: das *Getrenntschreiben*, das *Rasendwerden*

B ADJEKTIVE UND PARTIZIPIEN

1 Zusammenschreibung

REGEL 143	Verbindungen aus einfachem, undekliniertem Adjektiv und Adjektiv werden zusammengeschrieben. Der erste Bestandteil verstärkt oder vermindert dabei oft die Bedeutung des zweiten.

bitterkalt, dunkelblau, halboffiziell, stockdunkel, superbequem
Manchmal sind die Adjektive dieser Zusammensetzung auch gleichrangig:
feuchtwarm, nasskalt. (▶ Regel 40, Seite 44)
Zusammenschreibung auch bei Nomen + Adjektiv: *felsenfest, steinhart*

REGEL 144	Zusammensetzungen mit einem Nomen als erstem Bestandteil sind meist verkürzte Wortgruppen, bei denen ein Artikel oder eine Präposition eingespart wird. Sie werden zusammengeschrieben.

mondbeschienen (= vom Mond beschienen), *videoüberwacht* (= durch Video überwacht), *meterhoch* (= einen/mehrere Meter hoch), *freudestrahlend* (= vor Freude strahlend)

2 Getrennt- oder Zusammenschreibung

REGEL 145	Partizipien richten sich generell nach den zugrundeliegenden Verben. Hier ist aber neben der Getrenntschreibung auch die Zusammenschreibung erlaubt. Das gilt auch für Nominalisierungen.

zufrieden stellend/*zufriedenstellend*, *zugrunde liegend*/*zugrundeliegend*, *allein erziehend*/*alleinerziehend*, die *allein Erziehende*, die *Alleinerziehende*
Aber: *die regelmäßig abgehaltenen Versammlungen, gestochen scharfe Fotos*

Zusammensetzung oder Wortgruppe? Teil III
Die Schreibenden entscheiden im Zusammenhang, ob sie lieber „die Eisen verarbeitende" oder „die eisenverarbeitende" Industrie schreiben möchten. Damit wird dem sprachlichen Trend Rechnung getragen, sich übersichtlich und kompakt („mit einem Wort"!) auszudrücken. Du hast dies schon bei den Nominalisierungen gesehen. (▶ Seite 20)

Ähnlich bei unflektierten graduierenden Adjektiven: allgemein gültig/allgemeingültig, schwer krank/schwerkrank (Betonung entscheidet!)

R143–144

190

Setze richtig ein.

1. Der See ist <u>kalt wie Eis</u>. Ich hüpfe nicht in den .... See.

2. Die Schutzschilder sind <u>gegen Hitze beständig</u>. Wo sind die

.... Schutzschilder produziert worden?

3. Sie <u>strahlte vor Freude</u>. Hast du ihr .... Gesicht

gesehen?

4. Diese Pauschale <u>deckt alle Kosten</u>. Heuer wird erstmals diese

.... Pauschale verrechnet werden.

5. Er hatte <u>mehrere Jahre lang</u> Freude an diesem Hobby. Die

.... Freude an diesem Hobby gab ihm viel Kraft.

6. Diese Sitzung ist <u>nicht öffentlich</u>. Die Ergebnisse dieser

.... Sitzung unterliegen dem Amtsgeheimnis.

R143

191

Finde die drei falschen Schreibungen!

höllischheiß – eiskalt – bitterernst – halbstaatlich – dunkelblau – superklug – nass kalt – riesengroß – superschnell – taubstumm – aalglatt – Nerven stark

R145

192

Bilde entweder das Partizip 1 oder das Partizip 2 und stelle es als Beifügung vor das Nomen. Schreibe zusammen, wo es zulässig ist!

1. allein erziehen: eine *alleinerziehende Mutter*

2. jährlich stattfinden: die .... Feiern

3. Erdöl fördern: die .... Länder

4. großen Gewinn bringen: die .... Anlage

5. eng schneiden: das .... Kleid

6. selbst backen: die .... Kekse

7. langsam vortragen: das .... Gedicht

8. Not leiden: das .... Volk

3 Getrenntschreibung

REGEL 146	Partizipien bzw. abgeleitete/erweiterte Adjektive vor Adjektiven werden getrennt geschrieben.

rasend eifersüchtig, riesig groß, verführerisch leicht, grünlich gelb
Beachte die Wahlmöglichkeit bei **nicht:** *die nicht offizielle* Schreibung ODER *die nichtoffizielle* Schreibung

REGEL 147	Ist der erste Bestandteil gesteigert oder erweitert, wird getrennt geschrieben.

dunkler rot (aber: *dunkelrot*)*, schwerer wiegend* (aber: *schwerwiegend/schwer wiegend*)*, besonders leicht verdaulich (*aber: *leichtverdaulich/leicht verdaulich*)

C PRÄPOSITIONEN UND NOMEN

REGEL 148	Eine Präposition und ein Nomen können eine neue Präposition bzw. eine neues Adverb ergeben. Diese Verbindung wird zusammengeschrieben. (▶ Seite 16)

anstatt, anstelle, aufgrund, inmitten, mithilfe, zuliebe
Beachte: In vielen Fällen gilt die Verbindung als Wortgruppe und kann auch getrennt geschrieben werden, also *zugrunde* oder *zu Grunde* richten, *aufseiten/auf Seiten*.
Nur getrennt zu schreiben: *zu Fuß, zu Ende, von Sinnen*
Nur zusammen: *anstatt, zufolge*

REGEL 149	Ableitungen von geografischen Namen auf „-er" werden mit den folgenden Nomen zusammengeschrieben, wenn sie Personen bezeichnen. Bezeichnen sie aber die geografische Lage, schreibt man diese Verbindungen getrennt. (zur Großschreibung ▶ Seite 30)

Schweizergarde, Römerbrief (Bibel)*; Brandenburger Tor, Wiener Straße, Münchner Flughafen*

REGEL 150	In Buchstaben geschriebene Zahlen unter einer Million werden zusammengeschrieben. Über einer Million schreibt man getrennt. Ordnungszahlwörter werden immer zusammen, Dezimalzahlen immer getrennt geschrieben. (▶ Seite 26)

neunzehnhundertneunundneunzig, siebzehn Millionen; der zweitausendste Teil; acht Komma fünf

oder: **9zehnhundert9und9zig!**

Setze richtig ein.

1. Das Problem ist aber ein .... (schwer/wiegendes).

2. Diese Schokopralinen schmecken einfach .... (verführerisch/leicht).

3. Nehmen Sie in den nächsten Wochen nur .... (leicht/verdaulich) Speisen zu sich.

4. Die Bürgerinitiative kann an der .... (nicht/öffentlichen) Sitzung leider nicht teilnehmen.

5. Zum Glück war nur ein .... (sehr/leicht/verletzt) Kater zu beklagen.

6. Sie hatte ihm die Eier wie immer .... (weich/kochen).

Setze eine zulässige Schreibung ein!

1. .... (auf/Grund) der präzisen Ermittlung konnte der Täter bald überführt werden.

2. Wer will, kann auch .... (zu/Fuß) kommen.

3. Du solltest .... (an/statt) ständiger Klagen lieber selbst tätig werden.

4. Er stellt damit die ganze Expedition .... (in/Frage).

5. Ja, ist er denn ganz .... (von/Sinnen)?

6. Unseren Informationen .... (zu/Folge) ist sie noch im Lande.

Schreibe folgende Zahlen in Buchstaben:

3498: ....

2 824000: ....

1/2000000stel Teil: ....

9,35: ....

1 Getrenntschreibung

REGEL 151	Getrennt schreibt man Wortverbindungen, in denen die Wörter „wie", „zu" und „so" vorkommen, also etwa: *wie viel(e), so viel(e), zu wenig(e) …*

so lang, so wenig, so weit, so wie, zu viel, zu wenig; so viel zu diesem
Beachte: Als Bindewörter werden *„solange", „soviel", „soweit", „sowie"* zusammengeschrieben. *Sie ist Sängerin, soviel ich weiß. Sowie er nach Hause kommt, soll er nachsehen.*

REGEL 152	Das Bindewort *„sodass/so dass"* kann getrennt und zusammengeschrieben werden.

Er arbeitete Tag und Nacht, so dass/sodass er krank wurde.

***Seitdem** oder **seit dem**? **Nachdem** oder **nach dem**? **Indem** oder **in den**?*
Vorwort + Artikel werden getrennt geschrieben:
Seit dem Tag ist sie traurig. Das „dem" kannst du durch „diesen" ersetzen.
Das Bindewort wird zusammengeschrieben:
Seitdem er weg ist, ist sie traurig. (kein Ersatz mit „diesem" möglich)
Ähnlich verhält es sich mit *nach dem/nachdem, in dem/indem.*

REGEL 153	Verbindungen mit *„allzu"* werden getrennt.

allzu bald, allzu gerne, allzu oft, allzu viel

REGEL 154	Verbindungen mit *„Mal"* werden getrennt. *„Mal"* muss man immer großschreiben. (► Regel 36, Seite 38)

jedes Mal, das nächste Mal, zum ersten Mal, ein paar Mal/ein paarmal
Beachte die Ausnahmen: *einmal, zweimal, …; manchmal, diesmal*

2 Zusammenschreibung

REGEL 155	Verbindungen mit *„irgend-"* werden immer zusammengeschrieben.

irgendetwas, irgendjemand, irgendeiner, irgendwer

REGEL 156	Das wichtige Wort *„sogenannt-"* kann getrennt oder zusammengeschrieben werden.

die so genannten/sogenannten Synergieeffekte

Setze die Wörter mit *wie, so* und *zu* richtig ein!

1. Ich weiß nicht, ... (*wie/lange*) ich noch bleiben kann.

2. Es ist alles gut, ... (*so/lange*) du wild bist.

3. Wir bleiben .... (*so/lange*), bis uns das Geld ausgeht.

4. Hier ist kein Auto, ... (*so/weit*) das Auge reicht.

5. Du kannst haben, ... (*so/viel*) du willst.

6. .... (*So/viel*) ich weiß, ist er Ski fahren in den Bergen.

7. Sie lief die Strecke durch, ... (*so/dass*) sie völlig

   außer Atem ankam.

8. Du wirst .... (*allzu/bald*) sehen, was ich damit gemeint

   habe.

Setze richtig ein.

1. Kann mir .... (*irgend/jemand*) helfen?

2. Und das war also ihre .... (*so/genannte*) Gastfreundlichkeit?

3. Aber .... (*irgend/einer*) von euch muss doch den Hahn

   aufgedreht haben!

4. Wir klopfen noch .... (*ein/paar/Mal*).

Setze *seit dem/seitdem, nach dem/nachdem, in dem/indem* richtig ein!

1. .... Sie an dieser Lasche ziehen, aktivieren Sie den Schirm.

2. .... du gestern gegangen warst, erschien wütend der

   Nachbar.

3. Das Stück, ... Julia mitspielte, war sehr unterhaltsam.

4. .... Brunch gab es ein kleines Kammerkonzert.

5. .... der Greißler zugesperrt hat, fahren wir mit dem

   Auto in den Supermarkt, ... man fast alles kaufen

   kann.

6. .... letzten Hochwasser steht der Keller leer.

A41 Trennbare oder untrennbare Verbzusammensetzungen? Setze richtig ein. Beachte: Bei trennbaren Zusammensetzungen schiebt sich das *zu* in die Mitte (zB *einzubrechen*, aber *zu erbrechen*).

1. Es wird empfohlen, eigene Golfschuhe .... (*anziehen*).

2. Die Idee, den Text in vier Sprachen .... (*übersetzen*), ist gut.

3. Sie stürzte in die Klasse, ohne die Türe .... (*zumachen*).

4. Dein Einsatz ist jedenfalls .... (*anerkennen*).

5. Ich plane mich fürs Wochenende .... (*verabreden*).

6. In seinem Ehrgeiz kam der Stürmer nicht auf den Gedanken, den Ball .... (*abspielen*).

7. Es ist nicht immer möglich, ein Auge .... (*zudrücken*).

8. Sie ging daran, die Bananen .... (*zerdrücken*).

9. Ich habe hier Blumen für Fräulein B. .... (*abgeben*).

Beliebte Verbindungen: Gib acht/Acht!
Verbindungen mit „acht", „halt" und „maß" können getrennt oder zusammengeschrieben werden: achtgeben/Acht geben, haltmachen/Halt machen, maßhalten/Maß halten

A42 Setze die Verbindungen von unten richtig ein! Schreibe auch die jeweils andere Schreibvariante auf!

> achtgeben, Halt machen, zu Tage bringen, instand setzen,
> zumute sein, zu Leide tun

1. Glaub mir, er kann keiner Fliege etwas ....!

2. Wir werden heuer den alten Gartenschuppen wieder ....

3. Dir .... jetzt bestimmt ganz furchtbar ....

4. Die Befragung .... witzige Details ....

5. Die Kinder lernen spielerisch, im Verkehr besonders ....

6. Ohne ...., legte er die Strecke in Rekordzeit zurück.

Acht geben, ...

....

Zusammen oder getrennt? Setze richtig ein!

1. Wir haben uns .... (*furchtbar/langweilen*)!

2. Kannst du das noch einmal .... (*wieder/holen*)?

3. Er möchte den Nachbarn für ihre Hilfe feierlich ....

    (*Dank/sagen*).

4. Gib mir einfach Bescheid, wenn du .... (*fertig/sein*).

5. Du musst zuerst mit diesem Zimmer ....

    (*vorlieb/nehmen*).

6. Wir werden nicht .... (*umhin/kommen*), ihm ein

    Moped zu kaufen.

7. Am Flohmarkt kann jeder seinen Ramsch ....

    (*feil/bieten*).

8. Er schaffte es wieder, sich beim Spielen ....

    (*schmutzig/machen*).

9. Sie musste da etwas .... (*richtig/stellen*) in seinem

    Bericht.

10. Die Einsatzkräfte konnten den Täter bald ....

    (*dingfest/machen*).

11. Wir werden dich sicher nicht .... (hängen/lassen)!

12. Du wirst viele nette Leute .... (kennen/lernen).

Erkenne die acht falschen Schreibungen!

angsterfüllt – selbstsicher – röstfrisch – einfach – zumerstenmal –

irgend wo – bitterkalt – wehklagend – herunter gefallen –

schwerstbehindert – redselig – ultra lang – allgemeingültig –

überauserfreulich – nicht öffentlich – Herren Schuhe – Ichsucht –

solange – den Strom abwärts – garkein – zuschulden kommen lassen –

soviel wiemöglich – außer Stande sein – zu Gunsten

11. KAPITEL | WORTTRENNUNG AM ZEILENENDE

Einfache (nicht zusammengesetzte) Wörter werden nach den Sprechsilben getrennt, die sich beim langsamen Vorlesen ergeben (Wör-ter). Zusammengesetzte Wörter und Wörter mit Vorsilben werden nach ihren Bestandteilen getrennt (Bestand-teile).

A TRENNUNG EINFACHER WÖRTER

REGEL 157	Mehrsilbige einfache Wörter werden nach den Sprechsilben abgeteilt. Einzelne Buchstaben am Wortanfang oder -ende dürfen nicht abgetrennt werden. Das gilt auch für Zusammensetzungen.

for-dern, wie-der, El-lip-se, Kat-ze; Fei-er-abend(!), aber-mals

Der **letzte Konsonant** einer Silbe kommt in die nächste Zeile: *Karp-fen, Freun-de, Bal-ko-ne*
Steht nur ein Konsonant im Wortinneren, kommt dieser in die nächste Zeile:
tre-ten, rei-ßen, Ho-tel, Kre-ta, Chi-na
Achtung: Auch **st** wird dabei getrennt: *Las-ter, sechs-te, brems-te, Akus-tik*

REGEL 158	Nicht getrennt werden die Konsonantenverbindungen *ch, ck (!)*, *sch* sowie die fremdsprachlichen *ph, rh, sh* und *th*.

Bü-cher, Zu-cker, ba-cken, Fla-sche; Pro-phet, ka-tho-lisch
Beachte: Doppellaute (Diphthonge) bleiben ungetrennt: *Kai-ser, Räu-ber, Poin-te*

Für Fremdwörter sieht das Wörterbuch zulässige Alternativen vor, die die Wortstruktur der jeweiligen Herkunftssprache berücksichtigen. Schau dazu in dein Wörterbuch (zB *Pub-li-kum/Pu-bli-kum, Reg-le-ment/Re-gle-ment*)!

B TRENNUNG ZUSAMMENGESETZTER WÖRTER

REGEL 159	Zusammengesetzte Wörter und Wörter mit Vorsilben werden nach ihren Bestandteilen getrennt. Erst dann können diese Teile wie oben getrennt werden. (▶ Regeln 157 und 158)

Diens-tag, tod-schick, be-stimmt, Pro-gramm, Ex-press; Klei-der-schrank, Ver-gnü-gen, zu-cker-reich

Beachte: Wenn du ein Wort nicht mehr als Zusammensetzung erkennst, darfst du auch nach Sprechsilben abtrennen:
He-li-kop-ter (neben *He-li-ko-pter*), *in-ter-es-sant* (neben *in-te-res-sant*)

Vermeiden solltest du jedenfalls sinnentstellende Worttrennungen, wie *bein-halten, Anal-phabet*!

---

199 Im Folgenden ist es zu bedenklichen Trennungen gekommen. Wie werden die Wörter wohl heißen?

Beifalls- türme	**Baut-** eile	**Fass-** ade ....
Aufs- teller	**Überm-** acht	**Wohnt-** raum ....
Schreib- ende	**Häkelt-** asche	**Drucker-** zeugnis ....

200 Trenne folgende einfachen Wörter richtig!

Muster		witzig	
Gäste		Kirche	
es brannte		Schüssel	
Ostern		Mappe	
Wecker		brave	
backen		(das) Schlimmste	

201 Trenne folgende zusammengesetzten Wörter richtig!

Fetttropfen		Zuckerstücke	
Flaschenpost		unzählige	
erhebliche		Ofenrohr	
Zeilensprung		Lückenbüßer	
Altersheim		Goldschätze	
Eselsohr		vergessen	

202 Trenne folgende Fremdwörter nach Sprechsilben!

Zitrone		Strophe	
Hydrant		Asphalt	
Bibliothek		Lexikon	
parallel		Republik	

Ableitung: Derivation, häufige Art der Wortbildung, bei der mittels Vor- oder Nachsilben aus einem Wort ein neues wird, zB: *schreiben* ▶ *ein-/verschreiben, unbeschreiblich, der Schreiber* ...

Adjektiv: Eigenschaftswort, zB: *schnell, schön, hoch*

Adverb: Umstandswort, zB: *gestern, nachts, flugs*

Adverbialsatz: Umstandssatz, zB: *Als es gestern dämmerte, zündeten wir das Feuer an.* (Wann? ▶ Temporalergänzung)

Akkusativ: 4. Fall/Wenfall des Nomens, zB: *Wir zündeten das Feuer an.* **(Wen/Was?)**

Aktiv: „Täter"-zugewandte Form des Verbs, Tätigkeitsform, zB: *Er schreibt einen Brief.*

Apposition: Beisatz, zB: *Ich lese den Text, einen Brief an seinen Freund.*

Artikel: Begleiter des Nomens, zB: *der Hund, die Katze, das Schaf, ein Tisch* ...

Attribut: Beifügung (Teil eines Satzgliedes!), zB *das schwarze Schaf, das Dach des Hauses, die Tiere auf der Weide*

Dativ: 3. Fall/Wemfall des Nomens, zB: *dem Hund, der Katze, dem Schaf* **(Wem?)**

Deklination/deklinieren: Fallsetzung des Nomens, zB *das Schaf, des Schafes, dem Schaf, das Schaf; die Schafe, der Schafe, den Schafen, die Schafe*

Futur: Zukunft (Zeitform des Verbs), zB: *Er wird uns hören.*

Futur exakt/II: Vorzukunft (Zeitform des Verbs), zB: *Er wird uns gehört haben.*

Genitiv: 2. Fall/Wesfall des Nomens, zB: *der Hund meines Nachbarn* **(Wessen?)**

Genus: grammatisches Geschlecht, zB: *der* Computer (männlich), *die* Maus (weiblich), *das* Mauspad (sächlich)

Imperativ: Befehlsform des Verbs, zB: *Schreib mir doch mal! Kommt sofort her!*

Indikativ: Wirklichkeitsform des Verbs, zB: *Wir liegen in der Sonne.*

Infinitiv: Nennform des Verbs, zB: *liegen, schreiben, dämmern, zünden*

Interjektion: Ausrufewort, zB: *Ach! Oje! Au!*

Kausalergänzung: Begründungsergänzung, zB: *Weil es regnet, / Wegen des Regens* bleiben wir zuhause.

Komma: Beistrich (Satzzeichen), zB: *Wer das liest, sucht ein Komma.*

Komparation: Steigerung: *schön – schöner – am schönsten*

Komparativ: Mehrstufe der Steigerung, zB: *schön – schöner – am schönsten*

Konjugation/konjugieren: Abwandlung des Verbs, zB: *ich schreibe, du schreibst* ...

Konjunktiv: Möglichkeitsform des Verbs, zB: *Wir lägen in der Sonne, wenn wir nicht lernen müssten.*

Konjunktion: Bindewort, zB: *Äpfel und Birnen. Sie lächelt, aber er merkt es nicht.*

Konsonant: Mitlaut, zB: *b, c, d, f, g, h* ...

Lokalergänzung: Ortsergänzung, zB: *Wo es schön ist, / In diesem Ort* wohnen wir.

Modalergänzung: Artergänzung, zB: *Indem wir spielen, / Spielend* vertrieben wir uns die Zeit.

Modus: Aussageweise, zB: *ich schreibe – ich schriebe – schreib!* (▶ Indikativ, ▶ Konjunktiv, ▶ Imperativ)

Nomen: Substantiv/Hauptwort, zB: *der Hund, das Haus, die Liebe*